KB149970

마네의 회화

La Peinture de Manet

La Peinture de Manet: Suivi de Michel Foucault, un regard
Sous la direction de Maryvonne Saison

Copyright © Editions du Seuil, 2004.

All rights reserved.

Korean translation copyright © Greenbee Publishing Co., 2016.

Korean translation rights arranged with Editions du Seuil through Shinwon Agency.

파레시아 총서 01
마네의 회화

발행일 초판1쇄 2016년 1월 15일 | 초판2쇄 2019년 9월 25일 | **엮은이** 마리본 세종 | **지은이** 미셸 푸코, 라시다 트리키, 카롤 탈롱–위공, 다비드 마리, 티에리 드 뒤브, 카트린 페레, 도미니크 샤토, 블랑딘 크리젤, 클로드 앵베르 | **옮긴이** 오트르망 | **펴낸이** 유재건 | **펴낸곳** (주)그린비출판사 | **등록번호** 제2017-000094 | **주소** 서울시 마포구 와우산로 180, 4층 | **전화** 02-702-2717 | **이메일** editor@greenbee.co.kr

ISBN 978-89-7682-424-0 93100

이 도서의 국립중앙도서관 출판시도서목록(CIP)은 서지정보유통지원시스템 홈페이지(http://seoji.nl.go.kr)와 국가자료공동목록시스템(http://www.nl.go.kr/kolisnet)에서 이용하실 수 있습니다.
(CIP제어번호: CIP2015034828)

이 책의 한국어판 저작권은 신원에이전시를 통해 Editions du Seuil사와 독점 계약한 (주)그린비출판사가 소유합니다.
저작권법에 의해 한국 내에서 보호를 받는 저작물이므로 무단 전재와 무단 복제를 금합니다.

© René Magritte / ADAGP, Paris–SACK, Seoul, 2015.
이 서적 내에 사용된 일부 작품은 SACK를 통해 ADAGP와 저작권 계약을 맺은 것입니다.
저작권법에 의해 한국 내에서 보호를 받는 저작물이므로 무단 전재와 무단 복제를 금합니다.

철학이 있는 삶 **그린비출판사** www.greenbee.co.kr

파레시아
총서 01

마네의 회화

La Peinture de Manet

마리본 세종 엮음 | 미셸 푸코 외 지음 | 오트르망 옮김

그린비

파레시아 총서를 간행하며

파레시아parrhèsia는 푸코가 고대 그리스에서 길어 올린 말로 '용기 있게 진실 말하기'를 뜻한다. 그런데 '진실'을 말하는 데 왜 용기가 필요하다는 것일까? 여기서 말하는 '진실'이 모든 사람에게 받아들여질 수 있는 진실, 예컨대 '1+1=2'와 같은 수학적 진실이 아니기 때문이다. 파레시아의 맥락에서 진실을 말한다는 것은 이를테면 '넌 지금 잘못하고 있어'라고 말하는 것이다. 그러나 이것은 선생이 제자에게 '지각하면 안 되지'라고 말하는 것, 혹은 부모가 어린 자식에게 '청소년이 담배를 피우면 안 된다'라고 말하는 것과는 다르다. 제자나 자식의 잘못을 지적한다고 해서 불이익을 당할 일은 없으니, 이는 용기를 필요로 하지 않기 때문이다. 그렇다면 누구를 향해서 '당신은 지금 잘못하고 있다'고 말할 때 용기가 필요할까? 바로 나보다 강한 사람, 위계적인 조직에서 윗사람, 모두가 우러르는 사람, 다수가 공감하는 의견을 개진하는 사람, 내가 한 말 때문에 기분이 상해서 나를 위험에 빠뜨릴 수도 있는 사람을 비판하려 할 때 용기가 필요한 것이다. 이러한 파레시아는 왕에 대한 신하의 간언, 정치적이거나 사회적인 비판, 조직 내부의 비리 폭로 등의 형태로 나타난다.

그러나 이러한 비판의 통로가 비판자의 용기만으로 확보되는 것은 아니다. 그 비판을 듣고 비판자에게 불이익을 줄 수도 있는 위치에 있는 사람이 그 불편한 진실을 포용할 수 있을 때, 다시 말해서 불편한 진실을 듣더라도 비판자에게 불이익을 주지 않을 것이라는 암묵적 합의가 이루어져 있을 때 비판자는 보다 쉽게 용기를 내어 볼 수 있는 것이다. 그리고 이렇게 비판의 통로를 확보하는 것은 다양한 시각의 확보를 통해 더 나은 통치 행위를 가능하게 하는 밑거름이 된다.

그러나 비판자에게 불이익을 주지 않으리라는 합의가 깨진 상황에서도 여전히 비판은 계속되어야 한다. 비판이 현명한 통치를 확보하는 만큼, 비판의 중단은 비판을 들어야 할 자들을 더욱더 심각한 우둔 속에 방치하는 것이기 때문이다. 비판의 통로를 확보하지 못한 통치자, 비판의 통로가 막혀 버린 조직은 자기 자신 안에 갇혀서 더 멍청해지고 더 맹목적으로 될 수밖에 없다. 비판의 통로가 더욱 좁아져 가는 오늘날, 비판 없는 조용한 사회를 평화로운 사회라 착각하는 사람들이 점점 더 강력한 권력을 행사하려 하는 오늘날, 그러므로 진실을 말하는 데 점점 더 큰 용기가 필요해지는 오늘날, 바로 이러한 우리의 현실 때문에라도 우리는 비판하기를 멈추지 말아야 한다.

파레시아 총서는 이렇듯 용기 있는 진실 말하기, 불이익을 감수하는 비판을 위한 총서로 기획되었다. 우리는 현재를 진단하고, 기성의 가치에 도전할 것이며, 새로운 가치들을 제시할 것이다. 우리가 제시하는 새로운 가치들은 불편할 수 있고 아니꼬울 수도 있다. 그러나 우리는 끝까지 용감하게, 그리고 때로는 벌거벗은 임금님을 보고 홀로 웃을 줄 알았던 어린아이의 천진난만함으로 파레시아를 행사하고자 한다.

오트르망

서문

마리본 세종

세상의 빛을 보지 못한 것만큼 강력한 것도 없습니다. 명확하게 말해지지 않았다는 사실이 갖는 무게가 소문을 키우는 것입니다. 미셸 푸코는 분명 에두아르 마네에 대해 100쪽이 넘는 원고를 썼으며, 그것이 파기되어 버렸다고는 아무도 믿고 싶어 하지 않습니다. 그러나 현실은 사람을 실망시킵니다. 다니엘 드페르Daniel Defert에 따르면 실제로 그것이 파기되었다고 합니다. 푸코는 분명 마네에 대한 저작을 준비했고 엄청난 분량의 메모를 했으며 토마 쿠튀르Thomas Couture의 아틀리에에 흥미를 보였습니다. 그러나 결국 하나의 강연을 실현하는 데 그쳤고, 그 강의는 약간씩 변형되면서 밀라노에서 1967년에, 도쿄와 피렌체에서 1970년에, 그리고 튀니스에서 1971년에 진행되었습니다. 1967년 미뉘 출판사les Éditions de Minuit와의 계약 계획에 따르면 마네에 대한 '책'에는 '검정과 색채'Le Noir et la couleur라는 제목이 붙어 있었고, 그것은 마치 말라르메적인 '책'처럼 존재하고 있었습니다. 강연은 '마네의 회화'라고 이름 붙여져서 실제로 행해졌습니다. 이 강의를 잃어버린 책의 한 부분으로 여겨야 할까요, 아니면 푸코로 하여금 책의 집필을 단념하게 만든 것으로 여겨야 할까요? 끝까지 알려지지 않은 걸작의 흔적일까요, 아니면 잃어버린 환영에 대한 증언일까요? 푸코의 '마네'를 둘러싼 수수께끼가 호기심을 부추기고, 잃어버린 말들의 흔적조차 부재한 채로 그 소문이 흘러 다니며, 거기에 주석이나 근거 없는 주장 따위가 덧붙여집니다. 이렇게 해서 하다못해 '강연'의 텍스트라도 좋으니 손에 넣고 싶다는 미칠 듯한 갈망이 생겨납니다. 이 경우 욕망이 저지르는 일은 뻔합니다. 막연하게든 아니면 뻔뻔스럽게든, 있는 그대로를 글로 옮겨 놓았다고 주장하는 텍스트들이 마치 사생아처럼 은밀하게 나돌아 다니는 것입니다. 출판되지 않은 텍스트 역시도 출판된 것과 마찬가지로 살아 있다고 말해야 하는 것일까요?

그러나 지금도 여전히 푸코의 목소리를 들을 수 있습니다. 1971년 튀니스 강연의 녹음이 (적어도 하나) 남아 있는 것입니다. 생생한 말과 한참 후에 출판되었으면서도 그 존재가 알려지지 않았던 텍스트,[1] 그 둘을 대조하면서 결정판을 만들어야겠다는 의지가 생겼습니다. '쓰여진 흔적'Traces écrites 총서는, 말과 글 사이에서, 발화해야 할 텍스트를 제공하고 읽을 수 있는 것에 말의 숨결과 리듬을 부여하는 시리즈로서, 이 강연에 어울리는 장소를 제공해 주고 있습니다.

'마네의 회화'라는 제목 아래 읽히려 하는 텍스트가 문헌의 지위

------

1 *Les Cahiers de Tunisie*, n° 149~150, 3ᵉ et 4ᵉ trimestre 1989, pp. 61~89. 라시다 트리키(Rachida Triki)가 이 테이프를 녹취했다.

를 요구하는 데 반해, 그 텍스트의 확정과 관련된 긴 이야기는 픽션과 같은 것이라고 말하지 않을 수 없습니다. 첫번째 단계로 텍스트에 대한 소문이 나돌았고, 수소문 끝에 그 텍스트와 더불어 정감 가는 목소리가 담긴 카세트테이프를 동시에 찾아냈습니다. 튀니지의 친구, 파티 트리키Fathi Triki와 라시다 트리키의 도움이 없었다면 아무것도 할 수 없었을 것입니다. 그들은 제게 녹음 테이프와 『레 카이에 드 튀니지』지의 1989년 푸코 특집호를 전해 주었습니다. 이어서 두번째 단계로 강연 내용을 옮겨 적는 엄청난 작업이 있었는데, 여기에 한 가지 움직이기 어려운 사실이 있었습니다. 끝나기 조금 전 부분에서 녹음이 끊겨 있었던 것입니다. 각 방면 사람들이 완전한 녹음을 발견하려고 노력하는 한편, 푸코와 함께 강연을 준비하고 튀니스에서 사용된 슬라이드를 선별하는 데 큰 역할을 했던 다니엘 드페르는 자신이 갖고 있던 당시의 필기 기록을 바탕으로 충실한 원고를 작성할 수 있도록 저를 도와주셨습니다. 이 텍스트를 세상에 내보내자, 그럴 가치도 있을 것이고 그것이 '오류'의 증식을 멈출 수 있을 것이다, 라는 생각이 움튼 것은 그때였습니다. 프랑스 미학 학회La Société française d'esthétique는 2001년 4월에 발행한 연보의 별책 부록으로 텍스트를 간행하기로 결정했습니다. 이 녹취록의 마지막 부분은 아주 조금 수정을 가하긴 했지만 튀니지 판을 이어받고 있었습니다. 강연의 마지막 부분을 들을 수 있는 기록을 찾는 작업은 아직도 끝나지 않은 채였습니다.

비매품이면서도 그 위상이 확정되지 않은 이 텍스트의 수용으로부터 또 하나의 이야기가 시작됩니다. 그 텍스트는 부인할 수 없는 도발적인 힘을 지녔고, 다시 문제를 제기함과 동시에, 푸코와 마네 양쪽으로 향하는 성찰을 불러일으켰던 것입니다. 이렇게 해서 이 텍스트에 의해 촉발된 듯한 느낌으로 2001년 11월에 '미셸 푸코, 하나의 시선'Michel Foucault, un regard이라는 제목의 심포지엄이 개최되었습니다. 그 박진감 넘치는 토론이 간행되면 좋겠다는 발표자와 청중의 희망에 따라, '쓰여진 흔적' 총서로 이 텍스트를 간행하려는 계획이 세워지고, 푸코의 강연과 더불어 거기서 일어났던 구두 반응의 기록을 정리하면 좋겠다고 이야기된 것입니다. 그리고 이때 뜻밖의 일이 일어납니다. 도미니크 세글라르Dominique Séglard가 디디에 에리봉Didier Eribon이 부탁한 강연 오리지널 녹음의 완전한 복사본을 자택의 자료들 사이에서 발견한 것입니다. 그러므로 이 책에서 공간되는 텍스트는 1971년에 녹음된 '학문적으로 엄밀한' 완전판의 녹취록입니다.[2]

이렇게 해서 구성된 본서의 통일성에 대해 우선 강조해 두어야 하겠습니다. 심포지엄의 발표자들은 짧은 시간 안에 모였고, 주어진 공통의 대상, 즉 자신의 개인 연구를 하는 와중에 주문받은 것을 2001년 말 현재에, 푸코의 '강연'으로부터 30년이 지난 시점에 마주하고 있는 것입니다. 푸코의 목소리와 발표자들의 발언 사이에서, 푸코에 대해서나 마네에 대해서나 연구가 진보하고 있습니다. 이 심포지엄이 성립한 것은 그 시간적 간격 위에서이며, 또한 푸코의 철학과 마네의 회화에 대해, 볼 수 있는 것과 말할 수 있는 것의 불가능한 관계에 대

------

2 이 책에 실린 각 발표자의 텍스트는 2001년판을 참조해 쓰여진 것으로, 그것을 그대로 이어받고 있는데, 인용문에 대해서는 여기서 간행되는 결정판의 쪽수도 제시할 것이다 [본 한국어판에서는 발표자들의 글에 푸코의 「마네의 회화」가 인용될 경우 각주에 본서의 쪽수도 표시해 주었다].

해 다시 묻는 것이 2001년에 새삼 중요한 문제임을 인정한 위에서이기도 합니다. 아래에 이어지는 텍스트들은 모두 시선과 관련되어 있습니다. 우선 그것은 푸코의 시선이고, 그가 마네의 작품에서 본 것에서, 그 시선에 물음이 던져집니다. 또한 그것은 푸코의 시선에 쏟아지는 발표자들의 시선이기도 하고, 더 나아가 모든 사람 각자의, 타자들을 향한 시선과 자기를 향한 시선의 교차이기도 합니다. 그러나 그러한 시선의 복수성은 그럼에도 불구하고 여전히 작동하는 장치 속에서 하나의 장소적이고 화제적인 통합을 이루고 있습니다. 또한 각 텍스트의 단편적인 성격은, 살아 있는 사유 특유의 관점 동요, 반복, 머뭇거림 등에 알맞은 고유한 숨결의 리듬을, 그 전체에 부여하고 있기도 합니다.

푸코도 청중에게 슬라이드를 제시하면서 이야기했기 때문에, 아무쪼록 마네의 회화 도판을 곁들인 '강연'에서 출발해 사유의 도정을 다시 더듬어 나가시기를 바랍니다. 저는 가능한 한 충실하게 푸코의 이야기를 재현하려 했지, 존재하지 않는 '쓰여진 텍스트'를 재현하려 한 것이 아닙니다. 말하기 특유의 방식을 제거하지 않으려 했지만, 그럼에도 명백히 상황에 따른 것이라고 여겨지는 단순한 머뭇거림이나 반복, 제시어 등까지 완전히 재현하려고 집착하지는 않았습니다. 강조체는 본서의 편집자들이 덧붙인 부분을 나타내며, 특히 (푸코의 이야기 내용에 기초한) 각 절의 표제와, 촬영된 슬라이드의 제목이 그에 해당합니다. 여기서 특히 푸코가 회화를 볼 때 느꼈던 환희를 상기해야 할 것입니다. 이를테면 1975년에 그는 이렇게 말합니다. "회화를 볼 때 제가 좋아하는 점은 시선을 향하도록 정말로 강요당한다는 것입니다.

그렇게 되면 그것은 제게 휴식이죠. 회화는 제가 그 누구와도 싸우지 않고 즐기면서 글을 쓸 수 있는 드문 주제 중 하나입니다. 회화와 관련해 저는 어떤 전술적·전략적 관계도 맺고 있지 않다고 생각합니다."[3] 모든 것을 볼 준비가 되어 있느냐고, 여기서의 대화 상대가 질문하자 푸코는 이렇게 확실하게 말합니다. "그렇다고 생각합니다. 저를 매료하고 제 마음을 완전히 끄는 것이 있습니다. 이를테면 마네입니다. 마네에게서는 모든 것이 놀라움입니다."[4] 이렇게 해서 마네라는 문제가 나타나는 것입니다.

그리고 그 문제는 각각의 발표를 통해 다루어질 텐데, 우선은 강연의 맥락을 분명히 해야겠습니다. 라시다 트리키가 튀니지에서의 푸코의 사연을 전해 주었는데 그것에서 시작하도록 하겠습니다. 수업의 장이든 강연의 장이든 푸코가 회화에 대해 말하는 자유를 느낀 것은 아마도 튀니지에서부터였던 것 같습니다. 또한 거기서의 정치적 경험은 강렬한 것이었고, 그래서 논자들은 푸코의 입장이 첨예화하는 계기를 지적합니다. 직접적으로는 주제화되는 대상은 아니지만 미학과 정치의 관계라는 문제는 이 책에 수록된 텍스트들보다도 심포지엄에서 더 많이 논의되었는데, 그럼에도 불구하고 이 책의 행간에 그 흔적이 남아 있습니다.

특히 이탈리아 르네상스를 주제로 하는 연구를 통해 푸코는 미술에 대한 담론을 미술사와 미학 사이에 위치시킬 것을 제안했으며, 회

------

3 Michel Foucault, *Dits et écrits*, Paris: Gallimard, 1994, 4 vols., vol. 2, p. 706.
4 *Ibid.*, p. 706.

화라는 형태의 공간 재현을 지식의 새로운 배치에 대한 범례로 생각했다고 트리키는 강조하고 있습니다. 그리고 바로 이러한 관점에서 문제를 제기함으로써 회화사에 마네를 자리매김하는 것이 의미를 갖게 될 것입니다. 카롤 탈롱-위공은 이를 이해하기 위한 소재를 제공해 줍니다. 조르주 바타유Georges Bataille, 미셸 푸코, 마이클 프리드 Michael Fried는 1955년부터 1996년에 걸쳐 동일한 형식주의 비평의 관점에서 마네의 작품이 "있는 그대로 주어지는 회화"라는 데 의견이 일치했습니다. 바타유에 따르면 마네의 회화는 그 주제에도 불구하고 언어적 표현이 제거되어 있기 때문에 적나라하면서도 숭고하며, 그 매체로까지 축소되었기 때문에 사물의 수수께끼 같은 힘을 제시하고 있습니다. 푸코에 따르면 마네는 공간의 물질적 속성들을 표면에 내놓음으로써 재현의 조건을 백일하에 드러냈기 때문에 '오브제로서의 그림'tableau-objet을 창시했습니다. 또 프리드에 따르면 마네의 회화는 보여지기 위해 제시되어 있다는 것에 수용자의 주의를 환기시킨다는 점에서 전통과 단절하고 있습니다. 탈롱-위공은 이러한 세 관점이 감상자의 혼란을 이해할 수 있는 실마리가 될 것이라고 결론 맺습니다.

다비드 마리는 그 논점을 이어받습니다. 푸코는 마네를 최초의 20세기 화가로 여기고 프리드는 그를 저물어 가는 시대를 마지막으로 증언한 사람이라고 생각했다는 차이가 있기는 하지만, 마리는 두 사람 모두 마네가 전통적으로 감상자에게 부여된 위치를 바꾸었다고 말한다는 점에서 공통된다고 합니다. 클레멘트 그린버그Clement Greenberg류의 형식주의를 비판함으로써 프리드는 형식주의적 접근의 한계로부터 자유로워졌지만, 적어도 1971년 시점에 푸코는 그 틀에 갇혀 있었습니다. 즉 푸코는 캔버스의 물질성에서 출발해 마지막에 가서는 캔버스가 감상자에게 가져다주는 운동 상태에 대해 말합니다. 그러나 그 텍스트는 형식적 변혁과 감상자의 이동을 연결 짓고 있지 않습니다. 즉 재현에 속하는 시선의 작용들이 수용자에게 운동 기능을 되돌려 준다는 것입니다. 이렇게 해서 감상자의 가동성mobilité의 발견이 형식주의 논리를 이기게 됩니다. 다비드 마리는 푸코가 지적하는 "재현의 혼란"에 주목하고, 거기로부터 귀결되는 바에 따라 프리드가 '강연' 25년 후에 푸코의 명제를 보완하게 되었다고 말합니다.

　〈폴리-베르제르의 바〉라는 작품을 통해 푸코는 그림의 수용자에게 이동할 자유를 돌려주게 됩니다. 티에리 드 뒤브는 마네의 근대성과 푸코의 형식주의를 계속 검토하기 위해 이 그림을 연구합니다. 그에 따르면 마네의 결정적 풍부함은 감상자에게 가동성을 돌려준다는데 있습니다. 시각적이면서도 탐정 소설과 같은 재구성을 통해 그는 어떻게 푸코가, 최종적으로 놓치긴 했지만, 하나의 진실에 육박했는지를 보여 줍니다. 푸코는 강연 전체를 통해 "비가시성이 보인다"는 것을 보여 주었지만 "감상자에게 그가 있는 자리가 비가시적이라는 점을 폭로하는 역학 자체"는 명백히 하지 않았습니다. 이 미술사가는 자신의 결론을 설명하려 하지 않는 대신 "어떻게 이 그림이 구성되었는지"를 보여 주었다고 생각합니다. 그는 또한 푸코의 실수가 진단 자체를 무효화하지는 않는다며 푸코의 날카로운 시선을 옹호합니다. 마지막으로 푸코의 모더니즘이라는 문제가 남게 되는데, 티에리 드 뒤브가 예고하는 것처럼 카트린 페레가 그 문제를 다루고 있습니다.

　푸코의 고고학적 관점을 통해 재검토해 본다면, 모더니즘적인 언표는 재현의 장을 우리가 지금도 여전히 속해 있는 장이라고 생각합니다. 마네는 재현을 쫓아 버리려고 했지만, 푸코도 반복하는 그러한 일반적인 논의를 넘어선 지점에서, 페레는 그 논의의 숨겨진 중심을 명백히 하려 합니다. 즉 푸코가 재현될 수 없는 비가시적인 것을 해체하고 그렇게 함으로써 그림을 "현실의 공간 내에 있는 현실의 대상"으로 만들 때, "시선에 대한 상상적 경험"은 그림의 대상성을 규정하는 "인식론적이고 비판적인 진단"에 따르지 않고 있다는 것입니다. 이렇게 해서 페레는 모더니즘적인 언표를, 여러 변주에도 불구하고, "미학적 감정과 인식론적 비판 사이의 균열"에 의해 특징지어지는 것으로 명백히 하고 있습니다. 모더니즘적인 언표는 픽션을 배제하려 하는 것이지만, 푸코는 나중에 모더니즘적인 언표로부터 자유로워지며, 그렇기에 이후에 쓴 예술에 관한 1975년과 1982년의 두 텍스트에서 "행동과 이미지, 픽션"이 동등한 것이라 표명할 수 있었다고 페레는 결론 내립니다.

푸코의 강연에서 담론이 차지하는 위상이라는 문제는, 강연의 텍스트가 오늘날 마네에 대해 제공하는 시사점을 검토하려는 발표자들이 끈질기게 제기한 문제입니다. 도미니크 샤토는 조형 예술과 미학에 대한 성찰에서 출발해 '담론 형성'formation discursive 개념을 과학과 관련지어 재검토하고 있습니다. 그는 언표와 담론 형성이 "모든 인식론적 중심화"에 이중으로 저항하고 있음을 명백히 밝히고, 역사성도 고찰할 수 있는 미학을 옹호합니다. 다만 하나의 문제가 해결되지 않은 채로 남아 있는데, 그것은 담론 형성의 견지에서 볼 때 회화가 어떤 위상을 점하느냐는 문제입니다. 푸코와 마그리트의 대화를 검토해 보면 거기서 회화는 아르시브archives로 여겨지고 있기 때문에, 소재의 저항을 생각할 수는 없습니다. 도미니크 샤토는 결론으로서, 지식과의 관계에서 회화가 자율성을 가져서는 안 되는지를 묻는 것입니다.

푸코가 구조주의와 같은 정도로 현상학에서도 영향을 받았다는 가설 역시 세워 볼 수 있을까요? 오브제로서의 그림이라는 말하기 방식은 "현상학적인 것"이라고 블랑딘 크리젤은 말합니다. 그녀는 마네에 대한 강연에 메를로-퐁티와의 친연성이 있음을, 그리고 푸코적 구조주의의 철학적 기초를 구성하는 신칸트주의와의 간극이 있음을 간파합니다. 예술에 주의를 기울이는 작가로서 푸코는 인식론에 대한 관심을 말하면서도 "'현상학에 부여된 일차적인 자리를 소거'하지 않으며", 그 양자를 화해시키는 것입니다. 크리젤은 『지식의 고고학』에 나오는 불연속성에 대한 논의보다도, 푸코의 풍부한 시선과 "인간의 작품[행위]에 대한 내재적 관념"을 구축하려는 그의 의지를 중시합니다. 회화는 "가시적인 것과 비가시적인 것"을 구성하는 예술가의 행위로부터 생겨나기 때문입니다.

'이미지의 권리들'이라는 제목 아래 클로드 앵베르는 회화가 푸코에게 제기한 문제, 푸코가 작품을 배치하는 방식 속에서 변화하는 그 문제를 다루고 있습니다. 강연에서 지적되는 "도착적 크레센도"에 대해 이 문제는 마그리트와 주고받은 편지에 호소합니다. 마그리트는 〈원근법〉 시리즈에서 [인물 대신] 관이라는 아이러니를 발코니에 놓았던 것입니다. 푸코는 〈이미지의 배반〉에서 칼리그람calligramme의 해체를 보았습니다. "마그리트의 이미지는 인식의 의표를 찌른다"고 앵베르는 씁니다. "마네의 도정"을 로스코, 몬드리안,

클레나 마그리트와 "연결시키는" 하나의 선이 그어지면 다음에는 다른 선이 문제가 되는데, 그것을 해명하기 위해서는 제라르 프로망제 Gérard Fromanger 전시회의 카탈로그를 독해해야 할 것입니다. 사진과 회화 사이에서, 현대적 이미지는 그 고유의 차원을 갖고 있습니다. 또한 어떤 한 가지 점을 고려한다는 점에서 앵베르는 많은 발표자와 공통적인데, 그것은 푸코가 모든 담론에 대한 저항으로서의 회화적 담론에 천착함에도 불구하고 그것을 계몽이라는 전망 속에 두려 한다는 점입니다.

'강연'의 독해로부터 호출된 이 텍스트들은 결코 '주석'이 아닙니다. 그것들은 푸코가 1966년 6월에 모리스 블랑쇼Maurice Blanchot를 다룬 텍스트에서 말한 것과 같은 의미에서 픽션으로서의 위상을 가질 것입니다. 푸코는 이렇게 썼습니다. "픽션은……비가시적인 것을 보여 주는 것이 아니라, 가시적인 것의 비가시성이 얼마나 비가시적인지 보여 주는 것이다."[5] 이 책이 문제 삼게 될 것이 바로 이 가시적인 것의 비가시성입니다. 독자는 담론들과 형상들이라는 두 종류의 '문화 현상' 사이에서 동요하게 될 것이며, 형상을 담론 쪽으로 데려오는 것을 포기해야 할 것입니다. "담론과 형상은 각기 자기 고유의 존재 방식을 가지고 있다. 하지만 그럼에도 불구하고 이들은 복잡하게 착종된 관계를 유지하고 있다."[6] 이런 책을 기획한 특별한 동기를 고백해야 한다면, 또 '강연'과 그에 응답하는 텍스트를 동시에 출판하기로

------

5 Foucault, *Dits et écrits*, vol. 1, p. 524.
6 *Ibid.*, p. 622.

한 제 결정에 대해 해명해야 한다면, 레몽 루셀Raymond Roussel에 대한 푸코의 1967년 답변을 읽어 드릴 수밖에 없습니다. "개인적으로는 오히려 담론의 존재나, 어떤 것들이 말해졌다는 사실에 신경이 쓰입니다. 이러한 사건은 그것이 생겨났을 때의 상황과의 관계에서 작동하고, 그 배후에 흔적을 남겨 온 것이고, 계속해서 잔존하며, 그 잔존 자체 내에서, 역사의 내부에 있는 일정한 수의 명백한 혹은 은밀한 기능을 작동시키고 있는 것입니다."[7] 이렇게 해서 하나의 참조점이 모든 사람에게 제공되려고 하는 때에 즈음해, 이를 허가해 주신 분들께 감사드립니다.

------

7 *Ibid.*, p. 595.

| 일러두기 |

1 이 책은 *La Peinture de Manet: Suivi de Michel Foucault, un regard*, Sous la direc-
  tion de Maryvonne Saison(Paris: Editions du Seuil, 2004)을 옮긴 것이다.

2 본문의 주석은 모두 각주이며, 옮긴이 주는 따로 구분해 주었다. 본문 내용 중 옮긴이가
  추가한 내용은 대괄호([ ])로 묶어 표시했고, 본문과 각주에서 엮은이인 마리본 세종이
  추가한 내용은 해당 부분 끝에 '―엮은이'라고 표시해 옮긴이 첨언과 구분해 주었다.

3 원서에서 이탤릭체로 강조한 표현은 고딕체로 표시했다.

4 단행본·정기간행물에는 겹낫표(『 』)를, 논문·보고서에는 낫표(「 」)를, 회화·음악 작품
  에는 꺾은 괄호(〈 〉)를 사용했다.

5 각주에 나오는 해외 문헌 중 한국어 번역본이 있는 것은 한국어판 서지 사항 및 해당 쪽
  수를 적어 주었다.

6 티에리 드 뒤브의 글을 제외한 본문에 수록된 회화 작품 도판은 모두 옮긴이와 편집부에
  서 판단해 넣은 것이다.

7 외국 인명·지명은 2002년에 국립국어원에서 펴낸 '외래어 표기법'에 따라 표기했다.

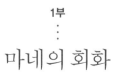

1부

⋮

마네의 회화

마네의 회화

미셸 푸코

사과의 말씀부터 드려야겠습니다. 우선 제가 조금 피곤한 것에 사과 드립니다. 다시 찾았을 때 시간 여유가 별로 없었을 정도로, 튀니스에 머문 2년간 친구를 참 많이 사귄 것 같습니다. 하루 온종일을 대화·토론·격론·답변 등을 하느라 보냈고, 지금 이렇게 피곤한 채로 하루를 마무리하는 자리에 있습니다. 그래서 제가 발표하면서 실수와 오류를 범하거나 발표가 늘어질 것에 미리 용서를 구하고자 합니다.

제가 마네를 논의한다는 것에도 용서를 구하고자 합니다. 왜냐하면 당연히 제가 마네 전문가가 아니기 때문이지요. 저는 회화 전문가가 아니고[1] 그래서 문외한으로서 마네를 논하게 될 것입니다. 제가 논의하고자 하는 바는 대략 다음과 같습니다. 저는 마네에 대해 전반적

------
1 1968년 미셸 푸코는 튀니스에서 이탈리아 초기 르네상스(quattrocento) 회화에 대한 공개 강의를 한 적이 있는데, 이 강연에서 여러 번 그 공개 강의를 환기시킨다. 공개 강의에는 많은 사람이 참석했고 그 중에는 몇몇 명사도 있었다. ─ 엮은이

으로 논의할 의도는 없습니다. 열두어 점의 그림을 설명하고자 하고, 아니면 그 몇몇 중요한 점을 분석하거나 설명해 보도록 하겠습니다. 마네를 전반적으로 논의하지는 않을 것이며, 마네의 회화에서 가장 중요하거나 가장 잘 알려진 측면들은 논의하지 않겠습니다.

마네는 언제나 예술사에서, 19세기 미술사에서 회화적 재현repré-sentation의 테크닉과 방식을 변혁해 19세기 후반의 예술사 전반에 걸쳐 무대의 전방을 점유한 인상주의 운동을 가능케 한 사람으로 등장합니다.

마네가 실제로 인상주의의 선구자라는 것은 사실이고, 또 그가 인상주의를 가능케 한 것도 사실입니다. 그러나 제가 암시하고자 하는 바는 그 부분이 아닙니다. 요컨대 저는 마네가 다른 일, 즉 인상주의를 가능케 한 일과는 다른 무엇인가를 했다고 생각합니다. 인상주의를 넘어서서 마네는 인상주의 이후의 회화, 즉 20세기의 회화, 그 속에서 지금도 현대 미술이 펼쳐지는 그러한 회화를 가능케 했다고 생각합니다. 마네가 행한 이 심층적 단절 혹은 심층부 내에서의 단절은 인상주의를 가능케 한 변혁들의 총체보다도 위치를 설정하기가 훨씬 더 어렵습니다.

아시다시피 마네의 회화가 인상주의를 가능케 한 바, 그것은 상대적으로 익히 잘 알려진 부분입니다. 새로운 색채 기법, 완벽하게 순수한 색채는 아니라 해도, 적어도 상대적으로 순수한 색채의 사용, 이전의 회화에서는 전혀 볼 수 없었던 특정한 조명 형식과 명도 형식의 사용 등이 그것입니다. 이와는 반대로 인상주의를 벗어나, 말하자면 인상주의를 넘어서서, 이후에 도래할 회화를 가능케 한 변혁들을 식별해 위치를 설정하기란 훨씬 더 어렵습니다.

이 같은 변혁들을 한마디로 다음과 같이 요약해 특징지을 수 있을 것입니다. 요컨대 마네는 서구 미술에서 적어도 르네상스 이후, 적어도 초기 르네상스quattrocento 이후 처음으로 소위 자신의 그림 안에서, 그림이 재현하는 바 내에서 화가가 그리는 공간의 물질적 속성들을 과감히 이용하고 작동시킨 화가였다고 말입니다.

제가 말하고자 하는 바를 더 명확히 하면 다음과 같습니다. 즉 15세기 이후, 초기 르네상스 이후 서구 미술에서는 전통적으로 회화가 벽(작품이 벽화인 경우)이나 합판 혹은 천이나 경우에 따라서는 그냥 종이 조각처럼 특정한 단편적인 공간 위에 그려지거나 새겨진다는 사실을 잊게 하거나 감추거나 교묘히 피하려 했습니다. 따라서 서구 미술은 회화가 다소 네모 반듯하고 이차원을 갖는 표면 위에 놓인다는 사실을 잊게 하려 했고, 그림이 그려지는 이 물질적 공간을, 소위 화가가 그림을 그리는 공간을 부인하는 재현된 공간으로 대체하려 했습니다. 그래서 초기 르네상스 이래 회화는, 그것이 이차원의 평면에 그려짐에도 불구하고 삼차원을 재현하려 했습니다.

그 회화는 삼차원을 재현할 뿐 아니라 가능한 한 모든 조치를 통해 회화가 직교하는 직선으로 이루어진 사각형에 그려졌다는 사실을 은닉하고 부정하기 위해 긴 사선이나 나선을 부각시켰습니다.

회화는 또한 캔버스 내부 조명, 안쪽이나 오른쪽, 왼쪽으로부터 오는 조명을 재현하려 함으로써, 회화가 하나의 사각형의 표면에 의

거하고 있고 그것이 어떤 현실의 빛에 의해 실제로 조명되고 있으며 또 그 조명은 당연히 그림이 위치하는 장소나 빛의 상태에 따라 변하게 된다는 것을 부정하려 했습니다.

또 회화는 그림이 하나의 단편적인 공간이고, 감상자가 그 앞에서 이동할 수 있고 그 주변을 돌 수도 있으며, 그러므로 경우에 따라서는 그림에 모서리와 두 면이 있음을 알아차릴 수 있다는 것을 부인할 필요가 있었습니다. 그래서 초기 르네상스 이후 회화는 감상자가 그림을 볼 수 있고 보아야 하는 이상적인 자리를 고정시켰습니다. 그 결과 그림의 물질성, 즉 일정한 실제 빛에 의해 조명되고 그 주변과 정면에서 감상자가 이동 가능한 평평한 사각형의 표면은 모두 그림에 재현된 것들에 의해 가려지고 은폐됩니다. 그리고 그림은 [그림 내부의] 측면에서 빛이 비치고 이상적인 [감상자의] 자리에서 펼쳐지는 광경을 입체감 있는 공간으로 재현했습니다.

바로 이것이 초기 르네상스 이후 서구의 재현적 회화가 행했던 감추기·은폐·착시·생략의 놀이였습니다.

마네가 한 일—— 아무튼 그것은 서구 회화에서 마네가 일으킨 변혁들 가운데 중요한 하나라고 생각합니다——은 말하자면 그림에 재현된 바 안에서 서구 회화의 전통이 그때까지 숨기고 피해 가려 했던 캔버스의 속성·특질·한계가 다시 튀어나오게 한 것이었습니다.

사각형의 표면, 커다란 수평축과 수직축, 캔버스를 비추는 실제 조명, 감상자가 그림을 이 방향 저 방향에서 바라볼 가능성, 이 모든 것이 마네의 그림에 현존하며, 마네는 자신의 그림들 안에 이것들을 다시 부여하고 재현했습니다. 그리고 마네는 오브제로서의 그림 tableau-objet, 물질성으로서의 그림, 외부의 빛을 받고 감상자가 그 앞에 서거나 주변을 돌게 될 채색된 사물로서의 그림을 재발명——어쩌면 발명?——합니다. 이러한 오브제로서의 그림의 발명과 재현된 것 안에 캔버스의 물질성을 다시 삽입시킨 것이 마네가 회화에 일으킨 중대한 변혁의 핵심을 이루며, 또 이런 의미에서 저는 마네가 인상주의를 준비한 것에 한정되지 않고 초기 르네상스 이후 서구 회화에서 근본적이었던 바를 뒤흔들었다고 생각합니다.

바로 이 점을 다소간 사실에 입각해, 다시 말해 마네의 그림들에 근거해 여러분께 보여 드리고자 합니다. 그리고 열두 점에 해당하는 일련의 그림을 취해 여러분과 함께 분석해 보고자 합니다. 설명의 편의를 위해 이 작품들을 세 군으로 나누었습니다. 우선 마네가 캔버스 공간을 다룬 방식, 즉 면적·길이·폭 같은 캔버스의 물질적 속성을 작동시킨 방식, 그리고 캔버스의 이 공간적 속성들이 캔버스에 자신이 재현한 것들 속에서 작동하게 만든 방식을 제1군의 그림들에서 연구하려 합니다. 다음으로 제2군의 그림들에서는 마네가 조명의 문제를 다룬 방식, 즉 그가 그림 안에서 발하는 재현된 빛이 아니라 외부의 실제 빛을 이용한 방식을 연구해 보고자 합니다. 제3군의 그림에서는 그가 그림과 관련한 감상자의 자리를 작동시키는 방식을 연구해 보고자 합니다. 이와 관련해서는 여러 작품을 다루지 않고, 마네의 모든 작품을 요약할 뿐만 아니라 마네의 가장 후기 작품 중 하나이자 가장 충격적인 작품 중 하나인 〈폴리-베르제르의 바〉만을 논하고자 합니다.

캔버스의 공간

그래서 첫번째 문제들과 첫번째 그림들에 대해 말씀드릴까 합니다. 마네는 공간을 어떤 방식으로 재현했을까요?

그럼 이제 슬라이드를 보겠습니다. 불 좀 꺼주시겠어요?

[푸코는 막간을 이용해 웃옷을 벗고 넥타이를 풀면서 청중들에게도 편히 있으라고 권한다. ― 엮은이]

〈튈르리 공원의 음악회〉[2]

마네의 초기 작품 중 하나이고 아직은 대단히 고전적인 작품이 여기 있습니다. 아시다시피 마네는 매우 고전적인 형식을 따랐습니다. 그는 전통에 상당히 충실한 아틀리에들에서 작업했고, 토마 쿠튀르Thomas Couture의 아틀리에에서 작업했으며, 중요한 모든 회화 전통을 습득해 간직하고 있었습니다. 그리고 (1861~1862년의 것인) 이 작품에서 마네는 여러 아틀리에에서 배울 수 있었던 모든 전통을 여전히 이용하고 있습니다.

하지만 미리 몇 가지 사항을 지적할 필요가 있습니다. 여러분은 이 그림에서 나무로 재현된 거대한 수직선들에 마네가 부여한 특권을

------

2 Édouard Manet, "La Musique aux Tuileries", huile sur toile, 76×118cm, 1862, Londres: National Gallery. 푸코는 이 첫번째 그림을 청중 앞에서 명명하지 않았다. 그림들의 제목은 라시다 트리키(Rachida Triki)가 『레 카이에 드 튀니지』(Les Cahiers de Tunisie)의 텍스트에서 지시한 것이다. 다니엘 드페르(Daniel Defert)가 몇몇 보충 정보를 주었다. ― 엮은이

에두아르 마네, 〈튈르리 공원의 음악회〉, 캔버스에 유화, 76×118cm, 1862, 런던: 국립 미술관.

보실 수 있습니다. 또한 마네의 캔버스가 사실상 뒤쪽 인물들의 머리 선으로 표현되는 수평축과 작은 삼각형 모양의 빛에 의해 강조되거나 지시되는 거대한 수직축으로 이루어졌음을 보실 수 있습니다. 그리고 이 삼각형 모양의 빛을 통해 장면의 앞쪽을 비추게 될 빛 전체가 쏟아 집니다. 감상자나 화가는 약간 위에서 아래로 내려다봄으로써 벌어지 는 장면을 볼 수 있습니다. 그러나 아주 잘 보이지는 않습니다. 즉 입 체감이 크지 않고 뒤쪽에서 일어나고 있는 일을 앞쪽 인물들이 거의 완전히 가리고 있습니다. 그 결과 장식띠frise 효과가 발생합니다. 여기 [모자의 선상]에서 인물들은 일종의 수평의 장식띠를 형성하고 있는 듯하고, 상대적으로 축소된 입체감 때문에 수직성이 이 장식띠 효과 를 강화합니다.

⟨오페라 극장의 가면 무도회⟩[3]

10년 후에 마네는 어떤 의미에서는 ⟨튈르리 공원의 음악회⟩와 동일하며 또 그것의 다른 버전 같은 그림을 그리게 되는데, 그것이 ⟨오페라의 저녁⟩, 아니 죄송합니다, ⟨오페라 극장의 가면 무도회⟩입니다. 어떤 의미에서 이것은 실크햇을 쓰고 정장을 입은 남자들과 밝은 드레스를 입은 몇몇 여인이 등장하는 동일한 그림이지만 이미 공간의 균형이 변형되었음을 볼 수 있습니다.

공간을 보면 뒤쪽이 막히고 폐쇄되어 있습니다. ⟨튈르리 공원의 음악회⟩에서는 입체감이 현저하게 눈에 띄지는 않지만 존재한다고 말씀드렸지요. 이제 입체감은 두꺼운 벽으로 완전히 차단되어 버립니다. 또 벽이 있고 그 뒤에는 아무것도 볼 것이 없다는 점을 부각시키기 위한 두 수직 기둥이 있으며, 저 커다란 수직 벽면은 여기[그림 뒷부분]에서 그림을 에워싸고 있고 그림 내부에서 캔버스의 수직과 수평을 강조하고 있습니다. 이 커다란 사각형의 캔버스는 내부에서 반복되고, 그림의 뒤쪽을 막으며, 결과적으로 입체 효과를 막습니다.

입체 효과가 소거되었을 뿐 아니라, 그림 앞쪽과 뒤쪽 간의 거리가 비교적 짧기 때문에 모든 인물이 앞으로 튀어나와 보입니다. 입체감이 있기는커녕 일종의 돌출 현상이 존재합니다. 여기서 인물들은 앞으로 튀어나와 있고, 양복과 드레스의 검은색, 이 검은색은 밝은 색들이 말하자면 열 수도 있었을 공간을 완전히 막아 버립니다. 뒤쪽의

------

3 Manet, "Le Bal masqué à l'opéra", huile sur toile, 59×72.5cm, 1873~1874, Washington DC: National Gallery of Art.

에두아르 마네, 〈오페라 극장의 가면 무도회〉, 캔버스에 유화, 59×72.5cm, 1873~1874, 워싱턴 DC: 국립 미술관.

공간은 벽에 의해 폐쇄되고 앞쪽은 드레스와 양복에 의해 닫힙니다. 실제로 공간이 없고, 감상자가 보기에 앞으로 튀어나와 있는 여러 종류의 덩어리, 즉 볼륨과 표면의 덩어리들이 있을 뿐입니다.

실제적인 유일한 통로, 혹은 그림에 재현된 유일한 통로는 그림의 맨 위쪽에 있는 기이한 통로인데, 이것은 진정한 입체감을 형성하지 않고 하늘이나 빛과 같은 것을 향하지도 않습니다. 방금 전 작품에 작은 삼각형 모양의 빛, 하늘을 향하며 또 빛을 쏟는 삼각형이 있었던 것을 기억하실 겁니다. 그런데 여기서는 아이러니하게도 통로ouverture

가 어디를 향하고ouvrir 있을까요? 보시다시피 발과 바지 쪽을 향합니다. 달리 말해서 작품이 다시 시작되는 듯합니다. 마치 여기서 작품이 다시 시작되기라도 하는 것처럼, 마치 그것이 동일한 장면이고 그것이 무한히 계속되기라도 하는 것처럼 말입니다. 요컨대 그것은 그림 전반에 걸쳐 연장되는 것을 볼 수 있는 타피스리tapisserie 효과, 벽 효과, 벽지 효과입니다. 이 효과는 여기에 늘어져 있는 작은 두 발, 실제적 지각의 공간도 아니고 실제적 통로의 공간도 아니며 캔버스 위에서 아래로 무한히 퍼지며 반복되는 색들과 표면들의 놀이인 이 공간의 환상적인 성격을 지시하는 작은 두 발의 아이러니를 수반합니다.

이 사각형 캔버스의 공간적 속성들은 캔버스 자체에 재현된 것들에 의해 이렇게 재현되고 표현되고 강조됩니다. 그리고 우리는 실제적으로 다소 동일한 주제를 다루었던 이전 작품과 비교해 볼 때 마네가 얼마나 다시 공간을 철저하게 폐쇄해 버리는지를 이 작품에서 볼 수 있고, 또 어떻게 캔버스의 물질적 속성들을 작품 자체에 재현하는지를 알 수 있습니다.

〈막시밀리앙의 처형〉[4]

〈막시밀리앙의 처형〉이라는 제목의 다음 그림으로 넘어가 보죠. 이 그림은 명백히 1867년 작품이고, 제가 조금 전에 〈오페라 극장의 가면

------

4 Manet, "L'Exécution de Maximilien", huile sur toile, 252×305cm, 1868, Mannheim: Kunsthalle Mannheim. 푸코는 보스턴에 소장되어 있는 〈막시밀리앙 황제의 처형〉(L'Exécution de l'empereur Maximilien, 1867)이라 불리는 작품은 언급하지 않는다.—엮은이

에두아르 마네, 〈막시밀리앙의 처형〉, 캔버스에 유화, 252×305cm, 1868, 만하임: 만하임 미술관.

무도회〉에 관해 지적한 대부분의 특징을 이 그림에서 재발견할 수 있습니다. 〈막시밀리앙의 처형〉은 〈오페라 극장의 가면 무도회〉보다 시기적으로 앞서는 작품인데도 이미 동일한 절차들을 발견할 수 있습니다. 즉 캔버스 자체의 강조에 지나지 않는 커다란 벽의 현존을 통해 표현되고 부각되는 공간의 강력한 폐쇄를 발견할 수 있습니다. 그래서 그림의 하단 전면에 있는 모든 인물이 좁은 띠 모양의 땅 위에 위치하고 있고, 그 결과 계단 효과를 발생시킵니다. 다시 말해 수평과 수직, 그리고 다시 수직적인 어떤 것, 그리고 장면을 바라보는 작은 인물들

과 더불어 열리는 수평적인 어떤 것이 있습니다. 게다가 여기에 있는
벽은 조금 전에 본 〈오페라 극장의 가면 무도회〉의 장면——폐쇄된 벽
이 있고 거기서 또 다른 장면이 시작되며 [다리가] 늘어져 있어 그림
을 이중화하는 작은 장면——과 거의 동일한 효과를 발생시킵니다.

하지만 이 그림을 여러분께 보여 드리는 것은 이 그림이 〈오페라
극장의 가면 무도회〉에서 뒤늦게 발견되는 요소들을 단지 미리 보여
주기 때문만이 아니라 다른 보충적 이유가 있기 때문입니다. 모든 인
물은 그들이 발을 딛고 있는 동일하고 좁은 사각형 공간에 위치하고
있습니다(이는 그 뒤에 커다란 수직적인 것이 있는 일종의 계단입니다).
인물들은 모두 작은 공간 위에 빽빽하게 밀집되어 있고 서로 아주 가
까이 있습니다. 그들은 너무나 가까이 있어서 장총의 총구가 그들의
가슴을 건드릴 정도입니다. 그리고 말씀드리는 걸 깜빡했지만, 게다
가 이 수평적인 것들과 병사들의 수직적인 위치는 그림 내부에서 캔
버스의 커다란 수평축과 수직축을 오직 배가시키고 반복합니다. 아무
튼 여기서 병사들은 장총 끝으로 거기에 있는 사람들을 건드립니다.
사형 집행 분대와 희생자들 사이에는 거리가 없습니다. 그런데 이쪽
인물들과 저쪽 인물들이 모두 동일 면에 위치하고 있으며 매우 작은
공간에 배치되어 있기 때문에 정상적이라면 모두 같은 크기여야 하는
데, 잘 살펴보면 이쪽 인물들이 저쪽 인물들보다 작다는 것을 알 수 있
을 겁니다. 다시 말해 마네는 그림이 그려지는 면에 인물들을 분산 배
치하는 대신 [인물들 일부를] 작게 그리는 오래된 기법——이것은 초
기 르네상스 이전의 회화 기법입니다——을 이용했습니다. 그는 실제
적으로 재현되지 못하는 거리를 표현하거나 상징하기 위해 이 기법을

사용했습니다.

이 그림에서, 그가 부여한 이 공간에서, 그가 모든 인물을 위치시킨 이 작은 사각형에서 명백히 마네는 거리를 재현할 수 없습니다. 거리는 지각될 수 없습니다. 우리는 거리를 볼 수 없습니다. 이와 달리 인물들을 작게 그리는 것은 지각적 인정이 아니라 이쪽 사람들과 저쪽 사람들, 즉 희생자와 사형 집행 분대 간에 거리가 있어야 한다는 일종의 전적인 인지적 인정을 지시합니다. 이 지각 불가능한 거리, 시각으로 포착할 수 없는 거리는 인물들의 크기 축소라는 기호로 단순하게 표현되었습니다. 마네가 부여하고 또 인물들을 위치시킨 작은 사각형 공간 내부에서 서구의 회화적 지각의 몇몇 근본 원리가 해체되고 있음을 볼 수 있습니다.

회화적 지각은 일상생활의 지각을 반복하고 복제하고 재생산하는 것이어야 했습니다. 재현되어야 했던 바는 우리가 하나의 풍경을 볼 때처럼 거리를 판별하고 측정하고 해독할 수 있는 거의 사실적인 공간이었습니다. 이 작품에서 우리는 더 이상 거리를 볼 수 없고, 더 이상 입체감이 지각의 대상이 아니며, 인물들의 공간적 위치와 간격이 그림 내에서만 의미를 지니고 기능하는 기호들에 의해 주어질 뿐인 회화의 공간으로 들어갑니다(다시 말해서 소위 임의적인 관계, 아무튼 이쪽 사람들과 저쪽 사람들의 크기가 순전히 상징적인 관계 속으로 들어갑니다).

〈보르도 항구〉[5]

이제 캔버스의 또 다른 속성과 더불어 작용하는 다음 작품으로 넘어

에두아르 마네, 〈보르도 항구〉, 캔버스에 유화, 66×100cm, 1871, 개인 소장.

갈까요? 앞서 소개한 〈오페라 극장의 가면 무도회〉와 〈막시밀리앙의
처형〉에서 마네가 재현에 이용하고 작동시킨 바는 캔버스가 수직적
이고 이차원을 갖는 표면이며 입체감이 없다는 사실이었습니다. 그리
고 그는 이 입체감의 부재를 자신이 재현하는 장면의 두께 자체를 최
대한 축소하면서 재현하려 했습니다. 제 기억이 정확하다면 1872년의
이 그림[6]에서 작용하는 것은 무엇보다도 수평축과 수직축입니다. 이
수평축 혹은 수직축은 캔버스를 에워싸고 그림의 틀을 이루는 수직축

------

5 Manet, "Le Port de Bordeaux", huile sur toile, 66×100cm, 1871, collection privée.
6 푸코는 노트를 읽기보다는 매우 빈번히 슬라이드를 보며 설명을 달았다. 프랑수아즈 카
   생(Françoise Cachin)이 작성한 카탈로그는 이 그림을 1870~1871년의 것이라 보고 있
   다.―엮은이

과 수평축을 캔버스 안에서 반복한 것입니다. 그러나 그것은 또한 물질적인 측면에서 캔버스 자체를 구축하는 모든 수직적·수평적 올fibre을 백지 상태의 캔버스에 [그림을 그려] 재생산하는 것이기도 합니다.

그것은 마치 캔버스의 조직tissu이 나타나기 시작해 자신의 내적인 기하학을 드러내 보이는 것 같습니다. 그리고 캔버스 자체를 재현한 스케치와도 같은 선들이 교차하는 것을 볼 수 있습니다. 게다가 이 캔버스의 4분의 1 혹은 6분의 1을 떼어 내면 거의 전적으로 수직적인 것과 수평적인 것이 벌이는 놀이, 직각으로 교차하는 선들이 벌이는 놀이를 볼 수 있으며, 또 몬드리안이 그린 나무 그림, 1910~1914년에 나무를 변형해 그린 일련의 그림을 떠올리시는 분은, 마네의 이 그림에서 추상화의 탄생도 목격할 수 있으실 겁니다. 몬드리안은 그 유명한 자신의 나무 ──나무에 입각해 그는 칸딘스키와 더불어 추상화를 발견했습니다── 를 마치 마네처럼 다루었습니다. 자신의 나무로부터 몬드리안은 마침내 직각으로 교차해 바둑판 모양의 조직과 같은 것, 요컨대 수직선과 수평선으로 이루어진 조직을 형성시키는 선들의 작용을 이끌어 냅니다. 마찬가지 방법으로 마네는 이와 같은 선박들[7]의 착종으로부터, 항구의 모든 활동으로부터 캔버스의 물질적 형상의 기하학적 재현인 수직과 수평의 작용을 끌어낼 수 있었습니다. 이러한 캔버스 조직의 작용을 당대에 굉장히 큰 스캔들을 불러일으킨 〈아르장퇴유〉라는 작품에서 재미있는 방식으로 다시 보시게 될 겁니다.

------

7 음성에서는 'tableaux'(그림들)라 말하고 있으나 'bateaux'(선박들)로 바로잡을 필요가 있다고 생각한다.─엮은이

피에트 몬드리안, 〈회색 나무〉, 캔버스에 유화, 79.7×109.1cm, 1911, 헤이그: 시립 미술관.

〈아르장퇴유〉[8]

다음 작품으로 넘어갈까요? 그림의 왼쪽 테두리를 이중화하는 마스트의 수직축과 아래쪽 테두리를 이중화하는 수평축을 볼 수 있습니다. 그러므로 이 두 큰 축은 캔버스에 재현되었는데, 보시다시피 재현된 것은 수평선과 수직선을 갖는 조직tissu입니다. 그리고 인물들과 이 그림에 재현된 바의 서민적이고 세련되지 못한 성격은 마네에게 있어서 캔버스 조직의 속성들 및 수평적인 것과 수직적인 것의 교차와 겹침을 캔버스 위에 재현하는 작용입니다.

- - - - - -

8 Manet, "Argenteuil", huile sur toile, 149×115cm, 1874, Tournai: Musée des Beaux-Arts de Tournai.

에두아르 마네, 〈아르장퇴유〉, 캔버스에 유화, 149×115cm, 1874, 투르네: 투르네 미술관.

〈온실에서〉[9]

〈온실에서〉라 불리고 마네가…… [이때 해당 그림을 발견하는 데 문제가 조금 있었던 것 같다. 게다가 테이프를 갈아 끼우는 동안에 몇 초간의 녹음이 소실되었다.—엮은이] 수직적인 것과 수평적인 것, 그리고 그

------

9 Manet, "Dans la serre", huile sur toile, 115×150cm, 1879, Berlin: Alte National-galerie.

에두아르 마네, 〈온실에서〉, 캔버스에 유화, 115×150cm, 1879, 베를린: 구 국립 미술관.

것들 간의 교차를 작동시키는 방식을 이해하기 위해 그의 가장 중요한 그림 중 하나인 다음 작품으로 넘어가지요. 이 그림의 공간과 입체감이 얼마나 제한되어 있는지를 볼 수 있으실 겁니다. 인물들 바로 뒤쪽에는 어떤 시선도 그 안을 들여다볼 수 없고 완전히 배경으로 펼쳐져 있으며 마치 종이 벽과 같은 녹색 식물의 타피스리가 있습니다. 어떤 입체감도, 어떤 조명도 장면이 펼쳐지는 온실을 꽉 채우고 있는 나뭇잎과 나뭇가지 안을 볼 수 없습니다.

여인은 완전히 앞쪽으로 튀어나와 있고 다리는 그림을 벗어나 있어 보이지 않습니다. 여인의 양 무릎은 입체 효과를 없애기 위해 그녀가 앞으로 돌출되어 있는 그림을 벗어나 있습니다. 그리고 여인 뒤에 있는 얼굴이 큰 인물은 몸을 완전히 앞으로 숙이고 있고, 또 그가 움직일 수 있는 공간이 너무 좁아 보시다시피 잘 보여지기에는 너무 우리와 가까이에 위치하고 있습니다. 따라서 공간의 폐쇄성, 수직과 수평의 작용이 있습니다. 네 번 반복된 다음 여인의 흰 양산으로 되풀이되는 나무 판, 즉 벤치의 등받이, 즉 등받이 선에 의해[10] 화폭 전체가 차단되어 있습니다. 그리고 수직적인 것과 관련해서는 입체감을 지시하기 위해 그려진 벤치의 약간 기울어진 짧은 사선들이 있습니다. 그림 전체가 이 수직적인 것과 수평적인 것을 중심으로, 또 그것들에 기반해 구성되어 있습니다.

그리고 여인의 드레스의 주름은 여기[그림 하단부]서는 수직적인 것으로 나타나지만 이 주름의 부채 운동을 볼 수 있으며, 그 결과 [양산에 맞닿아 있는] 첫번째 주름들은 기본적인 네 개의 선처럼 수평적이지만 아래로 내려가면서 결국 거의 수직적인 상태가 됩니다. 양산에서 여인의 무릎까지 이러한 주름의 작용은 수평에서 수직으로 가는 운동의 방향을 바꾸면서 되풀이됩니다. 그리고 이 운동은 여기[남녀의 손이 그려진 부분]서 되풀이됩니다. 각기 다른 방향으로 벤치에 걸쳐져 있는 두 손이 있고, 또 그림 정중앙에 있는 밝은 홈 내에, 그림의 축들을 되풀이하면서, 벤치의 골격과 그림 내부의 구조를 구축하는 어두운 색의 선들에서 발견할 수 있는 것과 동일한 수평선들과 수

------

10 여기서 푸코가 네 번 반복된다고 말하는 선은 벤치를 이루는 네 개의 수평선을 뜻한다.—옮긴이

직선들이 있다는 점을 첨언하고자 합니다. 거기에도 입체감을 낳는 모든 공간을 제거하고 소거하고 압축하며, 반대로 수직선과 수평선을 부각시키는 작용이 있습니다.

마네의 회화에서 입체감의 작용, 수평과 수직의 작용과 관련해 제가 말하고자 한 바는 바로 이것입니다. 하지만 마네에게는 캔버스의 물질적 속성들과 유희하는 또 다른 방식이 있습니다. 왜냐하면 캔버스는 실제로 수평선과 수직선을 갖는 하나의 표면이지만, 또한 두 면, 즉 뒷면verso과 앞면recto을 갖는 표면이기도 하기 때문입니다. 마네는 보다 고약하고 짓궂은 방식으로 뒷면과 앞면을 작동시키게 됩니다.

〈비어홀의 여종업원〉[11]

아주 이상한 예인 〈비어홀의 여종업원〉으로 넘어가 보도록 하지요. 이 그림에서는 무엇이 중요하며 이 그림은 무엇을 재현하고 있는 걸까요? 어떤 의미에서 이 그림은 아무것도 보여 주지 않기에 아무것도 재현하지 않습니다. 사실 이 그림에서 화가, 감상자, 우리와 아주 가까이에서 보이는 이 여종업원은 마치 자신의 시선을 끄는 어떤 광경이 자기 앞에 생기기라도 한 듯이 갑작스럽게 얼굴을 우리 쪽으로 돌리고 있습니다. 그녀는 자신이 하고 있는 일, 다시 말해서 맥주 컵을 내려놓는 일을 응시하고 있지 않으며, 그녀의 시선은 우리는 볼 수 없고 알 수도 없는 캔버스 앞쪽의 무엇인가를 향하고 있습니다. 나머지 부분

------

11 Manet, "La Serveuse de bocks", huile sur toile, 77.5×65cm, 1879, Paris: Musée d'Orsay.

에두아르 마네, 〈비어홀의 여종업원〉, 캔버스에 유화, 77.5×65cm, 1879, 파리: 오르세 미술관.

에는 세 명의 인물이 있는데, 두 사람은 거의 보이지 않습니다. 왜냐하면 둘 중 한 명은 함몰된 옆모습만 보이고, 다른 한 명은 모자만 보이기 때문입니다. 그들 또한 무언가를 바라보고 있지만, 서로 정반대 방향을 응시하고 있습니다. 그들은 무엇을 보고 있을까요? 우리는 결코 알 수 없습니다. 왜냐하면 그림이 잘려서 그들의 시선이 쏠리는 광경

마사초, 〈세금을 바치는 예수〉, 프레스코화, 255×598cm, 1425, 피렌체: 산타 마리아 델 카르미네 교회.

을 볼 수 없기 때문입니다.

고전적인 어떤 작품을 한번 생각해 보십시오. 아주 전통적으로 회화에서는 무언가를 응시하는 사람들을 그리는 일이 있었습니다. 예를 들어 성 베드로의 성전세와 관련된 마사초의 그림[12]에는 원을 형성하며 서서 무언가를 응시하는 사람들이 있습니다. 이 무엇은 대화이거나 아니면 차라리 성 베드로가 세금 징수원에게 돈을 건네는 장면일 수도 있습니다. 따라서 하나의 광경이 있고, 그림 속의 인물들이 응시하는 이 광경을 우리는 알 수 있고 볼 수 있으며, 이 광경은 그림에 나와 있는 것입니다.

마네의 그림에도 무언가를 응시하는 두 사람이 있지만, 우선 이들

------

12 Masaccio, "Pagamento del tributo", fresque, 255×598cm, 1425, Firenze: Chiesa di Santa Maria del Carmine.—엮은이

은 동일한 것을 바라보지 않고 있으며, 둘째로 그림은 우리에게 그들이 바라보고 있는 것에 대해 아무 말도 하지 않고 있습니다. 이 그림에는 정반대 방향을 바라보는 두 시선만이 재현되어 있습니다. 그것은 작품의 앞면과 뒷면이라는 상반된 방향을 향하는 두 시선입니다. 그리고 두 인물이 많은 관심을 가지고 지켜보는 그 어떤 광경도 우리는 볼 수 없습니다. 그리고 이 점[우리에게는 보이지 않는 무언가가 있다는 점]을 더욱 강조하기 위해 마네는 이상할 정도로 아이러니하게 팔과 드레스의 일부분을 작게 그려 넣었습니다.

사실 이 그림의 첫 버전에서 마네는 그들이 응시하던 것을 재현했습니다. 거기서 재현된 것은 지나가고 있거나 노래를 부르고 있거나 아니면 춤의 한 동작을 시작하고 있는 카바레, 카페-콩세르café-concert의 여가수였습니다(이것은 런던에 있는 버전입니다). 그다음 버전이 여러분이 보고 계신 이 두번째 버전의 작품입니다.[13] 마네가 광경을 잘라내 버려 우리는 이 작품에서 아무것도 볼 수 없으며, 그림은 비가시적인 것을 향하는 시선이 됩니다. 그래서 사실상 캔버스는 비가시적인 것만을 말하고 비가시적인 것만을 보여 주며 상반되는 방향의 두 시선을 통해 필연적으로 비가시적인 무엇인가를 지시합니다. 왜냐하면 여종업원이 바라보는 것은 캔버스 전면에 있고 반대로 남자가 바라보는 것은 캔버스 뒤쪽에 있기 때문입니다. 캔버스의 이쪽과

------

13 다니엘 드페르의 지적에 따르면 여기에서 문제가 되는 것은 서로 다른 두 버전이 아니다. 푸코가 언급하고 있는 것은 1879년의 그림인 〈카페-콩세르의 구석〉에 대해서이고, 〈비어홀의 여종업원〉은 〈카페-콩세르의 구석〉과 다르게 접근하고 있다는 것이다.—엮은이

에두아르 마네, 〈카페-콩세르의 구석〉, 캔버스에 유화, 97.5×77.5cm, 1878~1879,
런던: 국립 미술관.

저쪽에 두 사람이 바라보는 두 광경이 있는데, 캔버스는 보아야 할 바를 보여 주는 대신에 그것을 숨기고 감춥니다. 앞면과 뒷면을 가진 이 표면은 가시성이 나타나는 공간이 아닙니다. 반대로 그것은 캔버스의 면 위에 있는 두 인물이 바라보는 것이 비가시적임을 단언하는 공간입니다.

에두아르 마네, 〈철로〉, 캔버스에 유화, 93.3×111.5cm, 1872~1873, 워싱턴 DC: 국립 미술관.

〈철로〉[14]

이 점은 〈비어홀의 여종업원〉에서 명확하게 드러나며, 앞으로 보시게 될 〈생-라자르 역〉La Gare Saint-Lazare[15]에서 더욱 분명하게 나타납니다. 여기에도 다시 한번 동일한 것이 나오는데, 계속해서 동일하게 수직적인 것과 수평적인 것이 등장합니다. 요컨대 그림의 특정한 면, 즉

------

14 Manet, "Le Chemin de fer", huile sur toile, 93.3×111.5cm, 1872~1873, Washington DC: National Gallery of Art.

15 이 그림이 생-라자르 역을 참조하긴 하지만 제목은 〈철로〉이다.—엮은이

캔버스의 면을 한정하는 수직적인 것과 수평적인 것, 또 〈비어홀의 여종업원〉에서와 마찬가지로 우리 방향을 바라보고 있는 한 사람과 우리 방향에서 바라보고 있는 한 사람, 이렇게 서로 반대 방향을 바라보고 있는 두 사람을 이 그림에서 볼 수 있습니다. 한 사람은 우리 쪽으로 얼굴을 돌리고 있고 다른 사람은 우리에게 등을 돌리고 있습니다. 하지만 그것이 캔버스 앞에 있기 때문에 성숙한 여인이 바라보고 있는 바, 그녀가 상당히 강렬하게 바라보고 있는 그 광경은 우리가 볼 수 없는 광경입니다. 어린 소녀가 바라보고 있는 바도 우리는 볼 수가 없는데 그 이유는 마네가 지나가는 기차가 내뿜는 연기를 펼쳐 놓았기 때문입니다. 그 결과 우리는 아무것도 볼 수가 없습니다. 보아야 할 바를 보기 위해서는 소녀의 어깨 너머로 바라보거나 아니면 그림 주변을 한 바퀴 돌아 성숙한 여인의 어깨 너머로 바라보아야 합니다.

우리는 여기서 캔버스가 앞면과 뒷면을 갖게 만드는 이러한 캔버스의 물질적 속성과 마네가 어떻게 유희하고 있는지를 볼 수 있으며 또 이제까지 어떤 화가도 앞면과 뒷면을 이용해 유희한 적이 없다는 사실도 알 수 있습니다. 여기서 캔버스의 앞면과 뒷면을 이용한다는 것은 캔버스의 앞쪽과 뒤쪽을 그린다는 의미가 아니라, 감상자가 캔버스 주변을 돌고 싶게 만들고 보고 싶은 바를 결국 보기 위해 위치를 바꾸고 싶은 마음이 들게 만든다는 의미입니다. 마네가 그림 내부에서 작동시키는 것이 바로 캔버스의 표면에 의해 확보되는 이 비가시성의 작용이며, 보시다시피 이 방식은 고약하고 신랄하며 짓궂다고 말할 수 있습니다. 왜냐하면 처음으로 회화가 비가시적인 것을 우리에게 보여 주는 것으로 주어지며, 요컨대 회화의 규정이나 속성에 비추어 볼 때, 또 캔버스의 속성 자체에 비추어 볼 때도 우리가 보아야 할 바는 필연적으로 비가시적이라는 점을 지적하기 위한 시선들이 회화에 존재하기 때문입니다.

조명

제가 제기하려는 두번째 계열의 문제로 이끄는 다음 그림으로 넘어갈까요? 그것은 조명과 빛의 문제입니다.

〈피리 부는 소년〉[16]

〈피리 부는 소년〉은 1864년 혹은 1865년 작품이고[17] 당대에 상당한 파문을 일으켰습니다. 보시다시피 마네는 회화의 입체감을 제거했습니다(이것이 제가 지금까지 논의한 바의 결과입니다). 피리 부는 소년 뒤에는 어떤 공간도 존재하지 않습니다. 소년 뒤에 공간이 없을 뿐 아니라 소년은 어느 곳에도 위치하지 않고 있습니다. 소년이 발을 딛고 있는 이 장소, 이 바닥, 이 지면은 거의 아무것도 아닌 바에 의해 지시되고 있습니다. 이 미세한 그림자, 이 지극히 희미한 회색의 점은 뒤쪽의 벽과 소년이 발을 딛고 있는 공간을 구별시킵니다. 이전의 그림들에서 볼 수 있었던 계단 효과도 여기서는 제거되었습니다. 이 희미한 그림자 외에는 소년이 발을 디딜 수 있는 어떤 공간도 존재하지 않습

------

16 Manet, "Le Fifre", huile sur toile, 160×97cm, 1866, Paris: Musée d'Orsay.
17 〈피리 부는 소년〉은 1866년 작품이다.—엮은이

에두아르 마네, 〈피리 부는 소년〉, 캔버스에 유화, 160×97cm, 1866,
파리: 오르세 미술관.

니다. 소년은 그림자 위에, 아무것도 아닌 바 위에, 허공 위에 발을 딛
고 있습니다.

　　그러나 〈피리 부는 소년〉과 관련해 제가 논의하고자 하는 것은
이 점이 아니라 소년이 조명을 받는 방식입니다. 아시다시피 전통적
인 회화에서는 일반적으로 조명이 항시 어딘가에 위치하고 있습니다.

직접적으로 표현되거나 혹은 단순히 광선에 의해 지시되는 빛의 원천이 캔버스 내부나 외부에 존재합니다. 요컨대 열려 있는 창은 빛이 예를 들어 오른쪽·왼쪽·위쪽·아래쪽 등에서 들어온다는 것을 지시합니다. 그리고 캔버스를 때리는 실제적인 빛 외에도, 그림은 언제나 캔버스에 퍼지고 캔버스 속 인물들의 그림자나 입체감·돌출·패임을 만들어 내는 빛의 원천을 재현합니다. 이 모든 빛의 체계성은 초기 르네상스 시대에 발명되었고, 여기서 특별한 경의를 표해야 할 필요가 있는 카라바조Michelangelo Merisi da Caravagio는 여기에 완벽한 규칙성과 체계성을 부여했습니다.

그러나 〈피리 부는 소년〉에서는 반대로 어떤 조명도 캔버스 위나 아래, 외부에서 들어오지 않습니다. 오히려 모든 조명은 캔버스 외부에서 오지만 여기서 완전히 수직적으로 캔버스를 때리고 있습니다. 보시다시피 얼굴에는 어떤 기복도 표현되지 않고 있고, 눈썹과 눈의 패임을 지시하기 위해 코 양 옆에 약간의 패임이 표현될 뿐입니다. 게다가 이 그림에 실제적으로 존재하는 유일한 그림자는 피리를 쥔 손에 드리워진 미세한 그림자이며, 이 그림자는 조명이 절대적으로 정면에서 온다는 사실을 지적하고 있습니다. 왜냐하면 피리 뒤에 있는 부분, 즉 소년 손바닥의 움푹한 부분에서 이 그림의 유일한 그림자——그림의 안정성을 확보하고 피리 부는 소년이 발을 구르며 음악에 가하는 리듬을 지시하는 미세한 그림자와 더불어——가 나타나기 때문입니다. 소년은 발끝을 약간 들어올리고 있고, 이를 통해 여기에서 저기에 이르는 그림자[소년의 왼발 뒤꿈치에서 오른발 뒤꿈치에 이르는 사선의 그림자]가 피리 케이스에 의해 밝게 되풀이되는 대각선을 부여하게 됩니다. 따라서 이것은 수직적인 조명이고, 캔버스가 열린 창가나 열린 창 앞에 노출되었을 경우에는 캔버스를 실제로 비추는 [외부의] 실제적인 조명입니다.

전통적인 회화에서는 그림 내부에서 허구적인 조명이 등장인물에게 빛을 뿌려 입체감을 부여하는 창문을 재현하는 것이 상례였지만, 여기서는 하나의 캔버스, 사각형, 표면이 절대적으로 정면 조명인 창문 앞에 실제로 자리 잡고 있음을 받아들여야 합니다. 내부 조명을 철저히 제거하는 기술과 그것을 정면에 있는 실제 조명으로 대체하는 기술을 마네가 처음부터 사용하거나 실현한 것은 당연히 아닙니다. 그의 유명한 작품 중 하나에서, 그의 첫 걸작에서 그가 경쟁시키듯 두 조명 기법을 이용했다는 사실을 보시게 될 겁니다.

〈풀밭 위의 점심 식사〉[18]

다음 그림으로 넘어갈까요? 그 유명한 〈풀밭 위의 점심 식사〉입니다. 〈풀밭 위의 점심 식사〉를 전체적으로 분석할 의도는 없습니다. 이 그림과 관련해서는 논의해야 할 것이 너무도 많습니다. 저는 그저 조명에 대해서만 논의하도록 하겠습니다. 사실 이 그림에는 심층에서 병치된 두 조명 체계가 존재합니다. 만약 풀밭의 선이 그림을 두 부분으로 분할한다는 것을 받아들이면, 왼쪽 위에서 비치면서 빛의 원천이 되는 전통적인 조명이 있고, 이 조명은 뒤쪽의 넓은 초원을 비추고 있

------

18 Manet, "Le Déjeuner sur l'herbe", huile sur toile, 208×264.5cm, 1863, Paris: Musée d'Orsay.

에두아르 마네, 〈풀밭 위의 점심 식사〉, 캔버스에 유화, 208×264.5cm, 1863, 파리: 오르세 미술관.

으며, 여인의 등을 때리고 있고, 약간 그늘진 여인의 얼굴 형상을 만들어 내고 있습니다. 그리고 이 조명은 밝고 다소 타오르는 듯한 두 덤불 위에 이르러 소멸합니다(그림 사본의 질이 좋지 않아 이 점을 잘 볼 수가 없습니다). 이 두 덤불은 측면에서 비치며 삼각형 모양으로 퍼지는 조명이 도달하는 지점이라고 말할 수 있습니다. 따라서 여성의 몸에 퍼지면서 그녀의 얼굴 형상을 형성시키는 삼각형 모양의 빛이 있습니다. 이것은 전통적 조명, 고전적 조명으로서, 입체감을 허용하며 내부의 빛으로 구성된 조명입니다.

　이제 앞쪽의 등장인물로 눈길을 돌리면 그들이 이 두 덤불 위에서 소멸해 없어지는 빛과 무관하며 완전히 다른 빛을 받는다는 점이 특징이라 할 수 있습니다. 이 조명은 정면에서 수직으로 비치며 여인 과 완전히 벌거벗은 그녀의 몸을 완전히 정면으로 때리고 있습니다. 여기는 어떤 입체감도, 어떤 굴곡도 없습니다. 그것은 일본식 회화[우 키요에]에서 여성의 몸에 칠하는 에나멜과 같습니다. 조명은 앞쪽에 서 갑작스럽게 옵니다. 바로 이 조명이 남자의 얼굴을 때리고 있고, 평 평하며 입체감 없고 굴곡도 없는 이 남자의 옆모습을 때리고 있습니 다. 두 남성의 어두운 신체와 어두운 상의는 이 정면 조명의 도달점이 자 그것이 불타오르는 지점입니다. 따라서 두 남자의 신체에 의해 차 단된 외부의 조명과 두 덤불에 의해 강조된 내부의 조명이 있습니다.

이 두 재현 체계, 아니 차라리 그림 내부에서 빛이 표현되는 두 체 계가 캔버스 안에 병치되어 있고, 이 병치는 그림에 부조화라는 성격 과 내적인 이질성을 부여합니다. 잘은 모르겠지만 마네가 내적인 이 질성을 축소해 보려 시도했거나, 아니면 오히려 화폭의 정중앙에서 밝게 빛나는 손을 통해 이 이질성을 강조하려 시도했을 수도 있습니 다. 〈온실에서〉를 설명하면서 두 손을 보여 드린 것을 기억하실 겁니 다. 거기서는 손가락들이 그림의 축들을 되풀이하고 있었습니다. 여기 에도 한 손과 두 손가락이 있는데 한 손가락은 저쪽으로 솟아 올라 있 습니다. 그런데 이 방향은 바로 위쪽의 다른 곳에서 오는 내부 빛의 방 향입니다. 반대로 다른 손가락은 그림의 중심축에서 외부 쪽으로 구 부러져 있고 이곳을 때리는 빛의 발원지를 지시하고 있습니다. 그 결 과 이번에도 이런 손의 작용을 통해 그림의 기본 축들을, 그리고 〈풀 밭 위의 점심 식사〉의 연결과 이질성의 원칙을 발견할 수 있습니다.

〈올랭피아〉[19]

이 작품으로 넘어가도록 하고 이 그림에 대해서는 간단히 논의하겠습니다. 이 작품에 대해서는 길게 논의하지 않겠는데, 그 이유는 제게 그럴 능력이 없고 이 그림이 너무 어렵기 때문입니다. 그저 조명의 관점에서 이 그림을 논하도록 하지요. 아니면 이 그림이 불러일으킨 스캔들과 순전히 회화적인 상당수의 특성들, 그 중에서도 특히 빛 사이에 있을 수 있는 관계를 논의해 보도록 하겠습니다.

잘 아시다시피 1865년 살롱전에 〈올랭피아〉가 전시되었을 때 스캔들을 불러일으켜 전시회장에서 떼어 내야 했습니다. 살롱전을 방문한 부르주아들은 이 그림이 너무도 외설적이라고 생각한 나머지 우산으로 이 그림에 구멍을 내려 했습니다. 하지만 서구 미술에서 여성 누드의 재현은 16세기까지 거슬러 올라가는 전통이고, 〈올랭피아〉 이전에도 다른 많은 누드화가 있었으며, 게다가 〈올랭피아〉가 스캔들을 일으킨 살롱전에도 다른 누드화들이 출품되었습니다. 전시회가 참을 수 없었을 정도의 어떤 스캔들적 요소가 이 그림에 있었던 걸까요?

미술사가들은 도덕적 스캔들이 미학적 스캔들이 되는 바를 표현하는 어설픈 방식이었다고, 요컨대 사람들이 마네의 이 미학, 이 평면성, 이 위대한 일본식 회화, 못생기고 못생길 수밖에 없는 이 여인의 추함을 참을 수 없었다고 말하는데, 이는 전적으로 옳은 것 같고 진실인 것 같습니다. 하지만 저는 보다 정확히 조명과 관련된 또 다른 이유가 있다고 생각합니다.

------

19 Manet, "Olympia", huile sur toile, 130×190cm, 1863, Paris: Musée d'Orsay.

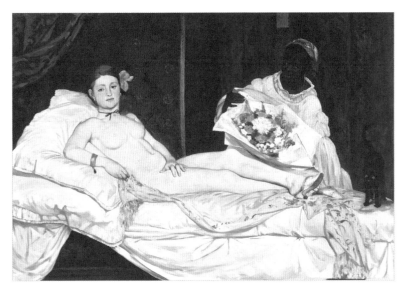

에두아르 마네, 〈올랭피아〉, 캔버스에 유화, 130×190cm, 1863, 파리: 오르세 미술관.

티치아노, 〈우르비노의 비너스〉, 캔버스에 유화, 119×165cm, 1538, 피렌체: 우피치 미술관.

사실 이 그림을 어느 한도까지는 그 모델이자 대조물로 사용되는 그림과 비교할 필요가 있습니다(불행히도 그 그림을 여기에 가져오는 것을 잊었습니다). 아시겠지만 결국 마네의 〈올랭피아〉는 벌거벗은 비너스, 누워 있는 비너스, 특히 티치아노의 〈우르비노의 비너스〉의 모사 혹은 복제, 아무튼 이 비너스 테마의 변조입니다. 〈우르비노의 비너스〉에서는 〈올랭피아〉와 비슷한 위치에 나신의 여인이 누워 있고, 그녀 아래에는 마네의 그림에서처럼 시트가 깔려 있습니다. 또 제 기억이 정확하다면 여인의 얼굴과 가슴과 다리를 부드럽게 비추며 그녀의 몸을 애무하는, 몸을 가시적인 것으로 만드는 원리인 황금빛과 같은 빛의 원천이 왼쪽 위에 위치하고 있습니다. 티치아노의 〈우르비노의 비너스〉의 몸이 가시적이고 볼 수 있는 것이라면, 그것은 비너스나 우리의 의지와 무관하게 황금색의 빛의 원천이 측면에서 은밀하게 그녀를 엄습하고 있기 때문입니다. 거기에 그냥 있으며 아무것도 생각하지 않고 아무것도 응시하지 않는 나신의 여인이 있고, 조심성 없이 그녀를 때리거나 애무하는 빛이 있으며, 이 빛과 누드 사이의 작용에 놀라는 우리 관객이 있습니다.

그런데 마네의 〈올랭피아〉가 가시적이라면 그것은 하나의 빛이 이 그림을 때리기 때문입니다. 하지만 이 빛은 부드럽고 은밀하며 측면에서 비치는 빛이 아니라 정면에서 이 그림을 때리는 아주 강렬한 빛입니다. 앞쪽에서 오는 빛, 캔버스 앞쪽에 있는 공간에서 오는 이 빛, 다시 말해 이 여인을 비추는 조명에 의해 지시되고 전제되는 이 빛, 이 빛의 원천이 우리 감상자가 위치하는 곳이 아니라면 어디에 있을 수 있을까요? 달리 말해서 나신, 조명, 조명의 작용에 놀라는 우리라는 세 개의 요소가 있는 것이 아니라, 나신과 조명의 자리에 있는 우리가 존재하며 나신과 우리의 자리에 있는 조명이 존재합니다. 요컨대 〈올랭피아〉의 나신을 향하면서 나신을 비추는 것은 우리의 시선입니다. 우리가 〈올랭피아〉의 나신을 가시적으로 만듭니다. 〈올랭피아〉를 향한 우리의 시선은 횃불을 들고 있습니다. 우리의 시선이 빛을 지니고 있습니다. 우리는 〈올랭피아〉의 가시성과 나신의 책임자입니다. 그녀는 우리에게만 나신인데, 왜냐하면 우리가 그녀를 나신으로 만들기 때문입니다. 또 우리가 그녀를 나신으로 만드는데, 왜냐하면 그녀를 바라보면서 우리가 그녀를 비추기 때문이며 아무튼 우리의 시선과 조명이 단일하고 동일한 것이기 때문입니다. 그림을 바라보는 일과 그림에 빛을 비추는 일은 적어도 〈올랭피아〉 같은 그림에서는 단일하고 동일한 것입니다. 또 그렇기 때문에 우리 모든 감상자는 필연적으로 이 나신에 연루되어 있고 어느 정도까지는 그것의 책임자입니다. 이 같은 경우에 있어 미학적 변형이 어떻게 도덕적 스캔들을 유발시키는지를 알 수 있습니다.

〈발코니〉[20]

바로 이 점이 제가 마네의 그림에 있는 조명의 작용에 대해 논의하려고 한 바였습니다. 이것을 간단하게, 제가 논의하고자 한 그림 중 마지막에서 두번째 작품인 〈발코니〉를 보면서 간략하게 종합해 봅시다.

------

20 Manet, "Le Balcon", huile sur toile, 170×124.5cm, 1868~1869, Paris: Musée d'Orsay.

에두아르 마네, 〈발코니〉, 캔버스에 유화, 170×124.5cm, 1868~1869, 파리: 오르세 미술관.

다음 그림으로 넘겨 주시겠습니까? 이 그림은 지금까지 설명한 모든 것을 종합하고 있습니다. 불행히도 이 그림의 복사본 상태가 좋지 않습니다. 좀더 큰 그림을 상정할 필요가 있어요. 사진 작가가 정말 어리석게도 그림을 잘라 내 버렸습니다. 이쪽에 일상적으로 보는 녹색보다는 훨씬 날카로운 녹색의 덧문이 있습니다. 이 덧문은 정확히 덧창이며 그것의 여러 수평선이 이 그림의 가장자리를 이루게 됩니다. 따라서 여러분은 명백히 수평선과 수직선에 의해 구성된 그림을 보고 있습니다. 창이 정확하게 캔버스를 배가하며 수평적인 것들과 수직적인 것들을 재생합니다. 창 앞에 있는 발코니, 혹은 차라리 창 앞에 있는 철 세공물이 다시 한번 수직적인 것들과 수평적인 것들을 재생합니다. 대각선들은 수직적인 것들과 수평적인 것들을 지탱하기 위해, 이 거대한 축들을 드러내기 위해 사용되었습니다. 여기에 두 덧창을 추가하면 이 수평적인 것들과 수직적인 것들이 그림 전체의 틀을 이룬다는 것을 알 수 있습니다. 마네는 자신이 그리는 사각형을 망각하게 만들려고 하기는커녕 그림 자체의 내부에서 사각형을 재생하고 강조하고 겹치게 하고 배가시키기만 합니다.

나아가 그림 전체가 흑백으로 되어 있고, 흑백이 아닌 기본 색으로 녹색만이 있을 뿐입니다. 그런데 이것은 커다란 건축적 요소들은 어둠 속에 잠겨야 하고 희미하게 재현되며, 등장인물들은 마네 시대 그림에서처럼 파란색이나 빨간색, 녹색의 큰 드레스같이 색채를 지니는 초기 르네상스 기법을 전도한 것입니다. 전통적으로 건축적인 요소들은 명암이 드리워져 있고 흑백이며, 또 등장인물은 컬러로 채색되었습니다. 하지만 정반대로 마네의 〈발코니〉에서 인물들은 흑백이며, 건축적 요소들은 어둠 속에 잠겨 있지 않고 캔버스의 날카로운 녹색에 의해 두드러지고 돌출되어 있습니다. 여기까지가 수직과 수평에 대한 내용입니다.

안쪽profondeur과 관련해서도 마네의 유희는 이 그림에서 특히 고약하고 짓궂습니다. 왜냐하면 그림이 창문을 통해 안쪽으로 열리기 때문입니다. 하지만 〈철로〉에서 전경이 열차의 연기에 가려진 것처럼 여기서도 이 안쪽은 시선을 교묘히 벗어나고 있습니다. 〈발코니〉에는 온통 어둡고 검은 무엇 쪽으로 나 있는 창문이 있습니다. 여기서 우리는 어린 소년이 들고 있지만 거의 보이지 않는 일종의 찻주전자와 같은 금속 물건의 아주 희미한 반영을 가까스로 식별할 수 있습니다. 그리고 정상적이라면 안쪽으로 통해야 하는 움푹 들어간 공간, 이 큰 빈 공간은 우리에게 전혀 보이지 않습니다. 왜 그런 걸까요? 빛이 그림 밖에 있다는 간단한 이유 때문입니다.

빛은 그림 안으로 침투하지 못하고 그림 밖에 있는데 그 이유는 우리가 발코니 앞에 있기 때문입니다. 정오에 발코니와 등장인물에게 내리쬐어서 그림자를 갉아먹을 정도의 태양을 상정할 필요가 있습니다. 보시다시피 드레스의 커다란 하얀 천에는 어두운 부분이 전혀 없으며, 보다 선명한 약간의 반영만이 있을 뿐입니다. 어떤 그림자도 없을 뿐만 아니라 역광 효과에 의해 방 안에 무엇이 있는지를 볼 수 없기 때문에 모든 어두운 부분은 뒤쪽에 있습니다. 명암이 있는 그림, 어둠과 빛이 섞인 그림이 아니라, 모든 빛이 한쪽에 있고 모든 어두운 부분은 다른 한쪽에 있는, 즉 모든 빛은 그림 앞쪽에 있고[21] 모든 어두운 부분은 그림 뒤쪽에 있는 이상한 그림이 있습니다. 마치 캔버스의 수직

조토 디 본도네, 〈영락한 기사에게 자신의 외투를 선사하는 성 프란체스코〉,
프레스코화, 270×230cm, 1295~1299, 아시시: 산 프란체스코 교회.

축이 뒤에 있는 어둠의 세계를 앞에 있는 빛의 세계와 분리시키는 것
처럼 말입니다.

　그리고 뒤쪽에 있는 어둠과 앞쪽에 있는 빛의 경계 지대에 그 어
디에도 발을 딛지 않고 말하자면 공중에 매달린 세 사람이 있습니다.
그들이 어디에도 발을 딛지 않고 있다는 확실한 증거는 베르트 모리
소Berthe Morisot의 누이의 작은 발이 어디에도 닿아 있지 않은 것 같

21　프랑스 미학 학회가 2001년 4월에 발행한 이 강연 텍스트에서는 이 부분부터 『레 카이
　　에 드 튀니지』지의 텍스트에 몇몇 수정을 가해 다시 실었다. 이번 새 버전에서 읽게 될
　　텍스트는 이후 발견된 녹음의 마지막 부분에 입각해 성립된 것이다. 그러므로 지금부
　　터는 이 새 버전의 텍스트를 참조하고자 한다. ─엮은이

다는 점입니다. 조토 디 본도네Giotto di Bondone의 〈영락한 기사에게 자신의 외투를 선사하는 성 프란체스코〉San Francesco dona il mantello a un povero에서처럼 등장인물들은 정말이지 어디에도 발을 딛고 있지 않습니다. 세 등장인물은 어둠과 빛 사이에, 내부와 외부 사이에, 방과 백주白晝 사이에 매달려 있습니다. 둘은 흰색이고 하나는 검은색이어서 마치 피아노의 세 건반 같은 이들은 빛과 어둠의 경계에 매달려 있고 빛에 이르기 위해 어둠에서 벗어나고 있습니다. 빛과 어둠, 생과 사의 경계에서 부활하는 나사로Lazare의 면모를 이 그림에서 발견할 수 있습니다. 초현실주의 화가 르네 마그리트는 마네의 〈발코니〉를 변조한 작품을 그렸는데 거기서 마그리트는 세 명의 사람 대신 세 개의 관을 재현했습니다.[22] 바로 이 생과 사의 경계, 빛과 어둠의 경계가 여기서 이 세 등장인물을 통해 구현되고 있습니다. 이 세 등장인물은 무엇인가를 강렬하게 바라보고 있는데 우리는 그것이 무엇인지 볼 수 없습니다.

여기서도 여전히 비가시성l'invisibilité은 세 사람이 상이한 방향에서 바라보고 있다는 사실을 통해 표현됩니다. 세 사람은 강렬한 광경에 사로잡혀 있는데 우리는 그것이 무엇인지 알 수 없습니다. 왜냐하면 하나는 캔버스 앞쪽에 있고 다른 하나는 캔버스 오른쪽에 있으며

------

22 마그리트의 이 1950년 작품은 강 미술관(Musée de Gand)에 소장되어 있으며 2000년 봄에 하루 동안 오르세 미술관에 전시된 바 있다. 마그리트와 푸코가 교환한 서신은 *Ceci n'est pas une pipe*, Montpellier: Fata Morgana, 1973[『이것은 파이프가 아니다』, 김현 옮김, 고려대학교출판부, 2010]에 재수록되었다. 마네에 대한 푸코의 강연들은 마그리트가 작고한 1967년 4월 15일 이후에[실제로 마그리트가 작고한 날은 1967년 8월 15일이다] 행해졌다. ─ 엮은이

르네 마그리트, 〈원근법 2: 마네의 발코니〉, 캔버스에 유화, 81×60cm, 1950, 강:
강 미술관.

세번째 것은 캔버스 왼쪽에 있기 때문이지요. 아무튼 우리는 아무것
도 볼 수 없으며 단지 시선들만을 볼 수 있습니다. 우리는 장소를 보는
것이 아니라 제스처를 보고 있습니다. 손을 오므리거나 약간 오므리
거나 완전히 펴는 제스처, 장갑을 착용했거나 착용하고 있거나 착용
하지 않은 제스처, 바로 이와 같은 동일한 회전 운동이 바로 이 세 등
장인물이 사실상 하고 있는 제스처입니다. 〈온실에서〉와 〈풀밭 위의

점심 식사〉에서처럼 여기서도 단순히 손의 순환 운동이 비가시성 그 자체의 분출인 그림의 상충되는 요소들을 통합합니다.

감상자의 자리

〈폴리-베르제르의 바〉[23]

이제 마지막 그림으로 넘어갈까요? 이 그림에서 분석을 종결하도록 하겠습니다. 여기서 관건은 제가 논의하려 한 제3의 요소, 즉 공간이나 빛이 아니라 감상자의 자리입니다. 지금 분석하려는 그림은 마네의 위대한 그림 중 마지막 작품인 〈폴리-베르제르의 바〉이며, 이 그림은 현재 런던에 있습니다.

이 그림의 이상함에 대해 알려 드릴 필요는 없겠죠. 이 그림의 요소들은 아주 익숙해서 그 이상함이 그리 이상하지 않으니까요. 그 요소란 그림 정가운데에 그려질 수 있는 인물과 뒤에서 그 인물을 비추는 거울의 존재입니다. 요컨대 이런 요소들은 예를 들면 장-오귀스트-도미니크 앵그르Jean-Auguste-Dominique Ingres가 그린 〈오송빌 백작 부인의 초상〉Le Portrait de la comtesse d'Haussonville에서 볼 수 있는 것처럼 회화 분야에서는 대단히 고전적인 것입니다. 이 작품에는 한 여인이 있고 그녀 뒤에 거울이 있어 감상자는 거울을 통해 이 여인의

------

23 Manet, "Un Bar aux Folies-Bergère", huile sur toile, 96×130cm, 1881~1882, Londres: Institut Courtauld. 마네가 1881년에 그린 첫 버전이 암스테르담에서 발견되었다. 여기서 분석된 그림은 런던 코톨드 미술관에서 소장한 판본이지 1881년의 판본이 아니다. —엮은이

에두아르 마네, 〈폴리-베르제르의 바〉, 캔버스에 유화, 96×130cm, 1881~1882, 런던: 코톨드 미술관.

등을 볼 수 있습니다.

그러나 마네의 그림은 이 전통 혹은 이 회화적 관습과 아주 다르며 또 그 차이점들을 바로 지적할 수 있습니다. 보시다시피 거울이 실제로 그림의 뒷부분 전체를 점유하고 있다는 것이 가장 주요한 차이입니다. 거울의 하단 테두리는 이쪽에 있는 금색의 띠이며 그래서 마네는 평평한 표면 혹은 벽을 통해 공간을 폐쇄합니다. 이것은 〈막시밀리앙의 처형〉이나 〈오페라 극장의 가면 무도회〉에서도 사용된 테크닉입니다. 등장인물 바로 뒤쪽에 벽이 아주 괴상한 방식으로 서 있는 것입니다. 마네는 이 벽이 거울이라는 사실에 착안해 이 벽에 캔버스 앞쪽에 있는 것을 재현해 놓았습니다. 그 결과 우리는 입체적 공간을 볼

장-오귀스트-도미니크 앵그르, 〈오송빌 백작 부인의 초상〉, 캔버스에 유화, 131.8×92.1cm, 1845, 뉴욕: 프릭 컬렉션.

수 없고 입체적 공간은 사실상 존재하지도 않습니다. 여인이 거울 바로 앞에 있어 그녀 뒤쪽에 있는 것을 볼 수 없기 때문만이 아니라, 우리가 여인 뒤쪽에서 그녀 앞에 있는 것만을 보기 때문에 이것은 입체감에 대한 이중적 부정입니다. 바로 이것이 이 그림에서 일차적으로 주목해야 할 점입니다.

또한 보시다시피 이 그림의 조명도 정면에서 여인을 때리는 전적인 정면 조명입니다. 여기서도 마네는 두 개의 전등을 재현해 놓음으로써 그림 내부로 들어오는 정면 조명을 재현하면서 짓궂음과 재치를 중첩시켜 놓았습니다. 하지만 이 전등의 재현은 거울 속에서의 재현이며, 따라서 빛의 원천은 당연히 그림 밖, 즉 앞쪽 공간에 있음에도 그림에 재현되는 호사를 누리고 있습니다. 따라서 이 그림에는 실제로 밖에서 여인을 때리는 조명과 더불어 빛의 원천의 복원과 재현이 존재합니다.

하지만 이것들은 이 그림의 상대적으로 특수하고 부분적인 측면에 불과할 것입니다. 인물들과 요소들이 거울에 재현되는 방식이 훨씬 더 중요합니다. 원칙적으로 이 모든 것이 거울이기 때문에 거울 앞에 있는 모든 것이 거울에 재현되어야 합니다. 따라서 앞쪽과 뒤쪽에서 동일한 요소들이 발견되어야 합니다. [하지만] 실제로 앞쪽과 뒤쪽에서 같은 병들을 헤아리고 찾아보려 해도 잘되지가 않습니다. 왜냐하면 거울에 재현된 것과 거울에 비쳤어야 하는 것 사이에 왜곡이 존재하기 때문입니다.

하지만 가장 중대한 왜곡은 여인이 거울에 비친 모습에 있습니다. 왜냐하면 여인이 거울에 비친 모습을 우리가 보기 위해서는 그림의 약간 왼쪽에 위치해야 하기 때문이지요. 중앙에 위치한 여인이 거울에 비친 모습을 보기 위해 감상자와 화가가 제가 가리키는 이곳, 즉 완전히 측면에 위치해야 한다는 것을 이해하는 데는 그리 많은 광학 개념이 필요하지 않습니다. 우리는 이 그림을 바라보며 체험하는 거북살스러움에서 이 점을 느낄 수 있습니다. 이렇게 측면에 위치하는 순간 중앙에 있는 여인이 거울에 비친 모습을 오른쪽 끝에서 볼 수 있습니다. 여인이 거울에 비친 모습이 오른쪽으로 이동하기 위해서는 감상자나 화가도 오른쪽으로 이동해야 합니다. 동의하시죠? 하지만 화가는 여인의 옆모습이 아니라 정면을 바라보고 있기 때문에 오른쪽으로 움직일 수 없다는 것은 자명한 사실입니다. 중앙에 있는 여인의 신체를 그리기 위해 화가는 정확히 그녀 정면에 위치해야 합니다. 하지만 거울에 비친 여인의 모습을 오른쪽 끝에 그리기 위해서는 오른쪽에 위치해야 합니다. 따라서 화가는 연달아 혹은 동시적으로 양립 불가능한 두 자리를 점유하고 있고, 감상자도 화가와 마찬가지로 그림의 정면 중앙과 오른쪽 측면 자리를 점유하도록 요청받고 있습니다.

사태를 정리할 수 있는 해결책은 아마 단 하나, 즉 화가와 감상자가 중앙의 여인과 절대적으로 정면에 위치하고, 그러고 나서 오른쪽에 그려진 거울에 비친 여인의 모습을 보는 한 가지 경우뿐일 겁니다. 그리기 위해서는 거울이 그림 뒤편에서 왼쪽으로 비스듬히 배치되어 멀리서 소실되어야 합니다. 그것은 가능하며, 그렇게 구상할 수 있습니다. 하지만 이 그림의 하단에 펼쳐져 있는 대리석 면과 거울의 황금색 테두리가 평행하기 때문에 거울이 비스듬히 세워져 있다는 것을 받아들일 수는 없습니다. 결국 화가에게 두 자리를 허용할 수밖에 없습니다.

그러나 또 다른 것을 부가할 필요가 있습니다. 즉 캔버스의 오른쪽 끝에는 여인에게 말을 건네는 한 사람이 거울에 비친 모습이 있습니다. 따라서 화가가 점유해야 하는 자리에 누군가가 있고 그가 거울에 비친 모습이 캔버스의 오른쪽 끝에 있다고 상정할 필요가 있습니다. 그러나 중앙에 있는 여인 앞에 그림의 오른쪽 끝부분에 보이는 사람과 같이 가까이에서 말을 건네는 사람이 있다면, 여인의 얼굴이나 하얀 목 그리고 대리석 위에 필연적으로 그림자 같은 것이 생길 것입니다. 하지만 아무것도 없습니다. 조명은 정면에서 오고, 어떤 장애물이나 차단물도 없이 여인의 신체 전체와 그림 하단에 있는 대리석을 때리고 있습니다. 따라서 그림의 오른쪽 상단 끝에 거울에 비친 모습이 있기 위해서는 앞에 누군가가 있어야 하고, 정면에서 오는 조명이 있기 위해서는 앞에 아무도 없어야 합니다. 따라서 존재와 부재의 양립 불가능성이 중앙과 오른쪽의 양립 불가능성에 화답합니다.

여러분은 비어 있는 동시에 점유되는 이 자리가 화가의 자리이며, 또 마네가 여인 앞에 빈 공간을 남겨 두고 캔버스의 오른쪽 상단 끝에 그녀를 응시하는 사람을 재현했을 때 그것은 오른쪽 끝에 거울에 비친 모습을, 그리고 중앙에는 부재를 표시하는 화가 자신의 시선이 아니었겠느냐고 말씀하실 수 있을 겁니다. 화가의 현전과 부재, 모델과 화가의 근접성, 화가의 부재, 거리, 이 모든 것이 오른쪽 끝에 있는 사람의 모습에 의해 상징화되었다고 말할 수도 있을 겁니다. 하지만 전혀 그렇지 않다는 것이 제 답변입니다. 오른쪽 윗부분 끝에서 볼 수 있는 화가로 추측되는 이 인물의 얼굴이 마네와 닮지 않았을 뿐 아니라, 그가 여종업원을 위에서 아래로 보고 있기 때문에, 즉 굽어보는 시선으로 그녀와 바를 보고 있기 때문에 그렇게 될 수 없습니다. 또 그것이 오른쪽 끝부분에 재현되거나 비친 화가의 시선이라면, 그가 이 여인에게 말을 할 경우 우리가 그녀를 보듯이 같은 높이에서 보아서는 안 되고, 그녀를 위에서 아래로 굽어보는 시선으로 보아야 할 것이며, 우리는 이 바를 완전히 다른 시점에서 보게 될 것입니다. 보시다시피 사실상 감상자와 화가는 여종업원과 동일한 높이에 있으며, 아마도 약간 아래에 위치할 겁니다. 그렇기 때문에 하단의 대리석과 거울의 테두리 사이의 거리가 매우 좁습니다. 그 거리가 매우 좁은 이유는 여기서 지시되는 것이 굽어보는 시선이 아니라 올려다보는 시선이기 때문입니다.

따라서 세 가지 양립 불가능성의 체계가 존재합니다. 요컨대 화가는 중앙에 위치해야 하고 또 오른쪽에 위치해야 합니다. 누군가가 있어야 하고 또 아무도 없어야 합니다. 위에서 아래로 내려다보는 시선이 있어야 하고 아래에서 위로 올려다보는 시선이 있어야 합니다. 우리가 보는 대로의 광경을 보기 위해 어디에 위치해야 할지를 알 수 없는 삼중의 불가능성, 즉 감상자가 위치해야 하는 안정적이고 정해진 장소의 배제가 〈폴리-베르제르의 바〉의 근본적인 속성이며, 이 그림을 볼 때 체험하는 매력과 거북살스러움을 설명합니다.

모든 고전적 회화는 선·원근법·소실점 등의 체계를 통해 감상자와 화가에게 광경이 보이는 정확하고 고정되고 부동하는 장소를 부여했으며, 그 결과 그림을 바라보며 감상자와 화가는 그 그림이 어디에서 보이는지를——위쪽에서든 아래쪽에서든 정면에서든 간에——알 수 있었습니다. 반면에 〈폴리-베르제르의 바〉 같은 그림에서는 정반대로 인물의 극단적 근접성에도 불구하고, 모든 것이 감상자의 수중에 있다는 느낌이 들고 그것을 만질 수 있다는 느낌이 듦에도 불구하고 혹은 아마도 그 이유 때문에, 이렇게 그림을 그리기 위해 화가가 어디에 위치했는지, 우리가 현재 이 상태의 광경을 보기 위해 어디에 위치해야 하는지를 우리는 알 수 없습니다. 그리고 보시다시피 이 테크닉과 더불어 마네는 캔버스의 속성을 작동시키고, 재현이 감상자를 고정해 두는 한 지점 혹은 그림을 감상하기 위해 감상자가 위치해야 하는 한 지점, 그러므로 유일한 지점을 고정하려 하는 일종의 규범적 공간이었던 캔버스를, 더 이상 그렇지 않은 것으로 만들어 버립니다. 그림은 그 앞에서 또 그것과 관련해 감상자가 이동해야 하는 공간으로 나타납니다. 요컨대 그림 앞에서 움직이는 감상자, 정면에서, 수직적으로, 수평적으로 항구적으로 중첩되며 비치는 실제적인 빛, 입체감의 제거, 바로 이렇게 실제적이고 물질적이며 물리적인 것 내에서 캔버스가 출현하고 있고 또 이 캔버스는 재현 내에서 이런 속성들과 작용하고 있습니다.[24]

마네에게 모든 것은 재현적이기 때문에 분명히 그는 비재현적인 회화를 발명한 사람이 아닙니다. 하지만 마네는 재현 내에서 캔버스의 근본적으로 물질적인 요소들을 작동시켰기 때문에 오브제로서의 그림tableau-objet과 오브제로서의 회화peinture-objet를 발명하고 있었고, 또 그것은 언젠가 우리가 재현 자체를 버리고 공간의 순수하고 단순한 속성들, 공간의 물질적 속성들과 더불어 공간이 작용할 수 있게 하기 위한 근본적인 조건입니다.

------

24 다니엘 드페르가 지적하고 있듯이 푸코에게 〈폴리-베르제르의 바〉는 디에고 벨라스케스의 〈시녀들〉과 완전한 대칭을 이루고 있다. 〈시녀들〉에 대해 푸코는 「시녀들」이라는 제목으로 마찬가지의 상세한 해석을 가하고 있다. *Les Mots et les choses*, Paris: Gallimard, 1966, pp.19~31[『말과 사물』, 이규현 옮김, 민음사, 2012, 25~43쪽 참조.

2부
:
미셸 푸코, 하나의 시선

튀니지의 푸코

라시다 트리키

이 심포지엄의 장을 빌려 저는 튀니지에서의 푸코에 대해서 이야기하고자 합니다. 미셸 푸코는 1966년 9월부터 1968년 여름까지 튀니지에 체류합니다. 그리고 여기에 1968년 9월과 1971년 5월의 튀니지 방문도 추가해야 합니다. 마네에 대한 공개 강연은 1971년 5월 20일 타하르 하다드 문화 클럽Club culturel Tahar Haddad에서 이루어졌는데, 그 강연이 바로 푸코의 튀니지 시절에 대해 우리가 흥미를 갖는 이유라고 오늘 이 장소에서 말할 수 있을지도 모르겠군요. 또 당시는 아마도 푸코가 강의라는 형태로 회화 작품에 대한 연구를 시도한 시기이기도 했습니다.

그러나 튀니지에서 푸코가 벌인 활동을 교육에만, 그리고 회화사와 미학적 차원에 대한 그의 관심에만 한정시켜 생각하게 된다면, 반성한다고 하는 일의적 의미에서의 성찰réflexion의 중요한 계기이자 또한 몇몇 힘force으로서의 개념의 재검토──그것을 통해 푸코는 시대 속에서 입장을 결정하고 특정한 오해들을 제거할 수 있었습니다──를 놓치게 된다고 생각합니다. 튀니지에서의 활동은 또한, 이렇게 말해도 좋다면, 정치적인 것과 맺는 관계 안에서 이행의 한 계기였으며, 이는 사람들이 푸코에게서 확인할 수 있는 '앙가주망'으로 이어지게 됩니다. 이 앙가주망은 권력과 관련해 혹은 지식과 권력의 관계와 관련해 푸코가 행하게 될 연구와 함께하게 됩니다. 그리고 방법과 문제 제기 형식의 관점에서 보면, 회화와 그 역사에 대한 연구는 권력에 대한 연구나 지식과 권력의 관계에 대한 연구의 부속물도 아니고 그것과 이질적인 것도 아닙니다.

그렇기 때문에 문헌 자료나 여러 증언, 그리고 오늘날 튀니지에서의 **푸코 효과**에 의거함으로써, 그의 전기로 되돌아가지 않고(그의 전기가 이미 여럿 존재하고, 튀니지 시기에 관해서는 디디에 에리봉이 쓴 전기가 여전히 가장 중요합니다) 여기에서는 오히려 보충 정보를 제공하면서 다음의 세 가지 점을 밝혀 보고자 합니다. 우선 푸코가 튀니지에서 행한 철학 강의와 강연이, 『지식의 고고학』을 쓰고 있던 그 시기에 그의 이론적 입장을 결정하는 토대가 되었다는 점입니다. 그다음으로는 미학과 회화사를 교육하기 시작함으로써 그가 감각적 이미지로서의 회화에서 회화 표현상의 여러 쟁점에 대한 고고학적인 분석으로 이행했다는 점입니다. 그리고 마지막으로 정치 활동의 핵심이었던 학생층이 푸코의 의식화를 이끌었고, 권력에 대한 여러 형태의 저항을 향한 정치적 전회를 야기했다는 점입니다. 그래서 저는 특히 튀니지의 학생과 교육자 세대에 영향을 미친 푸코 효과를 포착해 보고자 합니다.

명확화의 시기

푸코가 튀니지에 온 시기가 당시 지식인들 사이에서 거의 유행이 될 정도로 큰 성공을 거뒀던 『말과 사물: 인간과학의 고고학』(1966)이 출판된 후였다는 점에 주목해 봅시다. 구조주의를 둘러싼 논쟁 한복판에 있던 프랑스 그리고 파리라는 장소에서는 인간과 주체의 죽음이 현상학이나 맑스주의에 대한 거부로, 또한 특히 사르트르와 프랑스 지식인에게 사르트르가 행사한 영향력에 대한 공격으로 받아들여졌습니다. 사르트르는 푸코의 기획을 "알랭 로브-그리예, 구조주의, 언어학, 자크 라캉, 『텔켈』을, 역사적 반성의 불가능성을 증명하기 위해 교대로 이용하고 있는 절충적 종합"이라 평가했고,[1] 이를 통해 푸코가 '실천들', 특히 모든 진보적 정치를 배제하고 있다고 지적했습니다.

푸코는 이들과 동류로 취급되는 것, 그리고 특히 구조주의자라고 분명하게 지목되는 것을 거부하게 됩니다. 1966년 봄 이러한 논쟁에 직면해 그는 말하자면 튀니지에 은둔하고 있던 상황을 크게 활용합니다. 그리고 특히 튀니지 청중의 관심과 높은 수준의 경청 능력을 활용하면서 오해들을 제거했고, 구조주의·맑스주의·실존주의에 대한 자신의 입장을 결정했으며, 또 1967~1968년에 시디부사이드Sidi Bou Saïd에서 집필해 1969년에 출판한 『지식의 고고학』으로 결실을 맺게 되는 고고학이라는 방법의 개념을 명백히 하게 됩니다.

튀니지의 『라 프레스』지와의 인터뷰에서 그는 이렇게 말합니다.

------

1 "Sartre répond", *L'Arc*, n° 30, 1966.

"제가 여기 온 것은 오늘날 모든 유럽인이 튀니지에 대해 갖고 있는 신화에 이끌려서였습니다. 아프리카의 태양과 바다, 그리고 아낌없는 따뜻함.……그러나 실제로 제가 경험한 것은 튀니지 학생들과의 만남이었습니다. 그것은 하나의 충격이었습니다. 브라질과 튀니지 정도를 빼면, 학생들에게서 이 정도의 진지함과 열정, 이 정도의 진지한 열정을 발견한 적이 없습니다. 그리고 무엇보다도 저를 기쁘게 한 것은 지식에 대한 그들의 절대적 열망이었습니다."[2]

푸코라는 인물 주변에서 들끓은 지식에의 열정은, 금요일 오후에 행한 '근대 서구 사상에서 인간의 위치'에 대한 공개 강의, 그리고 시내의 타하르 하다드 문화 클럽에서 행한 '구조주의와 문학 분석'(1967년 2월 4일)과 '광기와 문명'(1967년 4월) 등의 강연을 듣기 위해 모인 수많은 사람에게도 똑같이 공유되고 있었습니다.[3] 푸코가 명시적으로 밝혔듯이, 그가 구조주의에 대해 논의하려고 한 이유는 구조주의가 "현재 상당수의 모호함을 야기하는 장소"였기 때문입니다. 1967년 4월 12일 그가 자청해 제라르 페루와의 인터뷰에 응했을 때,[4] 푸코는 자신이 구조주의의 사제라고 불리는 것을 이렇게 거부합니다. "저는 기껏해야 사제의 시종에 지나지 않습니다. 제가 흔드는 종에 신자들은 무릎을 꿇고, 믿음이 없는 자들은 비명을 질렀던 것이었어요." 실제로 푸코는 구조주의의 두 형태를 구별합니다. 우선 한편으로 구조주의는

------

2 "Interview avec Gérard Fellous", *La Presse*, Tunis, 12 avril 1967.
3 이 두 강연은 *Les Cahiers de Tunisie*, n° 149~150, 3ᵉ et 4ᵉ trimestre 1989에 발표되었다.
4 "Interview avec Gérard Fellous", *La Presse*, 12 avril 1967.

"언어학과 같은 학문의 토대 설정, 다른 한편으로는 종교사와 같은 학문의 쇄신, 혹은 민족학이나 사회학과 같은 학문의 발전을 가능하게 한 방법론"입니다. 푸코는 이러한 방법론이 "여러 요소의 총체나 여러 행동의 총체를 지배하는 몇몇 관계를……그 역사적 과정 내에서보다는 오히려 현재의 평형 상태 내에서" 분석하는 것을 가능하게 했다고 첨언합니다. 이러한 구조주의는 예를 들면 랑그langue와 같은 새로운 과학적 대상의 출현을 가능하게 했습니다. 또한 푸코는 클로드 레비-스트로스의 아메리카 원시 사회의 친족 관계, 롤랑 바르트의 문학 분석, 조르주 뒤메질의 종교와 신화 분석의 예를 듭니다. 또 다른 형태의 구조주의와 관련해 푸코는 "전문가가 아닌 이론가들이 우리 문화의 어떤 요소와 또 다른 요소 사이에, 어떤 과학과 또 다른 과학 사이에, 어떤 실천적 영역과 어떤 이론적 영역 사이에 존재할 수 있는 실제적인 관계들을 정의하려고 하는 활동"이라고 말합니다. 그는 이것을 일반화된 구조주의, 우리의 현대성을 결정하고 있는 실천적 혹은 이론적 관계들의 총체에 관련된 구조주의라고 규정합니다.

이런 점에서 푸코에게 구조주의는 하나의 철학적 활동입니다. "철학의 역할이 '오늘날'이라는 것에 진단을 내리는 데 있음을 인정한다면, 일종의 구조주의 철학"을 상정할 수 있다고 푸코는 말하는데,[5] 이것은 그가 장차 가장 만년의 논고에서 전개하게 될 사유입니다. 이렇게 해서 푸코는 철학자를 일종의 "문화 상황의 분석자"로 간주하는 것 같습니다. "문화는……단지 예술 작품의 창조일 뿐 아니라 사회

------

5 "Interview avec Gérard Fellous", *La Presse*, 12 avril 1967.

생활과 갖가지 금기 및 억압으로 이루어진 정치 제도의 창조"이기도 하기 때문입니다.[6] 이런 점에서 이 인터뷰를 한 것과 같은 달인 1967년 4월에 타하르 하다드 문화 클럽에서 행한 강연 '광기와 문명'에서도 광기라는 현상을 진단하려는 동일한 관심을 볼 수 있습니다. 여기서 푸코는 광기를 "모든 사회와 문화에 존재하는 일종의 사회적 기능이자 모든 문명에서 매우 명확하고 동일한 역할을 하는 것"으로 재검토하고 있습니다. 자신의 저작 『광기의 역사』를 말하자면 다시 다루는 형태로, 그는 아랍과 서구 연극에서 광인의 위상, 혹은 유럽과 지중해 문화권 가정에서 광인의 위상 등을 검토하고, "누군가를 광인이라고 지정하는 것이 갖는 제도적 성격"이라는 개념을 주장하고 있습니다. 푸코는 후에 무언가를 광기라고 지정하는 것이 갖는 이러한 제도적 성격을, 엄격한 에피스테메적 언표 체계보다는 윤리적 언표 체계 내에서 결정되는 담론적 실천으로 이론화하는데, 이를 보기 위해서는 『지식의 고고학』의 '과학과 지식' 부분에서[7] 그가 "인식론적 형상과 과학의 방향에서" 분석하지 않고 지식의 규칙성을 명백히 할 수 있는 하나의 고고학적 분석의 사례를 검토하는 부분을 기다려야 했습니다.

실존주의와의 관계 문제와 관련해 푸코는 그것을 헤겔, 키르케고르, 후설에서 하이데거에 이르는 철학적 전통 내에, 또 1933년 이래의 반파시즘 투쟁 내에 위치시키고 있습니다. 또한 대체로 같은 내용

------

6 *Ibid.*.

7 Foucault, *L'Archéologie du savoir*, Paris: Gallimard, 1969, chap. 4, p. 251 sq[『지식의 고고학』, 이정우 옮김, 민음사, 2000, 268쪽 이하].

을 수일 후 동일한 신문 인터뷰에서 장 이폴리트가 말하게 됩니다. 그는 푸코의 초대를 받아 헤겔에 대한 연속 강의를 하러 튀니스 대학에 와 있었습니다. 이폴리트는 실존주의를 대독 레지스탕스와 동시대에 위치시키고 있었으며, 세계의 현재 상황 때문에 구조주의가 실존주의의 뒤를 잇게 된 것이라고 첨언합니다. 구조주의는 "세계의 문화적 관계들을 반영하고 있고, 인민들과 인간들을 연결하고 있는 구조로 우리의 시선을 향하게 한다"는 것입니다.[8] 푸코는 논쟁적인 방식으로 이렇게 말합니다. 실존주의는 "일정 수의 프랑스와 유럽 지식인에게 하나의 실존 양식을" 제공했지만 어떠한 지식도 만들어 내지 못한 반면에, "구조주의는 언어학·사회학·역사학·경제학 등 수많은 이론적 혹은 실천적 연구를 구체화할 수 있다"고 말입니다.[9] 그러나 그것은 "엄밀함에 대한 어떤 배려라는 형태"하에서만 인간의 구체적 실존에 접근했다고 그는 덧붙이고 있습니다. 여기서 푸코는 자신이 구조주의에 기여한 바를 다음과 같이 말합니다. "제가 시도한 것은 이제까지 구조주의적 분석 양식이 침투하지 않았던 분야들, 즉 사상의 역사, 인식의 역사, 이론의 역사에 구조주의적 분석을 도입하는 것이었습니다. 그런 한에서 저는 구조주의의 탄생 자체를 구조라는 용어로 분석하게 된 것입니다."[10] 그러나 그는 동시에 구조주의와 선을 그으려 합니다. "저는 구조주의에 거리를 두면서도 동시에……이중화하는 관계를 맺

------

8 *La Presse*, 25 avril 1967.

9 "Interview avec Gérard Fellous", *La Presse*, 12 avril 1967.

10 *Ibid.*.

고 있습니다. 저는 구조주의를 직접적으로 실천하는 대신에 그것에 대해 말하고 있는데……구조주의의 언어를 사용하지 않고 구조주의에 대해 말하고 싶지는 않기 때문입니다."[11] 이것은 명백히 고고학적 물음이 야기한 것이고, 이 고고학은 앞서 언급한 '구조주의와 문학 분석' 강연에서 푸코가 말한 것처럼 우선은 "표식marque, 언어학적 흔적trace, 예술 작품, 건축이나 도시" 등으로 이루어진 아르시브archives를 통해, 여러 지식을 가능케 한 것을 명백히 하려는 기획입니다. 이 수준에서 푸코는 우선 그가 '데익솔로지'déixologie적 분석이라고 부른 새로운 인식론적 영역에 대해 이야기하고 있습니다. 그 분석은 문헌 기록인 한에서의 문헌 기록에 대한 과학이며, 방법으로서의 구조주의에 종말을 가져다줄지도 모르는 것입니다. 그러나 『지식의 고고학』에서 데익솔로지 자체는 포기되고 그 대신 담론 형성formation discursive이 문제가 됩니다.

맑스주의와 구조주의의 관계와 관련해 결과적으로 실천과 역사적 분석을 방기했다고 그에게 가해진 규탄에 대해 1967년 4월의 동일한 인터뷰에서 푸코는 다음과 같이 명확히 응수합니다. 만약 거기서 문제가 되는 맑스주의가 "극히 엄밀한 물질적 인과관계로부터 인간적 자유의 여명에 이르는 여러 결정의 위계가 있다고 믿는 경직된 정신"이라면, 확실히 정체될 위험이 있을 것이라고 말입니다. 그러나 다행히도 맑스주의는 그와는 별개의 것입니다. 푸코에 따르면 그것은 "인간 실존의 모든 조건을 분석하려는 시도, 우리의 역사를 구성해 온 관

------

11 *Ibid.*,

계들의 총체의 복잡함을 이해하려는 시도, 어떤 상황에서 오늘날 우리의 활동이 가능한지를 한정하려는 시도"인 것입니다. 이런 의미에서 푸코는 맑스주의가 요소들 간의 포괄적인 망을 구축하면서 "우리 실존의 여러 조건을 진단하려 하는 구조주의"와 양립 불가능할 리 없다고 생각합니다.[12]

"서구 문화에서 언어가 존재하는 형태들에 관한 방법론적 저작"을 쓰던 바로 그때, 구조주의에 대한 이러한 강연이나 대담을 통해 푸코는 근본 개념을 재정의하거나 명확화할 수 있었고, 그렇게 함으로써 연구의 장소와 대상을 동시에 위치 설정하고 모든 오해를 해소할 수 있었던 것입니다.

유의할 점은 푸코가 철학을 강의하는 임무를 맡은 것이 그의 대학 이력에서 이 시기가 처음이었다는 사실입니다. 이렇게 해서 그는 투사projection를 다루는 심리학 강의 하나를 제외한 모든 강의를 철학 문헌에 할애할 수 있었습니다. 그는 데카르트에 대한 강의를 하나 진행했는데, 거기서는 후설의 『데카르트적 성찰』과 연관지어 데카르트의 『성찰』을 해석합니다. 또 니체와 철학에 관한 다른 강의에서는 니체의 '주변부적'[탈중심적]extra-muros인 사상이 철학사에서 점하고 있는 특별한 위치를 밝혔습니다. 그리고 튀니스의 모든 명사가 청강한 근대 서구 사상에서 인간의 위치에 대한 공개 강의에서는 『말과 사물』에서 개진된 개념들, 요컨대 인간의 탄생과 소멸의 방식을 수정해 다루었습니다. 다른 사람도 아닌 장 이폴리트가 "대단히 철저하고", "어

------

12 "Interview avec Gérard Fellous", *La Presse*, 12 avril 1967.

떤 종류의 사변적 관심"으로 활기를 띠고 있다고 평한 학생들에게 매료된 푸코는 그들을 위해 도서관에서 여러 시간을 할애하고 학내에 철학반을 만드는 일을 도왔으며, 때로는 튀니스의 카페에서 논의를 계속했습니다. 푸코는 또한 타하르 하다드 문화 클럽에 철학 동아리를 창설했는데, 아마도 그는 이 클럽을 자유의 공간으로 선호하며 그곳에 갔을 것입니다. 이곳은 동명의 개혁가의 정신에 의해 활기를 띤 공간이었고, 또 그곳의 관장은 활발한 문예 비평가인 자릴라 하프시아Jalila Hafsiya였습니다. 그리고 바로 이 장소에서 푸코는 마네에 대한 강연을 포함한 모든 공개 강연을 하게 됩니다.

가능한 미학적 담론을 향한 예비적 단계

4학년의 부속 학위 자격으로서 푸코는 서구 회화에 대한 미술사·미학 강좌를 개설하고, 그 대부분을 초기 르네상스 회화를 해설하는 데 할애합니다.

청강자들의 증언, 그 중에서도 푸코가 프랑스로 돌아간 후에 그 강의를 이어받은 H. 벤 하리마H. Ben Halima 교수의 증언에 따르면, 슬라이드를 보여 주면서 진행한 작품 해설은 조형에 관한 설명과 주제에 관한 독해를 포함하며, 특히 공간 구성, 빛과 인체의 표현 양식을 강조했다고 합니다. 푸코는 마사초Masaccio의 프레스코화 〈낙원에서의 추방〉Cacciata dei progenitori dall'Eden에 긴 시간을 할애하고, 그 그림에서 인간을 해부학적·인상학적으로physionomique 묘사하는 최초의 기법들을 발견한 듯합니다. 사실 마네에 대한 1971년 강연에서도

마사초, 〈낙원에서의 추방〉, 프레스코화, 214×88cm, 1424~1425, 피렌체: 산타 마리아 델 카르미네 교회 브란카치 예배당.

푸코는 르네상스의 무대를 모범적 형식으로 한 표현의 구조나 그것이 전제하고 있는 특징들을 언급하는데, 이를테면 화가와 감상자가 점하는 일망 가능한 판옵틱한 장소, 빛의 내재적 규칙, 공간이나 시선의 배분에 의해 명백해지는 인물들 간의 관계 등이 그것입니다.

여기서 이 시기의 푸코가 회화에 대해 갖고 있던 관심에 질문을 던져 볼 수 있을 것입니다. 실제로 그는 튀니스에 체류하기 1년 전 벨라스케스의 〈시녀들〉 분석으로 『말과 사물』의 논의를 시작했고, 또 1966년 6월에는 '검정과 색채'Le Noir et la couleur 라는 제목을 붙이려 했던 마네에 대한 시론의 계약을 미뉘 출판사와 맺었습니다. 나아가 『말과 사물』을 출간한 후 푸코는 르네 마그리트와 주고받은 서신에서 마네의 〈발코니〉를 환골탈태시킨 것에 대해 더 알고 싶다는 뜻을 전하기도 했습니다.[13] 나아가 미간에 그친 마네에 대한 시론과 관련해 밀라노에서

------

13 후에 푸코는 "A quoi rêvent les philosophes?: Entretien avec Lossowsky", *L'Imprévu*, nº 2, 28 janvier 1975, p. 13에서 마그리트의 이 그림에 대해 "이 그림은 우리 감수성에 깊이 뿌리내리고 있는 미학적 규준"에 아랑곳하지 않는 호전적인 추함을 지니고 있다고 말한다.

1967년에, 도쿄와 피렌체에서 1970년에, 그리고 튀니스에서 1971년에 강연의 형태로 반복된 이 시론이 몇 가지 문제를 제기하고 있다는 것을 지적하고자 합니다.

『지식의 고고학』으로 결실을 맺게 되는 이 잠재기, 즉 푸코가 강의에서 초기 르네상스 작품을 체계적으로 기술하는 데 전념했던 시기와, 미간에 그친 마네에 대한 텍스트 사이에는 어떤 관계가 존재하는 것일까요? 두 가설을 제시하고 싶은데, 그러기 위해 우선 질 들뢰즈의 『지식의 고고학』 독해를 참조해 봅시다.[14] 들뢰즈에 따르면 그것은 "지층화의 두 요소, 즉 언표 가능한 것과 가시적인 것에 관한 일반 이론"이며, 이 두 요소는 각각 담론적 형성체와 비담론적 형성체라는 것입니다. 그리고 그는 "가시성의 지대"는 언표의 장을 보완하는 공간에서 "오직 부정적으로만 지시될 수 있다"고 말합니다. 더 나아가 그는 푸코가 『임상의학의 탄생』의 부제로 삼았던 '시선의 고고학'을 이후에 스스로 비판한 이유는 『지식의 고고학』 이전의 책들이 "사물을 보는 방식에 대한 언표 체제의 우위"[15]를 충분히 설명하지 않았다고 생각했기 때문이라고 씁니다. 그것은 "현상학에 대한 푸코 나름의 반응이었다"는 것입니다. 그러나 동시에 들뢰즈는 한편으로 언표는 "그 고유의 리듬과 역사"를 갖는 가시성의 장의 환원 불가능성에 대해 우위를 갖기 때문에, 푸코 저작의 도처에서 "가시성은 언표로 환원 불가능

------

14 Gilles Deleuze, *Foucault*, Paris: Éd. de Minuit, 1986, pp. 57~59[『푸코』, 허경 옮김, 동문선, 2003, 81~85쪽].

15 *Ibid.*, p. 57[같은 책, 82쪽].

한 채로 머물러 있다"고 말하고, 또 다른 한편으로는 푸코가 "자신이 보는 것에 끊임없이 매혹되고" 그것을 통해 언표를 발견하기에 이른다고 말합니다. "그가 언표하는 기쁨을 갖고 있는 이유는 오로지 그가 보는 정열을 갖고 있기 때문이다."

그래서 다음과 같은 첫번째 가설을 세울 수 있습니다. 마네의 작품에 대한 체계적 분석과 병행해 1967~1968년 튀니스에서 진행한 르네상스 및 인상주의 회화의 독해를 통해, 보는 것의 열정으로 채색된 상태가 이렇게 해서 결연히 표명되는데, 이는 푸코가 지각의 경험이라는 일종의 현상학에 빠지는 것을 피하면서도 결국 회화가 제공하는 가시성의 장 안에서, 이런저런 역사적 형성체에 고유한 장치dispositif들을 진단해 내는 것을 이론적으로 망설였음을 보여 주고 있는 것은 아닐까요? 이러한 망설임은『지식의 고고학』집필에 전념했던 푸코, 그리고 창조자·수용자로서의 주체가 다시금 소환될 수밖에 없는 현상학적 접근을 말하자면 피하면서도, "가시성이라는 비담론적 실천"으로서 회화의 분석을, 그 출현의 계기가 반드시 과학적 성질의 계기, "인식론화의 문턱"인 것만은 아닌 어떤 지식의 구축 내에 위치시키려 시도했던 푸코의 고심을 보여 주고 있는 것이 아닐까요? 그러한 지식의 "출현의 문턱"은 또한 빛의 형태들로 향하는 "미학화의 문턱"일 수도 있습니다. 이러한 미학은, 이를테면 마네의 〈폴리-베르제르의 바〉에 대한 분석이 그런 것처럼, 묘사된 공간의 물질적 속성들과 조명의 배분으로부터 도출될 수 있는 것입니다. 이러한 가시성의 형태는 미술이라는 실천을 통해, 푸코의 용어를 빌리면 근·현대의 명증성évidence이 될 것입니다. 여기서 문제가 되는 것은 "어떤 형성체에 자리 잡는 방식과 불가분의 관계에 있기 때문에 절대적인 동시에 역사적이기도 한 존재로서의 빛"일 것입니다.[16]

따라서 그것은 과학성이나 순수한 형식화의 영역으로 완전히 향하지는 않는, 자기를 탐구하려 하는 예술에 대한 담론이고, 푸코가 튀니지 청중을 앞에 두고 실천해 보인 담론이며, 지각의 경험과 이미지의 감각적 성질 등을 통한 설명을 피하는 담론인 것입니다. 이 담론은 가시적인 것과 그것의 가능성의 조건들 사이에 위치하는데, 그것은 무엇보다도 우선 그림의 기술description이라는 형태를 취하며, 혹은 역사 속에서 여러 모습으로 나타나는 규칙성들과 진실들을 포착하는 기술-진단이라는 형태로 표명됩니다. 이 점은 특히 1968년에 푸코가 했던 부속 강의, 미술사와 미학 사이에 위치하며, 서구 사상에서 인간의 위치에 대한 공개 강의에서도 언급된 그 부속 강의의 성질을 설명해 줄 수도 있을 것입니다. 고고학적 관심, 그리고 현상학과 관련해 자기 사유의 위치를 설정하려는 고심이 여기서 명백히 드러납니다.

여기서 문제가 되고 있는 미학적 담론은 『지식의 고고학』의 종반부,[17] '다른 고고학들'이라는 제목이 붙은 절에 포함되는 긴 단락에서 신중하게 제시됩니다. 그 부분에서는 미학과 정치가 다루어지고 있고, 반드시 인식론적 형상들을 통해서만 드러나는 것은 아닌 지식의 규칙성에 대한 문제가 제기되고 있습니다. 이 대목에서 푸코는 회화에서 언어를 갖지 않는 '말하기'dire, 즉 담론적 차원을 지식의 실증

------

16 Deleuze, *Foucault*, p. 65[『푸코』, 94~95쪽].
17 Foucault, *L'Archéologie du savoir*, p. 235[『지식의 고고학』, 268쪽].

성으로부터 추출할 것을 제안합니다. 이 지식은 회화를 관통하고 있는 지식으로, 오늘날 예술에 관한 과학이나 포이에티크라 불리고 있는 것이 대상으로 삼는 지식인데, 특히 과학 이론과 인문주의 화가들의 이론적 실천이 새로운 회화적 재현의 이용과 궤를 같이하고 있었던 이탈리아 르네상스라는 범례적 시기를 상기시킵니다. 이탈리아 르네상스는 예술에서 본다는 것과 안다는 것이 하나가 될 수 있었던 시대가 아니었을까요? 마네의 회화가 야기한 변혁을 논할 때와 마찬가지로, 거듭 푸코 논의의 배경이 되는 것은 이탈리아 르네상스입니다.

첫번째 가설과 상보적인 두번째 가설은 1966~1968년에 푸코가 회화의 기술과 분석에 갖고 있었던 관심에 관련됩니다. 즉 회화가 가시성의 장의 범례적인 형상을 제공하는 것은 아니었을까라는 관심에 관한 가설입니다. 회화는 환상적인 형태든 비재현적인 형태든, 가시적인 외관 그 자체가 가능해지는 조건들의 진단을 가능하게 하는 것, 가시적인 것과 그 문제화의 형태에 대한 고고학을 가능하게 하는 것이 아닐까요? 벨라스케스의 〈시녀들〉을 논한 이래부터 마네에 이르기까지, 묘사적descriptif 그림에 부여된 특권은 공간 재현으로서 회화의 존재 방식에 연결되어 있습니다. 이 가설에 따라 다음과 같은 점을 설명할 수 있을지 모르겠습니다. 요컨대 문제화의 여러 형태——이를 통해 고전주의 시대의 재현이 일련의 담론적이거나 비담론적인 실천 속에서 등장하게 되는데——를 분석하려면 논리적으로 공간 재현으로서의 회화에 대해 검토하지 않을 수 없다는 점입니다. 재현의 공간에 관한 이러한 예는 예시적 설명으로서, 담론들에 대한 담론, 지성적 재현의 본질에 대한 담론, 재현과 재현되는 사물의 전면적인 분할에 대한 고전주의 시대 담론의 예비 단계라는 것을 이해할 수 있을 겁니다. 그러므로 회화는 자신의 틀에서 출발해 하나의 도큐먼트로, 즉 지식의 새로운 배치의 축약 모델로 기능하는 것입니다. 따라서 그것은 어떤 하나의 평평한 공간 위에서, 현존과 병존의 영역 내에서, 새로운 대상들과 그것들이 맺는 관계들이 펼쳐지는 전형적인 도큐먼트인 것입니다.

이렇게 해서 고전주의 시대 이래로 벨라스케스의 〈시녀들〉, 그리고 회화 일반은 하나의 가시적인 장과 같은 것이 되는데, 이 장은 회화적 실천 그리고 가시성 일반이 "사유될 수 있는 것, 사유되어야 하는 것으로"[18] 나타날 때 의거해야 하는 여러 형식을 가능하게 하는 장입니다. 이 수준에서는 앞서 자신이 튀니지의 학생들에게 해설한 두 『성찰』에 나타나는 데카르트적 사유과 동일한 철학적 전통에 푸코도 속해 있다는 것을 알 수 있을 것입니다. 왜냐하면 회의의 실존적 차원은 언제나 이미지를 응시하는 여정을 통해 지지되고 있으며, 그 결과 그림이 자연스럽게 꿈을 대체할 정도이기 때문입니다. 형태나 크기, 수라는 관념에, 즉 기하학적으로 본다는 것에, 회화적 존재나 가시적인 것 일반의 환영이라는 "이상하고 기괴한 형태"를 야기시키는 것은 바로 회화인 것입니다. 따라서 회화는 「정신 지도를 위한 규칙들」Regulae ad directionem ingenii에서 이미 논해진 바 있는 보편 수학mathesis universalis이라는 새로운 영역의 존재론적 토대를 가능하게 했던 판단하기나 보기라는 습관에서 해방되기 위한 단련인 것입니다.

------

18 이것은 푸코가 *L'Usage des plaisirs*, Paris: Gallimard, 1984, p. 17에서 쓴 표현이다 [『성의 역사 2권: 쾌락의 활용』, 문경자·신은영 옮김, 나남출판, 2004, 26쪽].

하나의 결정적인 정치적 체험

앞서 예고했듯이, 튀니지에서의 푸코에 대해 말하기 위해서는, 설령 몇 가지 점에 국한시킨다 할지라도, 그와 1967~1971년 튀니지의 특정한 정치 상황의 만남에 대해 말하지 않을 수 없습니다. 제가 그것에 대해 말하고자 하는 이유는, 후에 푸코 자신이 그렇게 말하고 있는 것 말고도, 여러 푸코 전기에 튀니지 시대에 대한 몇 가지 정보가 누락되어 있기 때문입니다. 디디에 에리봉의 이야기에 따르면 1962~1966년에 클레르몽-페랑Clermont-Ferrand에서 푸코의 조교를 하던 프랑신 파리앙트Francine Pariente는 조르주 뒤메질과 마찬가지로 68년 이후의 새로운 푸코의 모습을 목격하고 놀랐다고 합니다. 그녀는 "극좌로의 경도, 급진적 입장 표명"을 하는 70년대의 푸코에게서 어느새 이전 동료의 모습을 볼 수 없게 되었습니다. 에리봉도 여러 증언을 바탕으로 "너무나 급진적이었기 때문에 종교적 개종이라는 말로만 그것을 표현할 수 있을 정도의 변화"라고 말하는데,[19] 이 역시 푸코가 뱅센 대학에서 가르치고 감옥정보단체Groupe d'information sur les prisons; GIP의 운동에 참여하던 시기의, 즉 튀니지 시기 직후의 푸코인 것입니다. 어느 학생의 기소를 계기로 학생 운동이 크게 확산되었던 1966년 봄부터 서서히 "학생들에게 구체적인 원조를 제공"하게 되고 부득이하게 "정치적 논쟁에 휘말리게" 되었다는 것을 푸코 자신도 분명히 밝히고 있습니다. 푸코는 두치오 트롬바도리와의 대담에서 이를 상세히 기술하

------

19 Didier Eribon, *Michel Foucault et ses contemporains*, Paris: Fayard, 1994, p. 205.

고 있으며, 에리봉이 그것을 인용하고 있습니다.[20] 요컨대 푸코를 놀라게 하고 행동에 나서도록 만든 것은 튀니지 학생들——그들 대부분은 맑스주의자였지만 개중에는 마오주의자도 있었습니다——이 벌인 정치 활동의 격렬함과 진지함이었고, 그들이 감수한 위험의 크기였습니다. "그것은 제게 하나의 정치적 체험이었습니다"라고 푸코는 이야기합니다.

푸코에게 강한 인상을 준 것은, 이전의 맑스주의 그룹에서의 체험이나 잠시 동안의 프랑스 공산당 체험과는 다른, 그가 "일종의 도덕적 에너지, 실존을 건 주목할 만한 행동"이라고 규정한 것으로, 그것은 맑스주의를 주장하지만 어떤 형태의 권력욕에도 빠지지 않으며 "행동을 평가한다고 자칭하는 진부한 이론적 논의"에도 빠지지 않는 그런 종류의 행동이었습니다. 구체적이고 성실하며 고매한 투쟁, 푸코는 그 점을 마음에 새기게 됩니다. 당시의 체제 비판과 투쟁의 초점이 되고 있었던 것은 특히 튀니지의 권력이 행한 억압과 독재, 그리고 베트남이나 팔레스타인을 둘러싸고 일어난 제국주의의 문제였습니다. 그런데 1967년 6월 7일에 조르주 캉길렘에게 보낸 편지에서 푸코는 아랍 군대가 패배한 후 튀니지 일반 대중이 유대 사회에 보인 적대적인 반응에 즉시 놀라움을 표명합니다. 에리봉은 푸코 전기 중 튀니지와 관련된 짧은 장에서 그 편지를 인용하는데,[21] 그것은 사건의 폭력성

------

20 Duccio Trombadori, *Colloqui con Foucault: Pensieri, opere, omissioni dell'ultimo maître-à-penser*, 1999, Roma: Castelvecchi, pp. 71~75[『푸코의 맑스』, 이승철 옮김, 갈무리, 2004, 101~109쪽]. Eribon, *Michel Foucault et ses contemporains*, pp. 205~208에서 재인용.

을 목격한 푸코의 기분, 그리고 푸코가 맑스주의를 신봉하는 학생들을 그 사건을 일으킨 이들 중 하나로 생각했다는 것을 전하고 있습니다. 그러나 그 전기에는 나오지 않지만 그 사건 이후 푸코와 학생들 사이에 토론이 벌어졌고, 이 토론을 통해 당시 권력을 잡고 있던 정당에 의한 권모술수적 조작이 있었다는 것이 명백해져 오해가 풀리게 됩니다. 그 조작이 목표로 했던 것은 시위 와중에 혼란을 획책해 체제에 반대하는 맑스주의자들을 체포해 20년 징역형에까지 이르는 형을 부과하려는 술책이었습니다. 실제로 학생들의 시위는 오전에 별도의 다른 장소에서 벌어졌고 미국 대사관처럼 상징적인 정치 기관을 대상으로 삼았습니다. 게다가 그 전망파perspectiviste 학생들은 이 문제에 대한 소책자 출간을 준비하고 있었습니다.[22] 그들은 팔레스타인의 혁명 전쟁을 지지하면서도 아랍 세계가 최초로 교섭해야 할 상대로서 이스라엘이라는 국가의 존재를 정치적 현실로 인정했던 것입니다.[23]

이러한 태도의 명확화와 맑스주의를 신봉하는 학생들을 엄습한

------

21 Eribon, "La Mer au large", *Michel Foucault*, Paris: Flammarion, 1991, pp. 199~210[「광활한 바다」, 『미셸 푸코, 1926~1984』, 박정자 옮김, 그린비, 2012, 309~330쪽].

22 튀니지 사회주의연구행동단체(le Groupe d'études et d'action socialistes tunisien)가 1968년 2월에 출간한 소책자의 제목은 『튀니지 혁명 투쟁 전개와의 관련하에서 본 팔레스타인 문제』(*La Question palestinienne dans ses rapports avec le développement de la lutte révolutionnaire en Tunisie*)였다. 이 소책자의 첫 페이지에는 학생들이 이러한 성찰을 1967년 5월에 시작했고 "1967년 6월의 비상 사태로 인해 다시금 이 문제들을 성찰하게 되었다"고 쓰여 있다.

23 "이스라엘의 국가 수립은 오스트레일리아, 남아프리카공화국 같은 국가의 형성이나 라틴아메리카 국가들과 앵글로색슨 아메리카 국가들의 형성에 비교할 수 있을 것이다"(*La Question palestinienne dans ses rapports avec le développement de la lutte révolutionnaire en Tunisie*, p. 16).

억압이 있고 난 이후에 푸코는 직접 정치 영역으로 뛰어들게 됩니다. 그는 "학생들에게 구체적인 원조"를 제공했고, 시디부사이드의 자택을 그들이 비밀리에 삐라를 타이프해 인쇄하거나 아직은 자유로운 학생들이 삐라를 뿌리기 위해 출발하는 장소로 이용하게 해주었으며, 그 삐라를 뿌리는 데 동행했고, 망을 보는 역할을 하며 차를 타고 그들을 기다렸습니다. 이러한 정치 활동은 또한 1968년 여름 이후와 1971년 5월에 푸코가 어김없이 튀니지를 찾은 이유이기도 했습니다. 중형을 받고 복역하던 옛 제자들에게 힘을 주기 위해서였던 것입니다.

이렇게 정치 투쟁에 가담하고 수인들을 옹호한 것은 후에 뱅센에서 그가 GIP 활동이나 새로운 실천적·이론적 방향——권력·범죄·감옥·성 등——에서 치열하게 행동하는 데 확실히 기여했습니다. 1977년 주간지 『르 누벨 옵세르바퇴르』에서 그가 말한 것이 이 점을 설명해 주고 있습니다. "철학의 문제, 그것은 우리 자신 자체인 이 현재의 문제입니다. 바로 그렇기 때문에 오늘날 철학은 완전히 정치와 연관되어 있으며, 완전히 역사에 관련되어 있습니다. 철학은 역사에 내재하는 정치이며, 정치에 불가결한 역사인 것입니다."[24]

튀니지에서 푸코가 행한 이 철학적이고 정치적인 모든 활동은 여러 사유 방식을 낳았는데, 그것을 **푸코 효과**라고 부를 수 있는 것 안에 자리매김할 수 있을 것입니다. 우선 한편으로 방법이나 새로운 대상에 대한 관심이 있고, 그것은 푸코의 제자들이 행한 교육에서, 그리고

------

24 Foucault, "Non au sexe roi", *Le Nouvel Observateur*, n° 644, 12~21 mars 1977, pp. 92~130; *Dits et écrits*, vol. 3, Paris: Gallimard, 1994, p. 266.

권력이나 담론의 문제나 실존의 미학 등에 관련된 몇몇 박사 과정 연구에서 발견할 수 있습니다. '오늘을 사유하기'라는 이름의 연구 모임은 폴 벤느와 디디에 에리봉이 참석한 가운데 1987년에 타하르 하다드 문화 클럽에서 열린 푸코 심포지엄을 조직하는 데 중심적인 역할을 했습니다. 이 심포지엄의 기록과 푸코가 튀니지에서 했던 세 번의 강연이 1989년 3/4분기와 4/4분기 튀니스 대학 인문·사회과학부 학술지의 특별호에 게재되었습니다.[25] 또한 여러 푸코 저작의 아랍어 번역이 튀니지 연구자들의 협력으로 레바논에서 출판되었습니다.

'미셸 푸코, 하나의 시선'이라는 주제를 중심으로 조직된 이 심포지엄에서 푸코의 튀니지 시대에 대해 조명하는 작업이 유럽 이외의 맥락에 대해 조명하는 시선을 더 넓히는 데 기여하기를 기대해 봅니다. 유럽 밖의 맥락으로 향하는 이 시선은 미셸 푸코의 철학적 위상 정립과 그의 정치 참여를 사유하는 데 있어 무시할 수 없는 것입니다.

------

25 *Les Cahiers de Tunisie*, n° 149~150, 3ᵉ et 4ᵉ trimester 1989.

마네 혹은 감상자의 혼란

카롤 탈롱-위공

미셸 푸코[1]와 조르주 바타유[2] 그리고 마이클 프리드[3]가 마네의 작품에 대해 의견이 일치하는 바를 한 문장으로 표현해야 한다면 세 사람 모두 마네의 작품에서 **있는 그대로 주어지는 회화**를 본다고 말해야 할 것입니다. 자연을 모방하는──따라서 자연을 보여 주는──과업을 회화에 부여했던 미메시스mimesis의 종용이 수세기 동안 행해지고 난 후 마네의 작품은 **회화를 보여 주는 것**이 관건이 되는 시대를 엽니다.

이 동일한 확신을 공유하는 푸코와 바타유, 프리드는 비록 서로 다른 이름에 속하긴 하지만 모두 형식주의의 비판적 계보에 포함된다고 할 수 있습니다. 이런 점에서 이들은 모두 1980년대에 마네를 전통

------

1 Michel Foucault, "La Peinture de Manet", Paris: Société Française d'esthétique, supplément au bulletin d'avril 2001.

2 Georges Bataille, *Manet*, Genève: Skira, 1955.

3 Michael Fried, *Le Modernisme de Manet*(1996; *Esthétique et origines de la peinture moderne*, t. 3), trad. fr. par Claire Brunet, Paris: Gallimard, coll. "NRF/essais", 2000.

과 단절한 화가가 아니라 전통을 잇는 화가로 만들고자 했던 수정주의 이론가들과 대립합니다. 왜냐하면 푸코와 바타유, 프리드는 형식보다 내용에 탐구의 중점을 둔 성상해석학자들과 구별되기 때문입니다.[4] 세 사람 모두에게 마네는 분명 **회화를 있는 그대로 보여 주는** 화가입니다.

그런데 엄밀히 말해서 회화란 무엇일까요? **있는 그대로 주어지는 회화**라는 표현을 이해하는 다수의 방식이 있습니다. 이 표현이 푸코와 프리드 그리고 바타유에게 명백하게 동일한 의미를 갖지는 않습니다. 잠정적으로 말해 보자면 회화란 푸코에게는 이차원의 물리적 현실이고, 바타유에게는 가시성의 예술이며, 프리드에게는 자신을 보여 주는 것이 목적인 어떤 것이라고 할 수 있습니다. 현재로서는 이 의미들의 양립 가능성을 가늠하기 위해 이 세 유형의 분석을 연구하는 것이 바람직하다고 생각합니다.

바타유: 마네 혹은 비-지의 예술

마네에 대한 이 연구는 인간의 극성極性을 드러내려고 하는 바타유 작업의 일반적 문제계를 토대로 해서만 이해할 수 있습니다. 여기서 예술은 그 존재론적 위상의 관점에서 성찰되며, 바타유가 예술에서 탐

------

4 예를 들어 Timothy J. Clark, *The Painting of Modern Life: Paris in the Art of Manet and his Followers*, New York: Knopf, 1984(nouv. éd., Princeton, NJ, 1999)를 참조하라.

색하는 것은 '불의 부분'la part du feu입니다. 왜냐하면 바타유는 '저주받은 부분'la part maudite이라는 관점에서 예술사를 보기 때문입니다. 예술사의 양극단에 한편으로는 선사 시대의 예술, 요컨대 라스코 동굴의 예술이 있고,[5] 다른 한편으로는 포스트-역사적 예술, 즉 마네의 작품이 있습니다.

라스코의 예술은 유희를 통한 인류의 진정한 탄생을 보여 줍니다. 노동, 도구, 생존 수단의 합리적 배열의 영역에 유희, 보상을 바라지 않는 탕진, 예술의 영역이 첨가됩니다. 지식에 의해 규칙화되고 이론적이고 실천적으로 지배되는 속세는 무질서, 동화 불가능한 것, 인지 불가능한 것의 기슭에서 지식이 좌초하는 성스러운 세계이기도 합니다. 예술의 기원은 비-지non-savoir에, 지식의 '찌꺼기'excreta[6]의 세계에 있습니다.

마네는 예술의 포스트 역사 시대를 엽니다. 마네의 작품은 회화의 혁명을 완수하는 게 아니라 예술에 본질적인 것을 작동시키기 때문에, 그의 작품 속에서 작동하는 것이 결정적이라 할 수 있습니다. 역사적 예술이 부분적으로 가려 버린 인간적인 부분 쪽으로 열린다는 의미에서 마네의 회화와 함께 예술은 자신의 본질로 회귀한다고 할 수 있습니다. 지성 중심주의는 예술이 지닌 전복적인 힘의 일부를 빼앗아 갔습니다. 권력·담론·관습의 강요에 종속된 예술은 '황홀'extase,

------

5 Bataille, *La Peinture préhistorique: Lascaux ou la naissance de l'art*, Genève: Skira, 1955.

6 Robert Sasso, *Georges Bataille: Le Système du non-savoir. Une ontologie du jeu*, Paris: Éd. de Minuit, 1978을 참조하라.

'성스러움', '지고성'을 향한 정도正道가 더 이상 아니었습니다. 마네와 더불어 회화는 비-의미non-sensé에 도달합니다. 유용성, 군주나 교회에의 봉사, 아카데미 규칙들의 강압 등에서 해방된 이 회화는 비-지의 공허로 열립니다. "……과거에 예술은 신성하고 장엄하며 지고한 형식들의 표현이었다.……이 지고한 형식들이 마네의 회화가 변화를 가하기 직전에 대단히 변질된 상태로 발견되기는 하지만, 결국 이 형식들은 거의 무의미해졌고 또 그 무의미로 공간을 가득 채워 혼란스럽게 만들었다.……외부로부터 부과된 관습적인 위엄과는 달리, 어떤 이론의 여지도 없는 현실을 재발견할 필요가 있었다. 그 현실의 지고성이 어떤 허위로 인해 거대한 공리주의의 기계에 굴종하는 그런 일이 있을 수 없는 현실을 말이다. 이러한 지고성은 예술의 침묵 속에서만 발견된다."[7] 마네의 회화에는 의미에서 해방된 강렬함이 있습니다. 그의 언어는 오직 침묵일 뿐입니다. 마네의 회화는 가능한 모든 서술의 안쪽에서 "현전의 '신성한 공포'"를 창시하고 또 복원합니다.

역설은 "그를 자기 자신으로 충만하게 하는 것"에 대해 무지한 마네를 가득 채우고 있는 이 열기가, 바타유가 말하는 무관심을 키워드로 하는 회화 작품을 만들어 낸다는 사실입니다. 『에로스의 눈물』의 저자인 바타유는 마네의 회화에 대해 이렇게 말합니다. "그것은 끓고 있고 살아 있으며……불타고 있다.……나는 심판이나 분류가 요구하는 냉정함을 가지고 그 그림을 논의할 수 없다."[8] 마네의 회화는 침묵합니다. 비-지의 소음과 폭풍우가 구축되는 어둠 쪽에서 무관심과 침

------

7 Bataille, *Manet*, p. 56.

묵이 나옵니다. 이것이 의미하는 바는 무엇일까요? 지고성을 가지고 있는 마네 회화의 이 적나라함은 어떤 상태에 있는 것일까요?

비-의미

당대에 회화에 부여되었던 목표로부터 마네의 캔버스들을 멀어지게 한 바를 평가하면서 비로소 동시대인들이 마네의 캔버스에 가한 격렬한 비판을 이해할 수 있을 것입니다. 아카데미즘은 회화의 주제가 행동하고 있는 인간이라고 한 아리스토텔레스의 『시학』 및 호라티우스의 『시론』과 "시는 회화와 마찬가지이다"ut pictura poesis라는 그의 유명한 비교에 기초한 휴머니스트 회화 이론의 소산입니다. 고대 문학 이론의 격언들을 회화에 적용하는 것이 관건입니다. 그래서 시처럼 회화는 인간의 행동을 묘사해야 합니다. 그 결과 성서와 신화가 문제가 되든 과거의 중대한 일화가 문제가 되든 아무튼 위대한 회화는 역사화여야 합니다. 그렇게 하기 위해서는 묘사된 사건이 요구하는 대로 그림이 구성되어야 합니다.

마네는 이러한 박식한 회화와 단절합니다. 그는 이제 예를 들면 다비드의 〈솔로몬의 심판〉Le Jugement de salomon[9] 앞에서 그렇게 해야 되는 것처럼 내용을 파악하기 위해 문화적인 교양을 동원할 필요가 없습니다. 왜냐하면 아무것도 해석할 것이 없기 때문이지요. 마네

------

8 Bataille, *Les Larmes d'Éros*, Paris: J.-J. Pauvert, 1961; réed. 1992, p. 187[『에로스의 눈물』, 유기환 옮김, 문학과의식사, 2002, 187쪽].

9 〈솔로몬의 심판〉은 자크-루이 다비드의 작품이 아니라 니콜라 푸생의 작품이다. ─옮긴이

니콜라 푸생, 〈솔로몬의 심판〉, 캔버스에 유화, 101×150cm, 1649, 파리: 루브르 박물관.

의 회화는 의미를 명확히 소통하지 않습니다. 서술적 지시 대상은 희미해집니다. 〈풀밭 위의 점심 식사〉에서 등장인물들이 있을 법하지 않게 모여 있는 것은 무엇을 의미할까요? 아무것도 의미하지 않습니다. 왜냐하면 회화는 의미할 필요가 없기 때문입니다. 마네는 "회화의 침묵"[10]을 원합니다. 마네는 회화와 시의 관계를 결정적으로 절단했습니다. 요컨대 "담론의 기능"[11]에서 해방된 회화는 독자적인 예술이 됩니다. 마네는 가독적인 회화를 가시적인 회화로 대체합니다. 그래서 자세는 의미를 띠지 않고 제스처는 아무것도 지시하지 않으며 작품 창작은 그 어떤 역사에도 봉사하지 않습니다. 바타유는 마네가 스승 토

------

10 Bataille, *Manet*, p. 35.
11 *Ibid.*, p. 34.

마 쿠튀르의 아틀리에에서 모델 포즈 기법을 비난했다는 사실을 상기시킵니다. 그렇게 함으로써 마네는 다른 사람들이 요구하는 바를 비판합니다. 요컨대 그려지는 이야기의 등장인물들로 하여금 묘사되어야 할 행동이 요구하는 자세를 취하게 하려는 극적인 표현 기법을 비판하는데, 왜냐하면 묘사되어야 할 행동도, 말해져야 할 이야기도 더 이상 없다는 것이 분명하기 때문입니다. 마네는 "포즈에 무질서를" 도입합니다. 〈풀밭 위의 점심 식사〉의 전면 오른쪽에 있는 사람의, 무언가를 가리키고 있지만 아무것도 가리키고 있지 않은 손가락은 읽을 수 없음을 배려하는 상징입니다. 쿠튀르 회화의 연극적 구성과 대척점에 서 있는 〈늙은 음악가〉Le Vieux musicien에서는, 연극 무대 뒤편에 있는 배우들이 그렇듯, 준비가 거의 안 된 상태에 있는 인물들을 그리고 있습니다. 〈아틀리에에서의 점심 식사〉Le Déjeuner dans l'atelier에서는, 보여지는 바의 이질성이 비-의미in-signifiance의 통일성 속에서 등장인물들을 모아 놓고 있습니다. 마무리의 부재 또한 이 효과를 확대시킵니다. 요컨대 사실임직함과 착시에서 벗어나 마네의 회화는 이미지의 서술적 성격을 약화시킵니다.

비-표현성

마네의 회화가 역사를 상실했다 해도 주제를 상실한 것은 아닙니다. 하지만 회화의 주제는 비표현적으로 되어 버렸습니다. 휴머니즘적인 회화 이론에서 표현expression이라는 말은 두 가지 의미를 지닙니다. 첫째로 회화적이고 기술적인 의미에서 표현은 우리가 방금 본 바, 즉 생생하며 말하고 있는 듯한 작품 구성을 지시합니다. 둘째로 심리학

에두아르 마네, 〈늙은 음악가〉, 캔버스에 유화, 187.4×248.2cm, 1862, 워싱턴 DC: 국립 미술관.

에두아르 마네, 〈아틀리에에서의 점심 식사〉, 캔버스에 유화, 118.3×154cm, 1868, 뮌헨: 노이에 피나코테크.

적인 의미에서 표현은 영혼의 정서를 신체적으로 드러내는 것을 지시합니다.

하지만 마네의 회화는 신체에서 모든 언어적 표현력을 삭제해 버립니다. 물론 바타유가 언제나 언어적 표현력을 비판하는 것은 아닙니다. 아카데미즘적인 장황한 작품들의 오만하고 공허한 표현력이 바로 나쁜 표현력입니다. 좋은 표현력은 특히 고야의 회화가 보여 주는 표현력입니다. "아카데미즘의 곤혹스럽고 부정적이며 발작적인 반대급부"[12]였던 고야의 〈1808년 5월 3일의 학살〉Le Tres de Mayo은 회화 전체의 표현력을 그 절정까지 밀어붙입니다. 하지만 이와 같은 예외적 위치에도 불구하고 덜 고민스러워하고 덜 고통스러워했던 마네는 표현력의 궁극적인 완화를 성취하면서 고야보다 훨씬 더 멀리까지 나아갑니다.

〈막시밀리앙의 처형〉에서 주제는 고도로 비장함에도 불구하고 의미와 정서적 역할을 상실한 듯합니다. 다른 어떤 그림보다도 이 캔버스에 다음과 같은 판단이 적합하다고 생각합니다. 요컨대 이 작품은 "마네 캔버스의 주제는 파괴되기보다는 초극되었고, 적나라한 회화를 위해 소거되기보다는 이 회화의 적나라함 속에서 변형되었다"는 일반적 판단에 잘 들어맞습니다. 이 회화는 정서를 제거합니다. 이 그림은 "자신이 말하는 바에 무관심한 채로 말할 뿐"입니다.[13] 주제는 언제나 존재하지만 회화의 구실에 지나지 않습니다. 〈막시밀리앙의 처

------

12 Bataille, *Manet*, p. 46.
13 *Ibid.*, pp. 95, 48.

프란시스코 고야, 〈1808년 5월 3일의 학살〉, 캔버스에 유화, 268×347cm, 1814, 마드리드: 프라도 미술관.

형〉에는 죽음이, 〈올랭피아〉에는 사랑과 욕망이라는 두 정념의 테마가 존재합니다. 〈막시밀리앙의 처형〉과 마찬가지로 〈올랭피아〉에서도 "그림의 모든 것은 미에 대한 무관심으로 빠져든다"는 결론이 부과됩니다.[14] 레오나르도 다빈치는 "행동이 요구하는 바에 따라 찬미·존경·슬픔·의심·공포·기쁨"[15]을 말하는 몸짓이나 제스처, 자세를 권장했지만, 이 그림의 얼굴과 신체에는 톤이 없습니다. 이 같은 침묵의 원

------

14 Bataille, *Manet*, p. 70.

15 *Trattato*, III. R. W. Lee, *Ut Pictura Poesis: Humanisme et théorie de la peinture, XVᵉ~XVIIIᵉ siècle*(1967), trad. fr. Paris: Macula, 1998, p. 57에서 재인용.

칙을 벗어나는 작품은 〈나나〉Nana, 〈스테판 말라르메의 초상〉Portrait de Stéphane Mallarmé 정도로 아주 드물게만 있습니다. 요컨대 마네는 "그 자연스러운 운동이 말하는 바인 것을……침묵으로 환원"시킵니다.[16]

　　"언어 표현력의 억압"은 주제의 문제가 아니기 때문에 절대적으로 양식적 수단의 문제입니다. 그래서 〈막시밀리앙의 처형〉에서 희생자들 얼굴 윤곽의 소거는 표현이 요구하는 사항을 위반하고 있고 얼굴이 영혼의 거울이 되는 것을 막습니다. 정념적 차원이 소거된 재현에는 대체로 의미가 비어 있습니다. 두드러지는 단일 색조와 매개적 뉘앙스의 부재 그리고 세부 사항의 불완전함은 사물과 존재의 위계적 관계를 소거합니다. 이런 의미에서 마네의 모든 그림은 정물화입니다.[17] 과장된 구도가 의미를 흐리는 데 기여하고 있는 〈오페라 극장의 가면 무도회〉에서 특히 잘 드러나는 "주제의 좌초"를 논의할 필요가 있습니다. 표현력이 극복되고 주제가 초극되면 적나라한 회화, 다시 말해 점·색·운동과 같은 매체로 축소된 회화만이 남습니다. 마네와 더불어 회화는 알레고리이기를 중단합니다. "무관심의 원칙은 담론에 상당하는 그 어떤 것도 회화에서 표현하지 않으려는 결정을 의미한다."[18] 이것이 회화의 지고성입니다.

16　Bataille, *Manet*, pp. 73~76.

17　*Ibid.*, p. 102.

18　*Ibid.*, p. 102.

에두아르 마네, 〈나나〉, 캔버스에 유화, 154×115cm, 1877, 함부르크: 함부르크 미술관.

에두아르 마네, 〈스테판 말라르메의 초상〉, 캔버스에 유화, 27.5×36cm, 1876, 파리: 오르세 미술관.

무감동

오랫동안 회화에는 **정서적 자극을 가함으로써** 가르치기도 하고 즐거움을 주기도 하는 임무가 부여되어 왔습니다. 왜냐하면 정념은 단순히 회화의 주제인 것만이 아니라 목적이기도 하기 때문입니다. 요컨대 감상자의 영혼을 감동시키고 정서를 발생시켜야 합니다. 하지만 감상자가 침묵하는 회화와 만나게 되면 정서의 전파는 일어나지 않습니다. 기대되었던 정서는 발생하지 않습니다. 그래서 "[〈막시밀리앙의 처형〉 앞에 자리를 잡은—인용자] 감상자는 심층적인 무감동apathie 속에서 이 작품을 뒤쫓는다".[19] 감상자는 감수성을 마비당한 후에 비장한 것과 마주합니다.

마네에게 주제는 구실에 지나지 않는다고 바타유는 반복해 말합니다. 그런데 무엇의 구실일까요? 회화의 진정한 모티브는 무엇일까요? "회화에 이질적인 가치를 모두 제거"해야 한다면[20] 회화에 고유한 가치는 정확히 무엇일까요? 그것은 "감상자가 보고 있는 것의 침묵하는 단순성",[21] "현전의 성스러운 공포",[22] "실존의……순수 상태의 매력"[23]입니다. 사물의 고요하고 집요한 현전을 포착하는 것이 관건입니다. 관습·관념성·기교의 베일이 벗겨졌을 때 드러나는 현전을 포착하는 것이 문제인 것입니다. 마네는 동시대 사람들과 자신이 친숙하

------

19 Bataille, *Manet*, p. 48.
20 *Ibid.*, p. 51.
21 *Ibid.*, p. 63.
22 *Ibid.*, p. 53.
23 *Ibid.*, p. 63.

게 드나들던 장소, 즉 현대적 형태의 세계를 그렸습니다. 그는 "당대의 형태들 안에서 부조리하고 언어적 표현력이 없는 즉각적으로 주어진 바"를 포착합니다.[24] 마네는 보들레르가 그렇게 부르기를 원했던 현대 생활을 그리는 화가이기 때문에 현대 화가입니다. 하지만 동시대인을 위해 당대의 인간을 그렸기 때문이 아니라, 역사적이거나 신화적인 치장에 익숙해진 눈에 현재의 재현은 '있는 그대로의 것으로 환원된' 세계를 부과하는 노골적이고 충격적인 어떤 것이었기 때문에, 마네는 보들레르의 「살롱」Salon의 영웅인 콩스탕탱 기Constantin Guys보다 무한히 위대한 것입니다. 또 바타유는 1947년에 출간된 앙드레 말로의 『상상의 미술관』Le Musée imaginaire에 자신이 빚지고 있음을 인정하면서도, 〈발코니〉의 녹색"이나 "〈올랭피아〉의 붉은 점", 달리 말해 시중을 드는 처지로부터 해방된 색채의 환희에 마네의 가장 큰 기여가 위치하고 있다고 생각한 말로를 비판합니다.[25] 마네가 전례 없는 힘으로 부과한 것은 바로 침묵하고 불투명하며 수수께끼 같은 현전, 회화가 자기의 본질로 되돌아갔을 때 보여 주는 현전이라는 것입니다.

푸코: 마네 혹은 묘사된 것의 자의성字義性

푸코는 한 차례의 강연이라는 너무나 한정된 틀 내에서 마네 작품을 독해하고 있으며, 그것도 열세 점의 그림만을 분석하고 있습니다. 푸

------

24 Bataille, *Manet*, p. 70.
25 *Ibid.*, p. 76.

코의 분석은 마네의 회화 중에서 극히 일부만을 다루고 있고, 게다가 그 작품들을 형식주의적 예술론의 관점에서만 다루고 있습니다. 바타유가 포이에티크·미학·예술론을 뒤섞었던 데 반해 푸코의 연구는 십여 점의 캔버스의 형식적 측면에만 집중하고 있고, 그 형식적인 여러 특징에 대한 연구를 그것이 야기하는 효과를 통해 결론 지으려 하는 순간에만 미학 쪽으로 향할 뿐입니다.

바타유의 텍스트와 마찬가지로 푸코의 강연도 푸코 저작의 다른 측면들과의 연관 관계 속에서 봐야 합니다. 바타유의 텍스트는 비-지의 체계라는 철학적 체계를 토대로 자리 잡고 있었고, 푸코의 텍스트는 재현représentation과 관련된 광범한 고찰이라는 맥락 속에 놓을 필요가 있습니다. 그러한 고찰 중에는 『말과 사물』의 벨라스케스 〈시녀들〉 독해,[26] 그리고 『이것은 파이프가 아니다』에 포함된 마그리트·클레·칸딘스키 독해가 있습니다.[27] 마네에 대한 바타유와 푸코의 텍스트는 그들을 서로 갈라놓는 차이를 넘어선 곳에서 하나의 공통점을 보여 주고 있습니다. 즉 양자 모두에게 마네는 하나의 역사적 주기를 완성시킨 인물입니다. 그러나 바타유에게 그 주기가 라스코 동굴 벽화와 함께 시작하는 데 반해 푸코에게 그 주기는 르네상스에서 시작합니다.

------

26 Foucault, *Les Mots et les choses: Une Archéologie des sciences humaines*, Paris: Gallimard, 1966[『말과 사물』, 이규현 옮김, 민음사, 2012].

27 Foucault, *Ceci n'est pas une pipe*, Montpellier: Fata Morgana, 1973[『이것은 파이프가 아니다』, 김현 옮김, 고려대학교출판부, 2010].

푸코가 『이것은 파이프가 아니다』에서 말하고 있는 바에 따르면, 르네상스 이래 서구 회화의 기본 원칙 중 하나는 회화적 재현과 담론적 재현이 구별된다는 것이고, 전자의 형상들은 그것이 재현하는 것과 유사한 데 반해, 후자의 경우에는 그렇지 않습니다. 언어 기호는 자의적인arbitraire 데 반해, 유사ressemblance와 회화적 재현은 등가 관계입니다. 재현 작용과 재현되는 것 간의 이러한 혼동이 미메시스라는 명령의 근본에 있습니다. 그리고 현대성이 재차 문제 삼는 것이 바로 이 원리입니다. 이러한 문제는 추상화라는 간접적인 방식을 통해 행해진 것에서는 물론이요, 형태를 묘사하는 것 자체 내에서도 제기되었는데, 특히 마그리트의 작품에 잘 제기되어 있습니다. 파이프 데생 아래에 "이것은 파이프가 아니다"라고 적어 넣는 것은 사람들이 잊고 있었던 동시에 언제나 알고 있었던 사실, 즉 "사물을 재현하는 것과 재현된 것은 별개의 것"[28]이라는 사실을 떠올리게 합니다.

이러한 역사에서 마네가 선구자 역할을 했다고 할 수 있을 것입니다. 마그리트가 행한 것처럼 재현을 그 모델로부터 해방시킴으로써가 아니라, 재현의 조건들을 명확히 함으로써, 즉 보이지 않는다는 조건을 통해서만 보는 것을 가능하게 하는 그 맹목의 지점을 보여 줌으로써 말입니다. 마네는 "자신의 그림 안에서, 그림이 재현하는 바 내에서 화가가 그리는 공간의 물질적 속성들을 과감히 이용하고 작동시킨" 인물입니다.[29] 푸코에 따르면 이것이 마네가 도입한 새로움이고,

------

28 Damascius, *Traité de l'image*, VIᵉ siècle ap. J.-C..
29 Foucault, "La Peinture de Manet", p. 4(supra, p. 22)[본서 24쪽].

그 새로움이 인상주의를 넘어 20세기의 모든 회화로 향하는 길을 연 것입니다.

르네상스 이래로 미술이 도달해야 할 최고점은 그것이 미술이라는 것을 잊게 하는 것, 요컨대 회화는 평평한 표면에 그려진 재현이고 사람이 주위를 이동할 수 있는 물질적 지지체[소재]이며 외부에서 오는 조명에 의해 가시적으로 되는 것임을 잊게 하는 것이었습니다. 그러한 착각이 생겨나기 위해서는 몇 가지 조건이 충족되어야 합니다. 그림은 우선 원근법의 법칙, 예컨대 알베르티가 확립한 올바른 구성의 원리에 따라 구성되어야 하고, 그 자체가 빛을 발생시키고 있는 것처럼 보여야 하며, 감상자는 소실점과 관련하여 정확하게 결정된 시야의 중심에서 회화를 보아야 합니다. 그리고 알베르티적 원근법의 공준을 확실히 하기 위해서는 한쪽 눈으로 보아야 하고 눈이 정지해 있어야 한다는 두 가지 조건을 추가해야 할 것입니다. 그리고 마네의 회화는 "말하자면 그림에 재현된 바 안에서 회화……가 그때까지 숨기고 피해 가려 했던 캔버스의 속성·특질·한계가 다시 튀어나오게"[30] 함으로써 맹신을 허공에 띄운 것입니다.

푸코의 강연은 마네가 회화의 이러한 **조건**을 현시하는 세 가지 방식을 분석하고 있습니다.

첫째는 재현 공간을 취급하는 일정한 방식입니다. 〈튈르리 공원

------

30 *Ibid.*, p. 5(supra, p. 23)[본서 25쪽].

의 음악회〉에서는 소실점으로 수렴하는 직교 선의 부재와 전경에 있는 인물들의 압도적인 존재로 인해 화면 전체가 평면화되고, 그 결과로 그림의 평면성이 두드러지게 됩니다. 이 그림에서는 나무 줄기에 의해 수직선이 구성되고 나뭇잎들을 배경으로 선명하게 윤곽을 드러내는 머리들의 라인을 통해 수평선이 만들어집니다. 이러한 수직과 수평의 중요성은 〈오페라 극장의 가면 무도회〉에서 더욱 강조되고 있으며 거기서는 기둥과 상층부를 지지하고 있는 폭이 넓은 대들보에 의해 그 선들이 드러나 있습니다. 입체감이 차단되어 있을 뿐 아니라 화면 내에서 수직과 수평이 반복됨으로써 지지체[소재]의 형태에 더욱더 주의를 기울이게 되는 것입니다. 〈보르도 항구〉에서는 선박들 마스트의 수평 부분과 수직 부분의 교차가 캔버스의 씨줄과 날줄을 명확히 하고 있습니다. 〈철로〉의 경우 한 사람은 이쪽을 향하고 다른 사람은 등을 보이고 있으며, 한 사람은 캔버스 앞쪽에 있는 광경을 보고 다른 한 사람은 캔버스 뒤에 있는 것을 보고 있는데, 그 두 사람의 배치는 회화의 지지체[소재]에 고유한 특징, 즉 그것이 앞면과 뒷면을 갖는다는 특징을 보여 주고 있습니다. 이렇게 묘사된 것의 물질성을 명확히 하는 것은 화면의 [사각형] 형상과 평면성에 주의를 기울이게 하는 것입니다.

회화적 착시의 중요한 요소 중 하나는 빛을 다루는 방식입니다. 세계의 한 단편인 그림은 그 자신의 빛을 가지고 있어야 합니다. 광원 자체가 재현되고 있거나, 혹은 신체나 표정의 형태를 만들고 거기에서 생겨나는 그림자를 묘사하는 광선만이 보여도 좋습니다. 〈풀밭 위의 점심 식사〉의 상단부에는 장면의 왼쪽 위에서 오는 그런 전통적인 조명이 보입니다. 그러나 동시에 장면을 수직으로 거칠게 비추는 제 2의 조명이 있는데 여기에 새로움이 있습니다. 이렇게 정면에서 폭력적으로 비치는 빛은 〈피리 부는 소년〉이나 〈발코니〉에서도 볼 수 있으며, 또한 바로 그것이 〈올랭피아〉에 선명함을 가져다주는 것이자 이 회화가 불러일으킨 스캔들의 심층적인 이유입니다. 왜냐하면 감상자가 그러한 외부의 빛 쪽에 위치하고 있기 때문입니다. 감상자는 대상을 가시적으로 만드는 쪽에 위치하며, 더 나아가서는 가시적으로 만드는 바로 그것입니다. "우리의 시선은 횃불을 들고 있습니다. 우리의 시선이 빛을 지니고 있습니다."[31] 그러나 애초에 장면을 비추는 이러한 조명은 그림을 비추는 조명에 다름 아닙니다. 어느새 그림 내부에서 자신의 빛을 펼치는 한 세계가 있는 것이 아니라, 그림 자체가 세계의 빛 속에 있는 것입니다. 그래서 푸코는 조명을 다루는 이러한 방식이 묘사된 것의 물질성을 연출하는 두번째 방법이라고 말합니다.

재현의 착시 기법에 대해 마네의 회화가 감행한 세번째 공격은 감상자의 자리와 관련되어 있습니다. 미메시스의 가장 강력한 요소 중 하나인 원근법은 착시를 보강합니다. 그런데 앞서 확인한 것처럼 회화의 원근법을 구성할 때 추구되는 깊이 효과가 생겨나기 위해서는 감상자의 눈이 움직이지 않고 올바른 거리와 장소에 있어야 합니다. 그러나 마네는 〈폴리-베르제르의 바〉에서 이 원리를 파괴해 버립니다. 실제로 이 그림에서는 감상자의 자리를 정할 수가 없습니다. 왜냐하면 하나의 시점이 있는 것이 아니라 모두 동일하게 필요한 복수의

------
31 Foucault, "La Peinture de Manet", p. 25(supra, p. 40)[본서 57쪽].

시점이 있기 때문입니다. 감상자에게 복수의 자리를 지정하면 감상자는 지정된 모든 자리에 있어야 하는 것이 아닐까 하는 느낌을 갖게 됩니다. 그래서 이는 하나의 시점에서 다른 시점으로 되돌려 보내는 것이고, 그 이동에 동반되는 심리적 거북살스러움 때문에 하나의 위치를 점하고 있다는 의식이 생겨나며, 결과적으로 원근법의 구성이 인공적이라는 의식이 생겨나는 것입니다.

이렇게 바타유와 마찬가지로 푸코도 마네의 회화에서 주제는 구실에 불과하다고 생각합니다. 그런데 정확히 어떤 의미에서 그런 것일까요? 그 주제가 이야기를 하는 것이 아니라 회화성의 조건들을 보여 준다는 의미에서입니다. 그러나 이는 형식이 내용, 주제를 말하고 있다는 것이 아닙니다. 페이지상의 문자 배열이 의미를 나타내고 있는 아폴리네르의 칼리그람calligramme 「비수에 찔린 비둘기와 분수」La Colombe poignardée et le jet d'eau가 그러했듯 말입니다. 마네의 회화에서는 말하자면 내용이 형식을 표현하고, 이를 통해 재현의 조건들을 드러내 보여 줍니다. 그렇기 때문에 주제는 하찮은 것이기도 하고 또 그렇지 않기도 합니다. 왜냐하면 도상적 측면에서 보자면 굴 한 개나 아스파라거스 한 개가 하나의 얼굴보다 더 많은 특권을 갖고 있지 않다는 의미에서는 하찮지만, 그 주제가 드러내고 있는 현실과 관련해서가 아니라 묘사된 바의 물질성을 명백히 하는 역량과 관련해 정성들여 주제를 선별해야 하기 때문에 하찮지 않습니다. 그러므로 마네와 더불어 구상 예술의 한복판에서, 그리고 구상 예술 자체를 통해서 회화라는 매체에 특유한 문제들에 대한 관심이 표출되었다고 푸코는

기욤 아폴리네르, 「비수에 찔린 비둘기와 분수」, 『상형시집』, 1918.

주장합니다.

　이렇게 해서 마네는 '오브제로서의 그림'을 발명한 공적을 인정받게 됩니다. 그는 [바타유가 말했던] 언어적 표현력이 아니라 재현이 발생시키는 착시 기법의 힘에 종지부를 찍었습니다. 물질적 표면으로서의 그림을 강조함으로써 그림이 세계를 향해 열린 창이라는 것을,

그리고 피라미드식 시각의 교차가 믿게 하려 했던 회화의 정의를 부정했던 것입니다. 마네는 캔버스의 투명성이라는 착시 효과와 결별하고 회화의 비물질성이라는 환상을 고발합니다.

프리드: 마네 혹은 기만당하는 요청

「미국의 세 화가」Three American Painters[32]에서 마이클 프리드는 푸코가 했더라도 이상하지 않았을 말을 합니다. "마네부터 마티스까지 회화는 그 내재적 문제들에 점점 더 주의를 기울임으로써 현실을 재현하는 의무를 서서히 포기했다." 그러나 프리드가 생각한 "내재적 문제들"이 푸코가 흥미를 갖고 있었던 문제와 정확히 일치하지는 않습니다. 푸코는 르네상스 이래의 회화가 자신의 물질성을 감추려 했다는 점을 강조했는데, 프리드는 자신의 연구 대상인 프랑스의 전통에서 18세기 중엽 이래 회화가 **자신의 수신인**을 감추려 했다고, 요컨대 회화는 **감상자가 보기** 위해 그려진다는 사실을 감추려 했다고 말합니다. 프리드에 따르면 그려진 것의 자의성自意性을 발견한 것이 마네의 현대성을 만들어 내는 것이 아닙니다. 또한 평면성을 백일하에 드러낸 것도 마네 예술의 결정적 특징으로 볼 수 없습니다. 이렇게 해서 프리드는 마네의 작품을 클레멘트 그린버그Clement Greenberg가 수행한 모더니

------

32 문제의 세 화가는 케네스 놀런드(Kenneth Noland), 줄스 올리츠키(Jules Olitski), 프랭크 스텔라(Frank Stella)이다. 이 텍스트는 1965년 하버드에서의 전시회 카탈로그에 붙인 「서문」으로 작성되었다.

즘 분석의 흐름 속에 자리매김하는데, 프리드 분석의 특징은 그것이 그야말로 회화가 야기하는 효과의 문제를 다루고 있다는 점입니다. 그는 그림과 감상자의 관계라는 독창적이고 풍부한 관점에서 미술사의 이 시대에 접근하고 있습니다.

이 역사에서 마네는 결정적 위치를 점유하고 있습니다. 드니 디드로의 저작에서 단초를 찾을 수 있으며, 대략 프랑스적이라 말할 수 있는 반연극적antithéâtral 전통이라는 것이 있었는데, 마네는 그 전통에 맞서 디드로적 기획을 전복시킴으로써 그 전통을 변혁한 인물이라는 것입니다. 『배우에 대한 역설』의 저자인 디드로는 회화가 지닌 노골적인 연극성을 비판했습니다. 이 연극성은 작품이 감상자를 위해 그려졌다는 사실을 지시하는데, 이로 인해 회화가 자연스러움을, 그리고 그가 늘 반복해서 말하는 것처럼 진실을 결여하게 된다는 것입니다. 이것은 역설 없이는 해결될 수 없는 지적입니다. 왜냐하면 예술은 자연이 아니며, 보여지기 위해 만들어졌기 때문입니다.[33] 그럼에도 불구하고 디드로의 텍스트에서 착상을 얻은 회화의 미학은 다음과 같은 것입니다. 보여지기 위해 그려진다고 하는 회화의 가장 중요한 기법이 부정되어야 한다는 것입니다.[34]

회화, 특히 프랑스의 회화는 두 방식으로 디드로적 명령에 따르

------

33 이 점에 관해서는 Nicholas Grimaldi, "Quelques paradoxes de l'esthétique de Diderot", *Revue philosophique*, n° 3, 1984를 참조하라.

34 Fried, *La Place du spectateur*(1980; *Esthétique et origines de la peinture moderne*, t. 1), trad. fr. par Claire Brunet, Paris: Gallimard, coll. "NRF/essais", 1990.

고 있었습니다. 우선 회화의 어떤 연극적 개념을 통해 감상자의 현전으로부터 회화를 닫아 버리는 방식이 있습니다. 혹은 소위 전원화 pastoral라 불리는 개념을 통해 감상자를 그림 속으로 끌어들이는 방식이 있습니다. 샤르댕Jean-Baptiste-Siméon Chardin(이를테면 〈독서에 몰두하는 철학자〉Un Philosophe occupé de sa lecture) 혹은 그뢰즈Jean-Baptiste Greuze(특히 〈아들의 효심〉La Piété filiale에서)의 그림은 첫번째 길, 즉 몰두absorbement; absorption를 취하고 있습니다. 거기에 묘사된 인물들은 행위나 사색에 완전히 심취해서 보여지고 있다는 것을 의식하지 못하고 있습니다. 장면은 감상자를 위해 부여되어 있는 것이 아닙니다. 감상자는 말하자면 거기서 행해지고 있는 것에서 배제되어 있는 것입니다. 귀스타브 쿠르베가 그림에 자신의 모습을 그려 넣었을 때(〈안녕하세요, 쿠르베 씨〉Bonjour, monsieur Courbet나 〈화가의 아틀리에〉L'Atelier du peintre에서) 그는 두번째 길을 취했으며, 감상자(화가는 작품의 첫번째 감상자입니다)를 그림 내부로 옮겨 놓았습니다. 이렇게 작자를 지움으로써 쿠르베는 회화의 잠재적으로 연극적인 요소를 제거한 것입니다.

그러나 19세기 초 프랑스에서 이러한 반연극성 전통은 위기를 맞게 됩니다.[35] '몰두'는 실은 겉보기에만 그럴 뿐이며, 또 기교를 은폐하기 위한 기교(이것이 화가의 사명입니다)가 본래 추구한 것과는 반대의 효과, 즉 연극성의 극치를 야기한다는 것이 의식된 것입니다. 팡탱-라투르Henri Fantin-Latour나 르그로Alphonse Legros, 휘슬러James

------

35 Fried, *Le Modernisme de Manet*.

장-바티스트-시메옹 샤르댕, 〈독서에 몰두하는 철학자〉, 캔
버스에 유화, 13.8×10.5cm, 1753, 파리: 루브르 박물관.

장-바티스트 그뢰즈, 〈아들의 효심〉, 캔버스에 유화, 115×146cm, 1763, 상트페테르부르
크: 예르미타시 미술관.

귀스타브 쿠르베, 〈안녕하세요, 쿠르베 씨〉, 캔버스에 유화, 129×149cm, 1854, 몽펠리에: 파브르 미술관.

Abbott McNeill Whistler 등 몇몇 사람의 작품만을 봐도 이를 알 수 있습니다. 이 작품들에서는 반연극성의 규칙이 고갈되고 회화적 강도라는 새로운 욕망이 출현하고 있습니다. 휘슬러의 〈백색 교향악 1번: 흰옷을 입은 소녀〉Symphony in White, No. 1: The White Girl에서 그 여성은 몰두하고 있지만 동시에 그림을 보는 자를 마주보고 있기도 합니다. 그뢰즈의 인물들과는 반대로, 그녀가 몰두하고 있다는 것은 더 이상 감상자의 현전을 무시하고 있다는 것을 의미하지 않습니다. 한편으로는 자신의 생각에 사로잡혀 있고, 다른 한편으로는 자신이 응시되고 있으며 응시의 대상임을 의식하고 있는 두 개로 분열된 이 내면성이야말로 1860년대의 비평과 회화에 작용했던 근심을 특징짓고 있다는 것이 프리드의 주장입니다. 이 세대의 화가들은 기만을 해체하려 했던 것입니다. 묘사된 인물이 자신이 보여지고 있다는 것을 의식한다는 말은 아닙니다. 엄밀히 말해 묘사된 인물이 자신의 보여짐을 의식한다는 것에는 의미가 전혀 없기 때문입니다. 정면을 향하고 있는 시선이 말하는 것은 그런 것이 아닙니다. 그 시선이 말하는 것은 화가가 회화는 보여지기 위해 존재한다는 것을 이제 더 이상 부정하려 하지 않는다는 것입니다.

제임스 애벗 맥닐 휘슬러, 〈백색 교향악 1번: 흰옷을 입은 소녀〉, 캔버스에 유화, 213×108cm, 1861~1862, 워싱턴 DC: 국립 미술관.

　　마네는 이러한 전통과 단호히 단절한 인물입니다. 감상자의 현전을 인정하고 그것을 그림 속으로 끌어들인 것입니다. 마네는 "회화와 감상자의 관계를 연극화하는 최악의 결과를 피하기 위해서는 감상자의 현전을 추상적으로 확립하는 것이, 즉 회화와 감상자의 관계를 항시 특징지어 왔던 분리, 거리, 상호 대면 등을 재구성된 형태가 아니라 전통적 형태로 회화 내에 끌어들이는 것이"[36] 필요하다고 생각했습니다. 그러므로 마네의 회화는 과장이 없기 때문에 반연극적이지만, 동시에 보여 주기 위한 것이기 때문에, 게다가 그것을 자신의 한 차원으로 만들어 버리기 때문에 연극적입니다. 달리 말하자면 거기서 문제는 행위의 연극성이 아니라 현시exposition의 연극성인 것입니다.

프리드는 마네에 대한 저작의 각주에서 메이어 샤피로를 인용하는데,[37] 샤피로가 지적하고 있는 것처럼 옆모습이 보이는 얼굴은 '그' 혹은 '그녀'의 얼굴일 수밖에 없지만, 정면으로 보이는 얼굴은 '너'입니다. 그런데 '너'는 '나'와의 관계에서만, 즉 '나'에게만 의미를 갖습니다. 그러므로 〈폴리-베르제르의 바〉와 〈비어홀의 여종업원〉의 여종업원, 〈철로〉에서 쇠창살을 등지고 앉아 있는 여성의 얼굴이 정면을 향하고 있는 것에는 뭔가 말을 거는 듯한 것이 있습니다. 상식적인 회화의 세계에 익숙한 감상자는 재현이 완결되어 있으리라 예상하는데, 이 인물들은 일대일 관계를 호소합니다. '네'가 '나'를 부르듯 정면으로 그려진 얼굴이 감상자의 현전을 요구하는 것입니다. 〈막시밀리앙의 처형〉에서 오른쪽에 있는 병사, 〈올랭피아〉의 여인, 〈죽은 그리스도와 천사〉의 천사들이 정면을 향해 배치되어 있는 것은 몰두라는 통상적인 효과를 무화시키고 그와는 반대의 결과를 야기시킵니다. 즉 감상자의 현전이 요구되는 것입니다.

36　Fried, *Le Réalisme de Courbet*(1990; *Esthétique et origines de la peinture moderne*, t. 2), trad. fr. par Michel Gautier, Paris: Gallimard, coll. "NRF/essais", 1993, pp. 216~217.

37　Meyer Shapiro, *World and Pictures*, Paris: La Haye, 1973, pp. 38~39. Fried, *Le Modernisme de Manet*, p. 207에서 재인용.

에두아르 마네, 〈죽은 그리스도와 천사〉, 캔버스에 유화, 179.5×
150cm, 1864, 뉴욕: 메트로폴리탄 미술관.

그러나 얼굴이 감상자를 향해 있기 때문에 감상자의 존재가 요구
되고 있는 동시에 감상자는 시선의 무표정 때문에 거리를 느끼고 있
기도 합니다. 〈풀밭 위의 점심 식사〉의 전경에 있는 젊은 여성의 시선
이든, 〈올랭피아〉의 시선이든, 또는 〈아틀리에에서의 점심 식사〉의 젊
은 남성의 시선이든 이 모든 시선은 공허한 시선입니다. 그래서 그들
의 시선의 **방향**이 낳는 기대를 그 시선의 **내용**이 저버리는 것입니다.
마치 커튼이 쳐져 의식의 교류를 방해하듯, 그 커튼이 감상자를 배제
하면서 장면을 그 자체로 닫아 버립니다. 물론 시선들의 이러한 불투
명성을 몰두라는 전통의 연장으로 볼 수도 있을 것입니다. 이 등장인

물들은 한결같이 자신의 내밀한 생각 쪽을 향하고 있기 때문에 세계와 자신의 관계에 무심한 것은 아닐까요? 그러나 마네의 동시대인들은 그 표정을 그렇게 받아들이지 않았습니다. 넋이 나간 그 시선에서 어떤 심리적 깊이도 읽어 내지 못했던 것입니다. 프리드가 인용하고 있는 방대한 양의 비평을 보면[38] 마네가 반복해서 비판받고 있었음을 알 수 있습니다. 요컨대 마네의 그림에 그려진 인물들은 공허하고, 이해 불가능하고, 내면이 없고, 어떤 교류도 불가능하다는 비판을 받았습니다. 어떤 사람은 그 인물들이 "박제 같다"고 평하고, 테오필 토레Théophile Thoré는 마네의 범신론적 태도 운운하면서 마네의 그 태도로 인해 "하나의 머리도 슬리퍼 한 짝처럼"밖에는 생각되지 않는다고 말하며, 또 폴 만츠Paul Mantz는 "회화의 인간적 내용이" 희생되었다고 비난합니다. 바로 이것이 에밀 졸라가 정식화했던 모더니즘의 미학적 중립성입니다. 등장인물의 심리에 대해 생각하는 것은 대체로 주제에 대한 고심에 속한다는 것입니다. 하지만 이제 주제는 회화에서 구실 이외에 그 무엇도 아닙니다. 이렇게 해서 감상자의 존재가 요구됨과 동시에 그에 대한 거부가 행해집니다. 마네의 회화가 지닌 최면 효과는 이러한 역설적 요청의 결과이고, 이 요청은 답변을 기대하지 않습니다.

그러므로 마네 작품이 불러일으킨 스캔들은 떠들썩한 선언이나 우상파괴적인 행위, 도발적인 주제가 낳은 것이 아닙니다. 마네의 회

------

38 Fried, *Le Modernisme de Manet*의 여러 곳.

조르조네 혹은 티치아노, 〈전원 음악회〉, 캔버스에 유화, 118×138cm, 1509, 파리: 루브르 박물관.

화가 지닌 전복성 전체는 때때로 매우 전통적인 주제를 회화적으로
혁신적인 방식으로 다룬 것과 연관되어 있습니다(예컨대 〈올랭피아〉
는 티치아노의 〈우르비노의 비너스〉에 기초하고 있으며 〈풀밭 위의 점
심 식사〉는 조르조네의 〈전원 음악회〉Concerto campestre에서 힌트를 얻
은 것입니다). 사실상 마무리의 미학이나 마무리의 윤리, 말하자면 하
나의 윤리-미학esth-éthique이라 부를 수 있는 것이 존재한다고 말하는
것이 더 좋을 듯합니다. 엄격하게 양식화된 속성들은 윤리적 함의들
을 간직하고 있기 때문입니다. 회화는 기술적 기교를 통해 예술[기예]
로서의 자신을 숨기는 예술의 최고 경지까지 도달해, 회화로서의 자
신을 감출 수 있게 되었고, 정확함·진중함·성실함 등의 도덕적 성질

을 띠게 됩니다. 역으로 자신이 회화라는 것을 공공연히 드러내는 듯한 회화, 예를 들면 인물의 손톱을 그리는 수고를 군이 하지 않으려는 회화 혹은 인물의 얼굴을 밑그림 단계인 채로 내버려 두는 회화는 기술적·도덕적으로 천박한 회화, 불성실하고 예의 없는 회화라고 받아들여집니다.

그러나 이러한 윤리-미학적 스캔들은 엄청난 당혹스러움을 감추고 있습니다. 이러한 당혹스러움은 기대가 기만당하는 정도에 따라 가늠될 수 있는 당혹스러움입니다. 그것은 이야기를 들려주고 감정을 표현하며 그 감정을 맛보게 해주는 회화에 대한 기대입니다. 이미지의 마무리와 정확함이 그 지시 능력의 조건이기 때문에, 내용을 표현하기 위해 형식이 모습을 감추는 회화에 대한 기대입니다. 이미 살펴보았듯이 바타유와 푸코와 프리드의 분석은 서로 다르지만 그럼에도 불구하고 양립 가능합니다. 세 사람 모두 감상자의 당혹스러움을 강조하고 있기 때문입니다. 그러나 세 사람 모두 이러한 당혹스러움의 양상들 중 한 측면을 강조하고 있어 각자의 분석은 그러한 기대의 한 측면을 논하고 있습니다. 프리드에 따르면 감상자는 어떤 장면의 기습을, 그러므로 재현이 닫혀 있는 울타리를 기대하지만, 사실 그가 목격하는 것은 [회화가 감상자를] 기다리고 있다는 것, 그리고 회화는 세계의 한 단편이 아니라 보여지기 위해 만들어진 인공물이라는 것입니다. 푸코에 따르면 마네는 지시적 회화에 대한 기대나 맹신의 욕망과 관련해, 참조물과의 관계를 불투명하게 하는 회화를 그림으로써 그것에 대한 '거부'를 분명히 하면서 암호화된 방식으로 재현représentation의 '다시're라는 성질을 강조합니다. 바타유에 따르면 어떤 연극적 형식에 대한 기대에 마네의 회화는 "'보여지는 것'의 적나라함"으로 답하며, 그것을 통해 감상자는 인간적인 것이라는 편안한 범주가 소멸한 세계와 대면하게 됩니다.

　이 세 사람에게 마네는 자신을 있는 그대로 보여 주는 동시에 본 그대로와는 다른 어떤 것으로서 받아들여지는 그러한 회화를 그린 인물입니다.

앞면과 뒷면, 혹은 운동 상태의 감상자

다비드 마리

마네의 미술을 다룬 미셸 푸코의 1971년 강연이 출간된 것은 현대 회화사를 이해하는 데 있어 하나의 중요한 단계가 됩니다. 왜냐하면 이 짧은 텍스트는 무엇보다도 먼저 작품의 평면성과 물질성이라는 형식주의적 패러다임에 명확하게 관여하고 있지만, 또한 그 설명과 논리의 측면에서 완전히 새로운 문제를 제기하고 있기 때문입니다. 저는 바로 이 점, 즉 감상자의 자리에 대해 이야기하고자 합니다. 분명 푸코는 「마네의 회화」[1]의 세 부분 중 이 주제를 가장 덜 논의했지만, 그 주제는 이 강연의 마지막 부분에 위치하고 있습니다. 달리 말해 수사학적인 측면에서 그 주제는 푸코가 중요하다고 생각하는 자리에 위치하고 있는 것입니다. 이와 같이 처음으로 감상자의 자리를 현대 회화 특유의 자율적인 문제로 독립시킴으로써 푸코의 튀니스 강연은 현대 회

------

1 Michel Foucault, "La Peinture de Manet", Paris: Socoété française d'esthétique, 2001.

화사의 진정한 전환점을 알려 주고 있다고 할 수 있습니다.

이렇게 말할 수 있는 이유는 이러한 변혁이 사문死文으로 남아 있지 않았기 때문입니다. 요컨대 푸코의 강연이 있은 후 얼마간의 시간 간격을 두고 마이클 프리드는 근대 회화의 기원들을 다룬 삼부작의 마지막 권으로『마네의 모더니즘』이라는 저작을 미국에서 출간합니다.[2] 아마 이것은 우연이 아닐 것입니다. 프리드는 푸코가 튀니스에서 이야기한 것을 전혀 인용하지 않지만, 그럼에도 불구하고 푸코의 역사적·정치적 저작들을 때때로 적확하게 참조하고 있습니다. 이렇게 푸코에서 프리드로 이어지는 일종의 계보가 있으며, 그것은 마네의 예술을 감상자라는 관점에서 논하는 데 그치지 않고, 마네의 작품이 어떻게 전통적으로 감상자에게 부여된 자리를 변화시켰는지도 보여 주고 있습니다.

하지만 이상의 예비적 고찰이 마네에 대한 두 사람의 견해차를 덮어 버리는 것이 되어서는 안 됩니다. 미셸 푸코에 따르면 마네는 현대 회화의 역사를 열었습니다. "인상주의를 넘어서서 마네는……20세기의 회화……를 가능케 했다고 생각합니다."[3] 역으로 마이클 프리드에 따르면 마네는 하나의 역사적 시기를 완성했습니다. 즉 마네는 과거 작품들과의 관계에 기초해서 자신의 작품을 구성한 반면에 인상주의 화가들과 현대의 다른 많은 화가는 회화의 전통과 관계를 끊어

------

2 Michael Fried, *Le Modernisme de Manet*(*Esthétique et origines de la peinture moderne*, t. 3), trad. fr. par Claire Brunet, Paris: Gallimard, coll. "NRF/essais", 2000.

3 Foucault, "La Peinture de Manet", p. 2(supra, p. 22)[본서 23쪽].

버리고 있는 듯하다는 것입니다. 푸코에게 마네가 현대 에피스테메의 시발점에 위치하고 있다면, 프리드에게서는 [전현대적 에피스테메의] 종착점에 위치하고 있습니다.

이러한 역사적 구분의 차이를 아마도 두 사람 사이의 방법론적 긴장 관계로 설명할 수 있을 것입니다. 푸코는 명확하게 형식주의적인 유형의 접근법을 추구하고 있으며, 마네 회화에서 현대적인 작품들을 예고하는 물질성과 평면성의 탐구를 주제화하려고 합니다. "마네는 서구 미술에서……처음으로 그림 안에서, 그림이 재현하는 바 내에서 화가가 그리는 공간의 물질적 속성들을 과감히 이용하고 작동시킨 화가였다고 말입니다."[4]

프리드는 형식주의의 전제와 한계를 비판함으로써 푸코의 행보로부터 명확하게 해방됩니다. 『마네의 모더니즘』에서 그는 클레멘트 그린버그가 마네의 작품을 논할 때 마네 고유의 특징이 아니라 오히려 인상주의 예술의 특징을 투영하고 있다는 것을 명확히 보여 줍니다. "평면성을 마네 예술의 기본적인 특색 중 하나로 생각할 수는 없을 것이다. 1860년대에 그려진 회화들에 대한 모더니즘적 해석, 다시 말해 그의 예술에서 선구자적인 면을 강조하는 일반적인 해석은 인상주의가 가져온 여파이기 때문이다."[5] 이러한 사후적인 재구성에 형식주의가 그와 같은 평면성의 기원 자체를 해명할 수 없다는 불가능성이 부가됩니다. 그린버그와 그 일파는 티머시 J. 클라크가 제기하고[6]

------

4 Foucault, "La Peinture de Manet", p. 2(supra, p. 22)[본서 24쪽].
5 Fried, *Le Modernisme de Manet*, p. 36.

프리드가 이어받은 다음과 같은 문제에 답할 수 없습니다. "…… 우리가 특히 여기서 자문해 보아야 하는 것은 표면의 있는 그대로의 현전이 왜 예술에서 그 자체로 흥미로운 것이 되었는지의 문제이다."[7] 그리고 이러한 문제에 답하기 위해 프리드는 형식주의와는 다른 길을 선택합니다.

아시다시피 푸코와 프리드 사이에 존재하는 역사적이고 방법론적인 이중의 대립은 감상자의 위치, 더 정확히 말하면 마네로 하여금 감상자의 위치를 변화시키게 만든 것의 직접적인 반향입니다. 요컨대 마네의 작품에 의해 감상자의 자리가 변화한 것이 그 작품이 가지는 물질성이 문제화되기 때문인지, 아니면 바라보는 대상으로서 작품을 대하는 회화적 관습을 받아들였기 때문인지라는 문제가 제기됩니다. 이러한 물음에 답하기에 앞서 몇 가지 문제를 해결하지 않으면 안 됩니다. 먼저 마네의 감상자가 푸코와 프리드에게 같은 자리를 점유하고 있는가라는 문제, 그리고 만약 그렇지 않다면 마네의 감상자를 움직이는 것은 도대체 무엇인가라는 문제를 해결해야 합니다.

먼저 마네에게 물질성이 감상자의 자리에 미치는 영향을 푸코와 더불어 생각해 봅시다. 푸코 강연의 구성은 마네의 작품에 그러한 물질성이 나타난 것이 수용자의 운동을 야기시켰다는 인상을 줍니다.

------

6 Timothy J. Clark, *The Painting of Modern Life: Paris in the Art of Manet and His Followers*(1984), nouv. éd. Princeton, NJ: Princeton University Press, 1999, p. 10을 참조하라.

7 Fried, *Le Modernisme de Manet*, p. 35.

실제로 푸코는 마네가 어떻게 캔버스를 공간의 한 단편으로 지시하고 있는지, 어떻게 그것을 외부의 조명을 받는 오브제라고 생각했는지를 분명히 한 연후에야 비로소 그러한 운동을 논하고 있습니다. 요컨대 이러한 분석의 담론적 연쇄 내에서 물질성의 문제화가 감상자의 운동에 선행하고 있는 것입니다. 그런 까닭에 전자가 후자의 원인이라고 도 말할 수 있을 것입니다.

그러나 푸코는 그와 같은 인과관계에 대해 전혀 이야기하고 있지 않으며, 그 논의의 순서를 그러한 방향으로 해석하는 데 신중을 기하지 않으면 안 됩니다. 튀니스 강연에서 푸코는 마네 예술의 세 가지 특징을 순서대로, 다시 말해 병렬적으로 논하고 있을 뿐입니다. 그 세 특징은 같은 수준에 놓여 있는 것입니다. 즉 테두리를 갖고 있는 하나의 표면으로 간주되는 캔버스, 그리고 조명을 받는 오브제로 간주되는 이 동일한 캔버스는, 감상자의 운동[이라는 문제]과 동일 평면상에 위치하고 있습니다. 이러한 운동은 물질성과 동일한 자격으로 마네의 작품을 특징지을 수 있게 해주는 특색 가운데 하나입니다. 이 물질성은 푸코의 서술과 논의에서 감상자의 가동성mobilité보다 어떠한 선행성도 갖지 않습니다.

이런 가설을 입증하기 위해서는 푸코가 『말과 사물』[8]에서 「마네의 회화」에 이르기까지 묘사하고 있는 감상자 자리의 역사를 조금 더

------

8 Foucault, *Les Mots et choses: Une Archéology sciences humaines*, Paris: Gallimard, coll. "Bibliothèque des sciences humaines", 1966, pp. 19~31[『말과 사물』, 이규현 옮김, 민음사, 2012, 25~43쪽].

디에고 벨라스케스, 〈시녀들〉, 캔버스에 유화, 318×276cm, 1656, 마드리드: 프라도 미술관.

살펴보아야 합니다. 고전주의 시대의 재현에서는 감상자가 재현된 광경을 쉽게 볼 수 있는 이상적이고 고정된 자리가 감상자에게 주어져 있었습니다. 작품은 이 장소를 감상자에게 두 가지 방식으로, 즉 우선은 원근법을 통해, 다음으로 묘사된 인물들의 시선을 통해 지시합니다. 화가가 자화상을 그려 넣은 벨라스케스의 〈시녀들〉[9]의 경우가 그

------

9 Diego Vélasquez, "Les Ménines", huile sur toile, 318×276cm, 1656, Madrid: Musée du Prado.

러합니다. "화가의 눈에서 시작해, 그가 보고 있는 어떤 것에 이르기까지……단호한 하나의 선이 그어져 있다. 그것은 현실의 그림을 가로지르고 그 표면의 바로 앞에서, 우리를 관찰하는 화가를 우리가 그곳에서부터 보고 있는 그 장소에 이른다."[10] 감상자와 그려진 인물의 관계가 전도됩니다. 전자가 보여지고, 후자가 보고 있는 것입니다. 그리고 등장인물이 감상자에게 보내는 눈길이 감상자에게 그의 자리를 지시합니다.

그런데 왜 고전주의 시대의 재현은 이렇게 재현이 수용되는 공간을 질서화하고, 재현과 마주하는 감상자에게 그 위치를 부과하려고 한 것일까요? 푸코에 따르면 그것은 무엇보다도 캔버스가 뒷면을 갖는 한정된 표면이라는 것을 감상자가 보지 못하게 감추기 위해서입니다. 작품에서 약간 떨어진 장소에 감상자를 고정시키는 것은 작품의 지지체[소재]가 애초에 가지고 있는 평면성을 은폐하는 전략적 성질을 지니고 있다는 것입니다. "회화는 그림이 하나의 단편적인 공간이고, 감상자가 그 앞에서 이동할 수 있고 그 주변을 돌 수도 있으며, 그러므로 경우에 따라서는 그림에 모서리와 두 면이 있음을 알아차릴 수 있다는 것을 부인할 필요가 있었습니다. 그래서 초기 르네상스 이후 회화는 감상자가 그림을 볼 수 있고 보아야 하는 이상적인 자리를 고정시켰습니다."[11] 감상자에게 하나의 정해진 자리를 부여함으로써 고전주의 시대의 재현은 감상자가 재현된 허구의 공간을 믿게 만들

------

10 Foucault, *Les Mots et les choses*, p. 20[『말과 사물』, 27쪽].
11 Foucault, "La Peinture de Manet", pp. 4~5(supra, p. 23)[본서 25쪽].

수 있었습니다. 감상자의 자리는 이러한 미메시스의 조건 중 하나가됩니다. 수용자가 작품에 참여하게 되면 작품의 물질성이 하나의 위협으로 다가오기 때문에, 감상자가 그 물질성을 의식하지 못하게 해야 합니다. 그러므로 감상자가 작품의 뒷면으로 향하는 것을 허용하고, 작품이 하나의 '앞면'에 지나지 않으며 재현은 착시에 지나지 않는다고 생각하게 만드는 가동성을 막아야 하는 것입니다.

그러나 푸코에 따르면 감상자의 자리를 고정시키는 것은 고전주의 시대의 재현에서 물질성을 탈락시키는 장치 중 하나에 지나지 않습니다. 그리고 푸코는 「마네의 회화」에서 이러한 은폐의 다른 세 가지 조건을 지적하고 있습니다. 먼저 원근법을 통해 삼차원의 공간을만들어 냄으로써 소재의 평면성을 묻히게 만듭니다. 또 곡선을 전개함으로써 캔버스 테두리의 직선이나 모서리를 잊게 만들어야 합니다. 끝으로 재현 내부에 조명이 있음을 암시함으로써 캔버스 외부의 조명과 대항하면서 그것을 감추어야 합니다. 그러므로 고전주의 시대의재현에서 감상자에게 하나의 고정된 자리를 부여하는 것만으로는 작품과 그 소재의 물질성을 망각시키기에 충분하지 않습니다. 감상자의가동성은 현실적 효과의 차원에서 수많은 위협 중 하나에 지나지 않으며 또 이러한 가동성의 제한은 감상자의 자리의 기원 그 자체에 관해 우리에게 더욱 신중할 것을 요구합니다. 실제로 이러한 조건들을확립하면서 푸코는 원근법과 감상자의 위치 설정을 최종적으로 같은차원에서 논하고 있습니다. 그래서 이 두 요소를 동시적인 것, 더 나아가서는 경합적인 것으로 생각될 수 있게 됩니다. 이렇게 해서 푸코가강연 마지막 부분에서 그렇게 생각하게 만드는 것과는 반대로, 삼차원 공간의 출현과 수용자의 위치 설정 간에는 인과관계가 없다고 할 수 있을 것입니다.

튀니스 강연에서 볼 수 있는 이러한 내적 긴장 관계를 『말과 사물』과 「마네의 회화」 사이에서도 다시 발견할 수 있습니다. 「마네의 회화」——마지막 부분에서이지만——에서는 고전주의 시대의 재현에서 감상자의 자리가 원근법에 의해 결정되는 것처럼 보이지만, 1966년의 『말과 사물』에서는 묘사되고 있는 인물의 시선에 의해, 다시 말해 물질성을 은폐하려는 전략에 선험적으로 내재하지 않는 요소에 의해 부여되고 있습니다. 그러므로 푸코에게 감상자의 자리는 상이한 두 기원을 갖습니다. 하나는 명백하게 형식적인 성질을 띠는 반면에 다른 하나는 묘사된 주제와 훨씬 더 관련되어 있습니다. 그러나 이 두 기원은 일치할 수도 있고 상반되고 모순될 수도 있습니다. 그때 고전주의 시대의 어떤 종류의 재현을 보는 감상자에게 두 가능한 장소, 장면을 보기 위한 두 장소가 나타나게 될 것입니다. 이 점을 지적함으로써 우리는 고전적 재현에서 물질성을 속이는 장치와 감상자에게 고정적인 위치를 부여하는 것 사이에 있을 수 있는 인과관계(푸코의 논리에서 볼 수 있는)를 세심하게 다시 생각해 볼 수 있습니다. 결국 푸코가 보기에 고전주의 시대 재현의 세 가지 특징 중 수용자의 위치 확정은 물질성의 은폐와는 다른 논리를 따르고 있습니다. 그리고 고전적 재현에서 물질성의 은폐와 감상자의 자리 간에 인과관계가 없다면, 푸코가 논의하는 현대 회화에서의 물질성의 승인·출현과 감상자의 이동 간에도 마찬가지로 인과관계가 없다고 볼 수도 있을 것입니다.

「마네의 회화」는 다음과 같은 주장을 검증할 수 있는 기회를 제공해 주고 있습니다. 푸코에게 마네의 작품은 사실상 감상자에게 그의 자유를 되돌려 준다는 주장 말입니다. 감상자가 그러한 이상적이고 고정된 정면의 자리를 떠나게 만듦으로써, 마네의 작품은 작품을 보는 자에게 운동성을 회복시켰다는 주장 말입니다. "마네는 캔버스의 속성을 작동시키고, 재현이 감상자를 고정해 두는 한 지점 혹은 그림을 감상하기 위해 감상자가 위치해야 하는 한 지점, 그러므로 유일한 지점을 고정하려 하는 일종의 규범적 공간이었던 캔버스를, 더 이상 그렇지 않은 것으로 만들어 버립니다. 그림은 그 앞에서 또 그것과 관련해 감상자가 이동해야 하는 공간으로 나타납니다."[12] 〈폴리-베르제르의 바〉[13] 분석을 통해 푸코는 두 종류의 이동을 구별하고 있습니다. 첫번째 종류의 이동은 회화의 소재와 평행한 축을 따라가는 것입니다. 그것은 푸코가 제시한 세 가지 "양립 불가능성의 체계"[14] 중 처음 두 체계를 통해 나타납니다. 먼저 "거울에 재현된 것과 거울에 비쳤어야 하는 것 사이에 왜곡이 존재합니다.……여인이 거울에 비친 모습을 보기 위해서는……감상자나 화가도 오른쪽으로 이동해야 합니다."[15] 그러므로 감상자는 작품 앞에서 연달아 서로 다른 두 자리를 점유합니다. 감상자는 작품에 의해 중심에서 벗어나 이탈하게 되는 것입니다. 작품은 감상자를 그림의 한쪽 옆으로 보내 버리고, 그림의

------

12 Foucault, "La Peinture de Manet", p. 31(supra, p. 47)[본서 70~71쪽].

13 Édouard Manet, "Un bar aux Folies-Bergère", huile sur toile, 96×130cm, 1881~1882, Londres: Institut Courtauld.

14 Foucault, "La Peinture de Manet", p. 30(supra, p. 46)[본서 70쪽].

15 *Ibid.*, p. 30(supra, p. 45)[본서 67쪽].

표면을 좇아 캔버스의 면을 따라가게 하기 위해 말하자면 감상자가 처음 있었던 자리를 떠나도록 강요합니다. 캔버스가 야기한 수용자의 이동은 두번째 "양립 불가능성의 체계"에 의해 보강되는데, 그것은 바의 손님의 위치와 관련되어 있습니다. 푸코의 지적에 따르면 그 인물이 〈폴리-베르제르의 바〉의 여종업원 정면에 있기 때문에 논리적으로는 그 그림자가 그녀에게 드리워져 있어야 합니다. 그러나 이러한 그림자가 없기 때문에 그 손님은 정면이 아니라 옆에서 비스듬히 그녀를 보고 있다고 생각할 여지가 생깁니다. 거울의 작용을 통해서든 손님의 위치를 통해서든 간에 작품은 수용자에게 관습적인 자리를 떠나 캔버스의 표면과 더불어 중심에서 벗어나도록 강요하는 듯합니다.

　두번째 종류의 운동은 첫번째 것을 그대로 연장하고 있습니다. 사실 단순히 감상자가 캔버스를 따라가는 것도, 캔버스의 테두리에 다다르는 것도 문제가 아닙니다. 작품의 다른 한쪽으로, 비유적 의미를 배제하고, 나아가는 것이 문제인 것입니다. 푸코는 이렇게 말합니다. "왜냐하면 캔버스는 실제로 수평선과 수직선을 갖는 하나의 표면이지만, 또한 두 면, 즉 뒷면과 앞면을 갖는 표면이기도 하기 때문입니다. 마네는……뒷면과 앞면을 작동시키게 됩니다."[16] 예를 들어 〈비어홀의 여종업원〉[17]에서 마네는 서로 정반대 방향을 바라보는 인물들 ── 한 사람은 캔버스 앞쪽, 다른 한 사람은 뒤쪽 ── 을 그리고 있습

16　Foucault, "La Peinture de Manet", p. 15(supra, p. 32)[본서 41쪽].

17　Manet, "La Serveuse de bocks", huile sur toile, 77.5×65cm, 1879, Paris: Musée d'Orsay.

니다. 그러나 고전적인 재현에서와는 달리, 그들이 보고 있는 것을 우리는 볼 수 없습니다. 이렇게 해서 감상자는 그 인물들에 의해 때로는 앞면으로, 때로는 뒷면으로 보내지는 것 같은 느낌을 받게 됩니다. 작품의 앞면을 보고 있는 감상자를 뒷면으로 끌어당기는 운동이 그곳에서 윤곽을 드러냅니다. 푸코는 〈철로〉[18]에서도 같은 구조를 발견하는데 거기서는 그것이 수용자의 여정에 미치는 효과를 논의하고 있습니다. 마네는 "감상자가 캔버스 주변을 돌고 싶게 만"든다는 것입니다.[19] 캔버스 뒤쪽을 향할 것을 감상자에게 권유함으로써 마네의 회화는 회화 소재의 성질, 즉 회화 구성의 근본적인 물질성을 처음으로 드러낸 것입니다.

그러므로 푸코에게 마네의 회화에서 물질성의 출현과 감상자의 이동 간에 존재하는 것은 인과관계가 아니라 동시성의 관계입니다. 물질성이 갑자기 출현하기 때문에 수용자의 운동이 일어나는 것이 아닙니다. 〈비어홀의 여종업원〉에서도 〈철로〉에서도 감상자의 가동성은 시선의 작용과 시선이 향하는 방향에 의해, 즉 작품의 재현적 요소들에 의해 그때그때마다 야기되는 것입니다. 마네의 작품에서 가동성이 야기되는 것은 형식이 아니라 재현에 속하는 사항인 것입니다.

이 관점에서 보면 푸코에게는 마네의 물질성이 감상자의 운동의 원인이라 할 수 없습니다. 오히려 감상자의 운동이 감상자가 작품

- - - - - -

18 Manet, "Le Chemin de fer", huile sur toile, 93.3×111.5cm, 1872~1873, Washington DC: National Gallery of Art.
19 Foucault, "La Peinture de Manet", p. 18(supra, p. 35)[본서 47쪽].

의 물질성에 접근할 수 있게 해주는 것입니다. 재현적 요소들이 감상자가 작품을 따라 이동하도록 강요함으로써 그를 작품의 가장자리까지 인도합니다. 이 여러 요소가 감상자가 캔버스 주위를 돌게 합니다. 작품의 뒷면을 인식시켜 작품이란 하나의 앞면, 하나의 표면에 불과하다는 것을 상기시키는 것입니다. "그림 앞에서 감상자는 움직일 수 있다"고 우선 푸코는 말합니다. 그런 다음 "바로 이렇게······ 물리적인 것 내에서 캔버스가 출현하고 있"[20]다고 말합니다. 감상자의 이동으로 물질성의 출현이 가능해집니다. 이러한 새로운 인과관계에 따라 수용자의 운동이 물질성의 출현에 선행한다는 결론이 도출되는 것입니다.

따라서 푸코의 이 강연에는 서로 대립하는 두 논리가 존재하고 있습니다. 우선은 명백하고 또 명백하다고 주장되고 있는 형식주의의 논리가 있습니다. 다음으로 형식주의와 대립하는 것처럼 보이는 감상자의 문제와 관련된 암묵적 논리가 있습니다. 이렇게 「마네의 회화」는 외관만 통일성을 갖는 듯한 텍스트를 구성합니다. 푸코가 형식주의와 현대 회화를 이해할 수 있는 열쇠 자체를 거기서 제공하고 있다면 이야기는 또 달라지겠지만 말입니다. 왜냐하면 푸코는 이 텍스트에서 현대 회화 자체보다도 그것의 기원, 요컨대 재현의 혼란에 더 흥미를 보이고 있기 때문입니다. 즉 푸코는 클라크가 그린버그에게 던진 물음에, 그 물음이 나오기도 전에 답하고 있습니다. 재현의 여러 요소가 사전에 만들어 내는 모순에 의해 감상자가 연달아 서로 다른 자리를 점하고 작품을 보는 위치를 바꾸며 자기 자신의 구성적 객관성

------

20 Foucault, "La Peinture de Manet", p. 31(supra, p. 47)[본서 71쪽].

을 의식하게 됨으로써 처음으로 평면성과 물질성이 출현할 수 있었던 것입니다. 이렇게 재현을 심층적으로 전복시켜 감상자를 운동 상태에 두는 것은 현대 회화의 기원 그 자체이며, 현대 회화의 전개 과정을 개시하는 요인이 될 것입니다.

어떤 의미에서 『마네의 모더니즘』의 마이클 프리드는 푸코의 강연에서 이야기되는 것으로부터 결론을 이끌어 내고 있습니다. 다시 말해 마네의 작품은 감상자를 이동시킴으로써 감상자에게 오브제로서 가시적인 것이 된다는 것입니다. 마네의 작품은 '사물'로서 보여지는 것에 동의하고 있습니다. 그러므로 마네는 모든 회화를 보여지기 위해 그려지는 것으로 여기고 캔버스와 그 감상자의 관계를 암묵적으로 규정하는 회화의 관습을 받아들이고 있습니다. 이 점을 확인함으로써 프리드는 마네의 작품을 그 계승자들과의 관계를 통해서가 아니라 그 선조와의 관계를 통해 자리매김하고 있고, 19세기 후반 프랑스 회화사를 새롭게 배치할 것을 제안하고 있습니다. 실제로 캔버스를 감상자에 연결시키는 회화의 약속을 받아들임으로써 마네는 1750년경에 디드로의 펜을 통해 확립되었고 1860년대에 마네 자신의 붓에 의해 파괴되는 프랑스 회화 특유의 반연극 전통에 종지부를 찍었던 것입니다.

1750년대부터 감상자의 존재 자체가 화가들에게 문제를 제기한 것처럼 보입니다. 화가들은 감상자의 존재가 미메시스를 위협한다고 생각했습니다. 자신이 감상자에게 응시된다는 것을 알고 있는 재현된 인물은 자연스러움이나 솔직함을 모조리 잃을 위험과 현실성의 효과, 다시 말해 감상자가 재현에 참가할 가능성을 잃을 위험이 있기 때문입니다. 이렇게 해서 샤르댕에서 쿠르베에 이르기까지 화가들은 여러 회화적 전략을 강구하는데, 이것들은 정면에서 바라보는 수용자의 시선을 부정하고, 회화는 보기 위해 만들어진 것이라는 관습을 무화시키는 전략이었습니다. 첫번째 해결책은 인물을 심리적으로 몰두하고 있는 상태로 묘사하고 그 등장인물이 감상자의 현전을 잊고 있는 것처럼 보여 주는 것이었습니다. 샤르댕이 묘사하는 인물들은 자신의 행위에 몰두한 나머지 외부에 감상자가 존재하고 있다는 것을 의식하지 않으며, 그렇기 때문에 감상자는 그려진 인물들의 세계를 더욱 현실 세계라고 믿게 됩니다. 그러므로 이렇게 극적인 구성 방식은 감상자를 배제하고 감상자를 그림이 그려진 표면에서 멀리 떨어뜨려 놓는 것을 목표로 하고 있습니다.

　두번째 전술은 반대로 감상자를 캔버스 안으로 끌어들이는 것입니다. 이를테면 쿠르베의 작품에서는 이 재현 작용이 감상자를 흡입해 삼켜 버린 나머지 감상자로 하여금 관찰하는 입장을 포기하게 만들고 맙니다. 이러한 전원화적pastoral 구성 개념은 이번에는 감상자를 포함하고 그림이 그려진 표면으로 가까이 데려가는 것을 목적으로 합니다. 수용자를 끌어당기건 밀어내건 간에 반연극적 방식의 프랑스 회화는 감상자가 쏟는 시선을 피하는 데 전념합니다. 그 목적은 감상자를 이동시켜서 그의 시선을 피하려는 것에 다름 아닙니다.

　『마네의 모더니즘』에서 프리드는 마네가 어떻게 디드로적 전통의 총체를 내부에서 무너뜨렸는지를 보여 주고 있습니다. 마네는 작품을 대면하는 감상자의 존재를 부정하는 것이 불가능하다는 사실을 인식함으로써 회화가 응시의 대상이라는 원초적 규약을 최종적으로 받아들입니다. 마네는 감상자의 현전을 받아들이고 캔버스를 향하는 감상자의 시선을 받아들입니다. 그림을 그리는 행위 자체를 구성하는 특질을 상대로 헛된 싸움을 벌이는 대신에 마네는 그 행위를 전면에 드러내 보여 줍니다. 이렇게 해서 프리드는 다음과 같은 점과 관련해 푸코와 의견이 일치합니다. 마네가 이러한 감상자의 존재를 승인하고 그것과 관련된 회피의 시도에 종지부를 찍었다는 점 말입니다.

그럼에도 불구하고 이러한 지적이 두 사람 사이에 존재하는 심층적인 차이점을 감추는 것이어서는 안 됩니다. 왜냐하면 프리드에게는 마네가 감상자를 받아들인 것이 푸코가 말한 것처럼 감상자에게 이동의 자유를 회복시켜 주는 것을 의미하지는 않기 때문입니다. 반대로 그것은 배제와 포함을 시험한 후에 결국 정면의 한 자리를 의식적으로 할당한 것과 유사합니다. 이렇게 푸코에서 프리드까지 각자의 행보에서 거의 정반대의 두 회화사가 묘사됩니다. 푸코에 따르면 마네는 감상자를 캔버스의 뒷면 쪽으로 이동시킵니다. 프리드에 따르면 마네는 감상자를 작품의 앞면 앞에 다시 위치시킵니다.

그렇게 되면 마네의 작품을 특징짓는다고 프리드가 말하는, 감상자를 다시 위치시키는 이 일이 어떻게 행해지는지 생각해 보아야 합니다. 우선 디드로적인 회화 전통에서 이동의 메커니즘을 떼어 내어, 이 동일한 메커니즘을 마네가 다른 목적으로 활용하고 있지는 않은지를 살펴봅시다. 극적인 구성 원리에서는 몰두가 재현됨으로써 수용자는 관습적인 자리를 떠나도록 재촉받습니다. 그런데 등장인물의 몰두는 어떻게 표현된 것일까요? 시선들의 작용을 통해서입니다. 이를테

귀스타브 쿠르베, 〈오르낭의 매장〉, 캔버스에 유화, 315×668cm, 1849~1850, 파리: 오르세 미술관.

면 샤르댕에게 몰두하는 시선은 그 인물이 자신의 행위에만 집중하고 있다는 것을 의미합니다. 프리드는 『감상자의 자리』에서 "등장인물은 감상자의 존재를 잊은 듯 보여야 했다"고 말합니다.[21] 그러나 시선이 고정되고 있는 것만으로는 감상자를 이동시키기에 충분하지 않습니다. 나아가 그 시선이 감상자와는 다른 쪽을 보고 있어야 합니다. "마치 그림의 등장인물이 자신의 상태나 특별한 행위에 몰두하는 것을 감상자의 현전이 방해하고 있는 것 같다."[22] 그 인물들이 자신의 진실성이나 신뢰성을 잃지 않기 위해서는 자신이 보여지고 있다는 것을 알아서는 안 되는 것입니다. 그려져 있는 인물은 그 시선을 통해 감상

------

21 Fried, *La Place du spectateur*(*Esthétique et origins de la peinture modern*, t. 1), trad. fr. par Claire Brunet, Paris: Gallimard, coll "NRF/essai", 1990, p. 62.

22 *Ibid.*, p. 63.

자를 배제합니다. 그는 자신이 보여지고 있음을 느끼고 있다는 느낌을 감상자에게 주어서는 안 됩니다.

그리고 또한 전원화의 구성 원리에서 감상자를 이동시키는 것 역시 시선들의 재현이지만 이는 작품 속에 감상자를 집어넣기 위해서지 배제하기 위해서가 아닙니다. 『쿠르베의 리얼리즘』[23]에 나오는 〈오르낭의 매장〉[24] 분석에서 프리드는 예를 들어 십자가를 든 사람과 무덤을 파는 사람의 시선이 다른 방향을 향하게 함으로써 쿠르베가 어떻게 수용자를 작품 중앙에서 왼쪽으로 이동시키려 했는지를 보여 줍니다. 또 이렇게 해서 쿠르베가 어떻게 눈앞으로 지나가는 행렬의 움직임을 좇도록 감상자를 강제했는지, 어떻게 감상자가 작품 속으로 들어오도록 재촉했는지를 보여 줍니다. "……연극성에 저항하기 위해 회화 가운데로——적어도 부분적으로는——거의 신체적으로 화가-감상자를 흡수하는 것이 문제인 것이다."[25] 요컨대 프리드에 따르면 반연극적인 작품은 감상자를 배제하고, 문제가 되고 있는 정면의 장소를 떠나게 하기 위해 재현의 여러 요소를 이용한다는 것입니다.

그러면 마네는 도대체 어떻게 감상자의 위치를 다시 설정하려 한 것일까요? 회화의 약속이 정해 놓은 장소를 감상자가 재발견하게 하기 위해 다른 기법을 동원한 것일까요? 『쿠르베의 리얼리즘』에서 프

23　Fried, *Le Réalisme de Courbet*(*Esthétique et origins de la peinture modern*, t. 2), trad. fr. par Michel Gautier, Paris: Gallimard, coll. "NRF/essai", 1993.

24　Gustave Courbet, "Un Enterrement à Ornas", huile sur toile, 315×668cm, 1849~1850, Paris: Musée d'Orsay.

25　Fried, *Le Réalisme de Courbet*, p. 135.

리드는 푸코가 논한 것과 동일한 그림을 분석하면서 이 문제에 답합니다. 그에 따르면 감상자가 작품을 마주하는 그 자리를 다시 취하도록 유도하는 것 역시 시선들의 작용입니다. "마네의 야심 찬 마지막 작품 〈폴리-베르제르의 바〉에서는 여종업원 바로 앞에 서 있는 손님의 모습이 바의 거울에 비침으로 인해, 더 정확히 말하자면 화면 구성과 광학 법칙의 환원 불가능한 갈등으로 인해 시선의 선점이 명백해졌다. 화면 구성은 현실의 감상자를 바로 거기에 배치하려 하지만, 광학 법칙은 거울에 비친 모습을 규정하고 있다고 간주되며 감상자에게 더 오른쪽에 위치하도록 요청하는 것이다."[26] 쿠르베가 그려진 인물들의 시선을 이용해 감상자를 물러서게 했던 반면에, 마네는 감상자를 다시 작품 앞에 위치시키기 위해 인물들의 시선을 이용하고 있습니다. 이러한 시선의 작용을 통해 마네는 감상자의 부재라는 디드로적 허구에 종지부를 찍은 것입니다. 그리고 이러한 작품을 통해 마네는 작품을 응시의 대상으로 만드는 회화의 규칙을 받아들일 수 있었던 것입니다.

이러한 검토를 통해 마네의 예술에 대한 푸코와 프리드의 해석이 상보적이라는 사실에 놀라지 않을 수 없습니다. 푸코와 달리 프리드는 마네가 감상자를 작품 앞에 다시 서게 한다고 주장하지만, 그럼에도 불구하고 그는 감상자가 그 정면의 위치를 점유하는 것의 곤란함, 아니 오히려 불가능함을 강조하고 있습니다. 왜냐하면 마네를 감상하

------

26 Fried, *Le Réalisme de Courbet*, p. 216.

는 사람은 "일견 자신의 존재를 필요로 하고 있는 듯한 상황과 관련해 자신이 잉여적 존재가 되어 버린 듯한 기분이" 들기 때문입니다. "마치 그에게 하나의 자리를 할당하기 위해 극단적인 여러 조치가 행해져서 캔버스 앞의 그 자리가 이미 점유되어 버린 것처럼 말이다."[27] 그리고 감상자는 두 모순된 힘에 자신이 따르고 있다는 사실을 알게 됩니다. 그를 앞면으로 이끌어 가는 구심력과 즉시 작품의 뒷면으로 밀어내려 하는 원심력 말입니다. 이렇게 푸코가 개진한 강제적 이동이라는 논점이 그대로 프리드에게서 자리 재설정의 형태로 다시 나타납니다. 그리고 이런 공통된 경향 때문에 양자의 접근법 사이에 존재하는 연속성을 인정할 수 있는 것입니다.

이 연속성은 우선 감상자를 움직이게 만드는 것, 그리고 감상자의 운동의 요인과 관련해 나타납니다. 푸코와 프리드 모두에게서 재현된 인물의 시선이 감상자의 이동을 촉발시키는 것입니다. 이 점은 프리드의 접근법과 긴밀히 연관되어 있는 것 같지만, 푸코에게 시선이 형식적 요소가 아니라 재현적 요소를 구성한다는 점을 고려하면 이것은 더 놀라울 정도로 수미일관합니다. 〈폴리-베르제르의 바〉의 수용자를 작품의 가장자리 쪽으로 이동시킴으로써 시선들의 작용은 감상자를 재현된 것이 아니라 재현 자체로 향하게 합니다. 시선들의 작용을 통해 재현은 자신의 본질, 즉 자신이 다시 나타내는 것re-présentation임을 잊게 만드는 성질을 배반하고 있습니다. 감상자를 캔버스의 뒷면으로 몰아내기 때문에 바로 재현은 작품이 하나의 앞면, 하나의 표면

------

27 *Ibid.*, p. 217.

에 불과하다는 것을 감상자에게 확인시키는 것입니다.

그러나 마네는 왜 이런 식으로 재현을 뒤틀어 버린 것일까요? 프리드의 연구는 이에 답하기 위한 몇 가지 귀중한 요소를 제공해 주고 있습니다. 그에 따르면 마네가 재현을 전복시킨 이유는 한 세기에 걸친 반연극적 전통에 의해 억압되어 있던 회화의 기법을 받아들였기 때문입니다. 1863년 시점에 감상자의 현전을 부인하는 것은 마네로서는 더 이상 유지하기 어려운 일로, 마네는 거기서 처음으로 모든 결과를 이끌어 낸 인물입니다. 그런데 마네의 예술에 구현된 반연극적 전통의 위기는 후에 화가들이나 비평가들이 점점 더 물질성이나 평면성에 관심을 기울이게 된 것을 설명합니다. "⋯⋯이러한 평면성을 단언하는 것으로 언제나 해석되어 온 것은 실은 더욱 본질적인 것이었으며, 그림을 그 총체ensemble 속에서——회화로서의, 즉 그림으로서의 회화를——획득하고 그때까지는 존재하지 않았던 감상자와 마주할 수 있게 해주는 시도의 성과였던 것은 아닐까?"[28]

이렇게 그린버그류의 형식주의를 포기함으로써 프리드는 튀니스 강연에서 푸코가 보였던 접근법을 보완할 수 있었을 뿐 아니라 클라크가 제시한 물음에 다음과 같이 적확하고 설득력 있게 답할 수 있었습니다. 1750년 이후 프랑스 회화에 특징적이었던 반연극적 전통을 마네가 끝장냄으로써 재현이 그 대상으로부터 탈선되어 1880년대의 인상주의 예술에서 물질성과 평면성이 나타날 수 있게 되었다고 말입니다.

------

28 Fried, *Le Modernisme de Manet*, p. 127.

"아, 마네 말입니까……"[1]

마네는 어떻게 〈폴리-베르제르의 바〉를 구성했는가

티에리 드 뒤브

그 일을 기억하고 있는 나이대의 사람들은 예전에 케네디가 암살되었다는 소식을 들었을 때 자신이 어디에 있었는지 아직까지 기억하고 있기 마련이라고들 합니다. 제 경우에는 미셸 푸코의 사망 소식을 들었을 때 제가 어디 있었는지 기억하고 있습니다. 열두 살이던 딸과 함께 캐나다에서 돌아오는 비행기 안에 있었습니다. 옆자리 승객이 읽고 있는 신문에 문득 시선을 떨구었을 때 저는 충격을 받았습니다. 제 여행은 슬픈 여행이 되어 버렸고, 그 슬픔에서 완전히 벗어나지 못했습니다. 이 추억이 저를 더욱더 고통스럽게 하지만 다행히 그보다 더 이전의 또 다른 추억에 대해 말할 수 있을 것 같습니다. 그것은 제 인

------

1 이 텍스트와 내용이 조금 다른 영어판이 제임스 엘킨스(James Elkins)와의 비판적 토론을 첨부해 다음과 같이 발표되었다. "How Manet's *A Bar at the Folies-Bergère* Is Constructed", *Critical Inquiry*, No. 25, Autumn 1998. 또 다른 버전이 다음의 책 3장에 들어 있고 거기에는 〈폴리-베르제르의 바〉의 구축에 관한 논증과 그 해석의 최초의 부분이 포함되어 있다. Thierry de Duve, *Voici, 100 ans d'art contemporain*, Gand: Ludion-Flammarion, 2000.

생의 결정적 순간, 결코 갚을 수 없는 은혜를 푸코에게 받은 순간의 추억입니다. 1981년의 일이었을 것입니다. 푸코는 당시 제 모교인 루뱅 대학에서 프랑키Emile Francqui 기념 강좌의 교수였습니다. 푸코는 거기서 고백에 대한 강의를 하고 있었고 저는 그 강의를 한 번도 빠지지 않고 들었습니다. 당시 저는 브뤼셀에 있는 미술 학교 선생을 하면서 한창 박사 논문을 준비하고 있었습니다. 푸코는 학생들을 위해 매주 목요일 두 시간을 비워 두었는데, 아마도 주눅이 들었기 때문이었겠지만 그 호의를 받아들이는 학생은 거의 없었다고 들었습니다. 저는 그를 만나러 갔고, 그의 작업이 제게 어떤 의미인지 설명하고 그가 고전주의 시대의 에피스테메에 쏟았던 것과 같은 '고고학적' 시선을 예술에서의 근대성에도 쏟을 때가 왔다는 생각이 점점 더 제 머릿속을 채우고 있다는 이야기를 했습니다. "그게 가능하다고 생각하시나요?"라고 저는 물었습니다. "그래서 어느 부분이 신경 쓰이신다는 겁니까?"라고 그가 되물었습니다. "근대는 너무 가까우니까요. 선생님께서 고전주의 시대에 대해 취하셨던 것 같은 충분한 역사적 거리를 취할 수가 없습니다. 제 딜레마가 뭐냐면요. 한편으로 근대성에 대한 고고학이 가능하다면 그건 우리가 이미 근대적이지 않다는 것을 의미할 것이고, 다른 한편으로 우리가 여전히 근대적이라면 근대성에 대한 고고학이 성립하지 않겠지요." 푸코는 그 유명한 육식동물 같지만 결코 적의를 품게 하지 않는 웃음을 터뜨리며 이렇게 말했습니다. "걱정하지 마세요. 당신이 근대적인지 이미 근대적이지 않은지를 말하는 것은 당신의 작업이 아닙니다. 해야 할 작업을 하세요. 그런 건 독자가 판단하게 하면 됩니다." 그날부터 저는 자유로워졌습니다. 제가 두 권의 책을 미셸 푸코에게 헌정한 이유는[2] 제가 그 이름값을 하고 있다고 는 도저히 말할 수 없는 '고고학자'라고 주장하고 싶기 때문이 아니라, 이 점과 관련해 그에게 감사하고 싶기 때문입니다. 원통하게도 제 감 사를 받아 줄 그는 이미 없지만 말입니다. 그날 우리의 대화는 현대 미 술과 그것을 전위주의의 유산에 연결시키는 것이 적절한지에 대한 가 치 평가의 문제로 향했습니다. 푸코는 회의적인 듯이 전위avant-garde 가 무엇을 의미하느냐고 물었습니다. 그때 제가 했던 대답을 지금도 잊을 수가 없습니다. "음, 예를 들면 마네……." 그 말을 하자마자 그는 알 수 없는 한숨을 쉬었습니다. "아, 마네 말입니까……." 그가 마네를 연구하고 있다고는 생각도 못했고, 그도 제게 아무 말 하지 않았습니 다. 대신 그는 연구가 더 진전되면 다시 오라고 말해 주었습니다. 저는 늑장을 부렸습니다. 아직 수준에 오르지 못했다고 생각하다가 너무 늦어 버리고 말았습니다. 그가 죽었기 때문에 다시는 만나지 못했고 지금도 그것이 너무나 원통합니다. 이런 말을 한 것은 오늘 여기서 열 리고 있는 심포지엄에 저를 불러 주신 마리본 세종에게 감사를 드리 기 위해서입니다. 다시는 그를 만날 수 없는 지금, 그녀 덕분에 푸코와 상상의 대화를 재개할 기회가 생겼습니다. "아, 마네 말입니까……." 라는 알 수 없는 말과 함께 중단되어 버린 그 대화를 말입니다.

　한참 뒤에야 저는 마네에 대한 푸코의 불가사의한 텍스트가 존재

2　Duve, *Au Nom de l'art: Pour une archéologie de la modernité*, Paris: Éd. de Minuit, 1989; *Kant after Duchamp*, Cambridge(Mass.): MIT Press, 1996.

한다는 사실을 알게 되었지만 그것은 마치 아를르의 여인l'Arlésienne
과 같은 것이었습니다. 언제쯤 되면 그 모습을 볼 수 있는 것일까요?
그러던 와중에 제 생각으로는 근대성을 '고고학적'으로 이해할 수 있
을 정도로 개방적이라고 생각되는 예술가들의 아주 좁은 그룹 안에서
마네가 뒤샹을 대체했고, 저는 아를르의 여인이 나타나기를 기다리
며 제 일을 마냥 미룰 수도 없는 노릇이었습니다. 어떤 이가 제게 푸코
가 이 유명한 텍스트에서 미술관과 마네가 맺는 관계는 도서관과 『부
바르와 페퀴셰』의 플로베르가 맺는 관계와 같다고 말했다는 이야기를
해주었습니다. 그래서 저는 푸코가 어떤 '고고학적' 의미에서 마네를
예로 들었는지를 간파했다고 생각했습니다. 그렇지만 어쨌든 저는 완
전히 틀렸습니다. 푸코가 그런 비교를 했던 것은 또 다른 텍스트에서
였고, 예의 '아를르의 여인'에서 마네는 플로베르와 전혀 닮지 않았고
오히려 그린버그적이었던 것입니다.[3] 카트린 페레가 그 점에 대해 논
의할 것이기 때문에 저는 아무 말도 하지 않겠습니다. 또한 많은 것이
(에드워드 파일Edward Pile,[4] 다비드 마리와 카롤 탈롱-위공에 의해) 푸
코의 마네와 비교한 조르주 바타유의 마네, 마이클 프리드의 마네에
서 각기 언급되었기 때문에, '저의' 마네가 어느 점에서 그것들과 다른

------

3 "도서관과 관련해 플로베르가 행한 것은 미술관과 관련해 마네가 행한 것과 유사하다"
라고 푸코는 1964년에 발표되어 그 후에도 여러 차례 출간된 텍스트에 적어 넣고 있다
("Un 'Fantastique' de la bibliothèque", *Dits et écrits*, vol. 1, Paris: Gallimard, 1994, p. 321
이하). '아를르의 여인'은 당연히 그것을 중심으로 우리가 모였고 마리본 세종의 조력에
의해 출간된 텍스트를 지칭한다.

4 에드워드 파일의 텍스트는 다음의 학술지에 게재되었다. *Revue d'esthétique*, n° 45,
Paris: Éd. Jean-Michel Place, 2004. ― 엮은이

지에 대해서도 말하지 않겠습니다. 제가 보는 마네가 푸코가 보는 마네와 어떤 점에서 닮아 있을까요? 그런 물음이 20년 전 우리의 대화 주제로 정확하게 우리를 이끌어 준다. 그래서 저는 전위라는 역사적 개념과 관련한 현대 미술의 행방이 마네의 흔적을 잇는 후계자에 달려 있다고 그에게 말하려 했던 것입니다. 그 점에 대해 푸코는 저를 배신하지 않았습니다. 왜냐하면 그는 '아를르의 여인'에서 이렇게 말했기 때문입니다.

> 인상주의를 넘어서서 마네는 인상주의 이후의 회화, 즉 20세기의 회화, 그 속에서 지금도 현대 미술이 펼쳐지는 그러한 회화를 가능케 했다고 생각합니다.[5]

1981년에 저도 똑같이 생각하고 있었습니다. 지금도 그렇게 생각하지만, 다만 이런 점은 다릅니다. 요컨대 제가 오늘날 가장 풍성하다고 생각하는 현대 미술의 경향은 "이러한 오브제로서의 그림의 발명과 재현된 것 안에 캔버스의 물질성을 다시 삽입시킨" 마네에게 빚지고 있지 않고, "보다 고약하고 짓궂은 방식으로 뒷면과 앞면을 작동시키는"[6] 마네의 놀이를 사용하는 그런 경향이라는 것입니다. 푸코에 따르면 마네는 그 놀이를 우선 〈비어홀의 여종업원〉에서 사용합니다.

------

5 Michel Foucault, "La Peinture de Manet", Paris: Société française d'esthétique, 2001, p. 3(supra, p. 22)[본서 23쪽].
6 *Ibid*., pp. 5, 15(supra, pp. 24, 32)[본서 26, 41쪽].

······캔버스는 보아야 할 바를 보여 주는 대신에 그것을 숨기고 감춥니다. 앞면과 뒷면을 가진 이 표면은 가시성이 나타나는 공간이 아닙니다. 반대로 그것은 캔버스의 면 위에 있는 두 인물이 바라보는 것이 비가시적임을 단언하는 공간입니다.[7]

또한 〈철로〉에서는

우리는 여기서 캔버스가 앞면과 뒷면을 갖게 만드는 이러한 캔버스의 물질적 속성과 마네가 어떻게 유희하고 있는지를 볼 수 있으며 또이제까지 어떤 화가도 앞면과 뒷면을 이용해 유희한 적이 없다는 사실도 알 수 있습니다.······마네가 그림 내부에서 작동시키는 것이 바로 캔버스의 표면에 의해 확보되는 이 비가시성의 작용이며, 보시다시피 이 방식은 고약하고 신랄하며 짓궂다고 말할 수 있습니다. 왜냐하면 처음으로 회화가 비가시적인 것을 우리에게 보여 주는 것으로 주어지기······때문입니다.[8]

그리고 〈발코니〉에서는

비가시성은 세 사람이 상이한 방향에서 바라보고 있다는 사실을 통해 표현됩니다. 세 사람은 강렬한 광경에 사로잡혀 있는데 우리는 그

------

7 Foucault, "La Peinture de Manet", p. 17(supra, p. 34)[본서 45쪽].
8 *Ibid*., p. 18(supra, p. 35)[본서 47~48쪽].

것이 무엇인지 알 수 없습니다. 왜냐하면 하나는 캔버스 앞쪽에 있고 다른 하나는 캔버스 오른쪽에 있으며 세번째 것은 캔버스 왼쪽에 있기 때문이지요. 아무튼 우리는 아무것도 볼 수 없으며 단지 시선들만을 볼 수 있습니다.……비가시성 그 자체의 분출인 그림의 상충되는 요소들…….[9]

푸코의 분석에서 하나로 엮이는 두 주제, 즉 화가의 짓궂음 méchancéte이라는 주제와 그림의 비가시성이라는 주제의 관계는 불가사의해 보일지도 모릅니다. 마네의 기법에 대해 "고약하고 신랄하며 짓궂다"고 말하는 것은, 모든 전기 작가가 온화하고 예의 바르다고 입을 모으는 인물과 관련된 것인 만큼 얼핏 보기에 놀랄 만합니다. 마네를 볼 때 푸코가 바타유의 안경을 쓰고 싶어 하지 않았을까 생각해 본다면 덜 놀랍기는 합니다. 하지만 그렇다고 해도 이 말을 해두어야 할 것 같습니다. 우선 짓궂음은 "파괴를 향한 소소한 기쁨", "웅변적인 교살" 혹은 "주제의 의미 작용에 대한 무관심"——이것들은 바타유의 키워드인데요——과 동일한 의미가 아니며, 푸코와 달리 바타유는 마네에게서 비가시성을 보지 않습니다. 푸코의 텍스트에서 불가사의한 점은 바로 비가시성이 보인다는 점입니다. 그에 따르면 그 자체로 비가시적인 것은 전혀 없고, 오히려 반대로 그가 빼놓지 않고 지적하는 회화적 요소들을 통해 비가시성이 '지시되고 있는 듯'합니다. 저는 재미로 약간의 통계를 내 보았는데요, 우리 수중에 있는 푸코의 텍스트가

------
9 *Ibid.*, p. 28(supra, p. 43)[본서 62~64쪽].

슬라이드에 의지한 구두 발표를 옮겨 쓴 것이라는 사실을 알면서도 그 결과는 역시 놀랍습니다. 그는 여기서 "아시겠지만"[보시겠지만] vous voyez이라고 적어도 38번, "아시다시피"[보시다시피]vous le voyez 라고 11번, "보시게 되겠지만"vous y voyez이라고 2번, "좋습니까"[보시다시피]voyez-vous라고 2번, "곧 보시게 되겠지만"vous allez voir이라고 2번, "보시다시피"nous voyons라고 1번, "이처럼"nous le voyons이라고 1번, "앞서 보았듯이"nous avions vue라고 1번, "여기서"vous avez라고 27번, "이전의"vous aviez라고 1번, "여기서"nous avons라고 1번, "아시다시피"vous remarquez라고 1번, "아시겠지만"vous le trouvez이라고 1번 말하고 있습니다. 그러나 역으로 이 동일한 표현을 부정형으로 말하는 일은 매우 드뭅니다. "여기서는 ~이 아닙니다"vous n'avez가 2번, "~은 발견되지 않습니다"nous ne voyons가 4번, "~은 아닙니다"on ne voit가 2번, 이것이 전부입니다. 그렇기 때문에 마네에게 감상자의 자리——이는 캔버스 공간과 조명의 문제에 대해 말한 후에 푸코가 언급하는 세번째 항목인데——는 다소 역설적인 방식으로 설정됩니다. 푸코는 긍정형을 89번 사용하지만[10] 최종적으로 감상자의 자리는 그 감상자가 거기서는 아무것도 볼 수 없는 장소로 나타나기 때문입니다. 그렇기 때문에 그 주체 자체와 관련해 보아야 할 것은 아무것도 없는 듯합니다. 자크 라캉은 이미 이렇게 말했습니다. "당신은 결코 내가 당신을 보는 곳에서 나를 보지 않는다"[11]고 말입니다.

------

10 본서에 수록된 강의의 결정본을 사용해 계산해도 그것은 뒤브가 도출한 결과를 강화시킬 뿐이다(예를 들면 '아시겠지만'[보시겠지만]이 43번).—엮은이

〈그림 1〉 에두아르 마네, 〈폴리-베르제르의 바〉, 캔버스에 유화, 96×130cm, 1881~1882, 런던: 코톨드 미술관.

저로서는 이 유별난 마네 감상자인 푸코로부터 짓궂다는 지탄을 받고 싶지는 않습니다. 게다가 이 짓궂음은 완전히 상대적인 것입니다. 왜냐하면 푸코가 결국 이 점을 간과했다 할지라도 저는 이 점을 지적하고 싶은데, 〈폴리-베르제르의 바〉──푸코가 감상자의 자리에 대해 논하는 토대가 된 그림──에서 감상자에게 그가 있는 자리가 비가시적이라는 점을 폭로하는 역학 자체를 보는 데 있어, 또 이 역학이 작

------

11 Jacques Lacan, "Du regard comme objet petit a", *Les Quatre Concepts fonda-mentaux de la psychanalyse, Le séminaire, Livre XI*, Paris: Seuil, 1973, p. 95[『자크 라캉 세미나 11: 정신분석의 네 가지 근본 개념』, 맹정현·이수련 옮김, 새물결, 2008, 159쪽].

용하고 있는 것을 보는 데 있어 푸코는 대다수 미술사가들보다도 훨씬 더 가까이에 있었기 때문입니다.[12] 하지만 감상자가 자신이 위치하

------

12 〈폴리-베르제르의 바〉와 관련된 주요 연구는 다음과 같다. Raymond Mortimer, "Manet's *Un bar aux Folies-Bergère*", Edouard Manet, *"Un bar aux Folies-Bergère" in the National Gallery, London*, "The Gallery Books", n° 3, Percy Lund Humphries & Co., Londres, 1944; H. Jantzen, "Edouard Manet's *Un bar aux Folies-Bergère*", *Beiträäge für Georg Swarzenski zum 11. Januar 1951*, Berlin, Mann/Chicago: Henry Regnery, 1951; Günter Busch, *Edouard Manet: "Un bar aux Folies-Bergère"*, Stuttgart: Reclams Universal Bibliothek, n° 4, 1956; Nils Walter Ramstedt Jr., "Edouard Manet's *Un bar aux Folies-Bergère*", thèse MA, Santa Barbara: University of California, 1971; Novolence Ross, *Manet's "Bar aux Folies-Bergère" and the Myths of Popular Illustration*, Ann Arbor(Mich.): UMI Research Press, 1982; Timothy J. Clark, *The Painting of Modern Life: Paris in the Art of Manet and his Followers*(1984), nouv. éd., Princeton(NJ): Princeton University Press, 1999, Chap. 4, "A Bar at the Folies-Bergère", pp. 205~258; Sharon Ruswinkle Kokot, "Behind the the *Bar at the Folies-Bergère*", these MA, Ohaio State University, 1989; Mary Mathews Gedo, "Final Reflections: *A Bar at the Folies-Bergère* as Mant's Adieu to Art and Life"(avec une reconstruction de la perspective du tableau par William Conger), *Looking at Art from the Inside Out: The Psychoiconographic Approach to Modern Art*, Cambridge, New York: Cambridge University Press, 1994. 마지막으로 오늘날 관점에서의 해석을 통괄할 수 있는 책으로는 Bradford R. Collins éd, *12 Views of Manet's "Bar"*, Princeton(NJ): Princetpn University Press, 1996. 이 책에 기고한 열두 명의 미술사가는 알파벳 순으로 다음과 같다. Carol Armstrong, Albert Boime, David Carrier, Kermit S. Champa, Bradford R. Collins, Michael P. Driskel, Jack Flam, Tag Gronberg, James D. Herbert, John House, Steven Z. Levine, Griselda Pollock. 또한 이 책에는 브래드퍼드 R. 콜린스가 쓴 「서문」과 리처드 시프(Richard Shiff)가 쓴 「권두 해설」이 담겨 있다. 콜린스가 편집한 이 책이 출간되고 몇 개월 후에 마이클 프리드의 기념비적인 저작 『마네의 모더니즘』이 출간되었다. Michael Fried, *Manet's Modernism or The Face of Painting in the 1860s*, Chicago: The University of Chicago Press, 1996(trad. fr., *Le Modernisme de Manet*, Paris: Gallimard, 2000). 이 책은 (위에서 언급한) 티머시 J. 클라크의 책과 Robert L. Herbert, *Impressionism, Art, Leisure and Parisian Society*, New Haven: Yale University Press, 1998과의 논쟁(Auseinandersetzung)에서 문제가 되는 한에서만 〈폴리-베르제르의 바〉를 언급하고 있다. 『마네의 모더니

는 자리에서 숙고réflexion를 통해 자신의 자리에 대해 생각해 보는 것이 아니라면, 그 짓궂음은 명백해지지 않습니다. 방금 전의 말장난은 의도적인 것입니다. 왜냐하면 여종업원과 그 앞에 있는 카운터는 빼고, 그림 전체는 그 배경에 있는 거울에 비친 모습réflexion이기 때문입니다. 이 그림에서의 반영의 역학과 관련해 푸코는 도대체 어떤 말을 하는 것일까요?

거울에 재현된 것과 거울에 비쳤어야 하는 것 사이에 왜곡이 존재합니다.……가장 중대한 왜곡은 여인이 거울에 비친 모습에 있습니다.……여인이 거울에 비친 모습이 오른쪽으로 이동하기 위해서는 감상자나 화가도 오른쪽으로 이동해야 합니다.……따라서 화가는 연달아 혹은 동시적으로 양립 불가능한 두 자리를 점유하고 있고…….[13]

즘』이전에 행해진 프리드의 그 어떤 연구도 부분적으로든 전적으로든 〈폴리-베르제르의 바〉를 언급하고 있지 않다. 하지만 *Courbet's Realism*, Chicago: University of Chicago Press, 1990(trad. Fr., *Le Réalisme de Courbet*, Paris: Gallimard, 1993)의 한 각주에서 〈폴리-베르제르의 바〉를 논하고 있는데 그 내용은 다음과 같다. "마네의 야심 찬 마지막 작품 〈폴리-베르제르의 바〉(1882)에서는 여종업원 바로 앞에 서 있는 손님의 모습이 바의 거울에 비침으로 인해, 더 정확히 말하자면 화면 구성과 광학 법칙의 환원 불가능한 갈등으로 인해 시선의 선점이 명백해졌다"(pp. 368~369, n 28). 〈폴리-베르제르의 바〉의 원근법의 '이상함'이라고 모두가 명명하는 바를 설명하기 위해 내가 참조할 수 있었던 그 어떤 저자도 내가 이하에서 설명하고자 하는 해결 방법을 고려하지 않았다는 점을 강조하고자 한다.

13 Foucault, "La Peinture de Manet", p. 30(supra, p. 45)[본서 67~68쪽].

여기서 한 가지 말씀드리고 싶은데, 이 마지막 점은 감상자에게도 마찬가지입니다.[14] 이어서 푸코는 이렇게 말합니다.

사태를 정리할 수 있는 해결책은 아마 단 하나, 즉 화가와 감상자가 중앙의 여인과 절대적으로 정면에 위치하고, 그러고 나서 오른쪽에 그려진 거울에 비친 여인의 모습을 보는 한 가지 경우뿐일 겁니다. 그러기 위해서는 거울이……비스듬히 배치되어……야 합니다.……하지만 이 그림의 하단에 펼쳐져 있는 대리석 면과 거울의 황금색 테두리가 평행하기 때문에 거울이 비스듬히 세워져 있다는 것을 받아들일 수는 없습니다. 결국 화가에게 두 자리를 허용할 수밖에 없습니다.[15]

그런데 푸코는 여기서 진실을 살짝 건드리고 있고, 또 진실을 세심하게 상정하고 있기까지 한데, 결국 실수를 범하고 있습니다(〈시녀들〉의 구성과 관련해 실수를 범했던 것처럼 말입니다. 그렇지만 그것이 그의 철학적 독해의 타당성에 상처를 입히는 것은 아닙니다). 그의 실수는 비스듬한[사선적인] 거울이라는 가설을 배격했다는 점, 소위 그의 가정과 교차 배열적 관계에 있는 가설을 배격했다는 점에 있습니다. 즉 화가에게는 하나의 자리밖에 없지만, 거울은 그림의 면과 평행적

------

14 티에리 드 뒤브의 이러한 주장은 강연의 최종 버전에 정확히 상응한다(supra, p. 45[본서 68쪽]). ─ 엮은이

15 Foucault, "La Peinture de Manet", p. 30(supra, p. 45)[본서 68쪽].

이기도 하고 사선적이기도 하다는 가설 말입니다. 보다 정확히 말하자면 이런 것이죠. 우리가 보는 것처럼 중앙에 있는 여종업원에 의해 부과된 정면의 시점과 거울의 황금색 테두리 때문에 거울이 그림의 면과 평행하다고 상정할 수밖에 없는데, 그럼에도 불구하고 거울 속 여종업원과 손님의 모습은 비스듬히 위치한 거울에 비친 것이 아닐까요? 마네가 포토샵을 사용하는 그래픽 디자이너처럼 작업하는 모습을 상상해 보세요. 평행하게 놓인 거울 안에 비스듬한 거울에 비친 모습을 붙여 넣고 동시에 감상자가 거울이 회전할 수도 있다는 걸 알게 해주는 지표를 빼앗았다고 상상해 보세요. 이제부터 그 점에 대해 설명해 보고자 합니다.

이러한 문제를 논할 때 참고하게 되는 이론은 필연적으로 하나의 소실점으로 향하는 단안적monoculaire 원근법 이론입니다. 이러한 용어를 사용하여 그림의 기하학을 독해하려 하면 불가피하게 알베르티의 『회화론』까지 거슬러 올라가는 회화 이론을 향하게 됩니다. 물론 저는 마네가 '합리적 구성'costruzione legittima의 원리를 자신의 그림에 엄격하게 적용하려 했다고는 전혀 생각하지 않습니다. 반대로 그의 작품 전체를 보면 마네가 전통적 원근법에서 얼마나 자유로웠는지를 알 수 있고, 또한 그의 작업 방식에 대해 우리가 아는 모든 정보에 입각해 본다면 우선 수평선과 소실점을 그림에 표시하고, 이어서 그림의 여백에 초점 거리들을 정하고, 그 지면에 묘사된 사물의 축소감을 측정하기 위한 격자를 그려 넣는 방식으로 마네가 그림을 그린다고는 상상도 할 수 없습니다. 이 모든 것은 완전히 직관에 반하는 것입니다.[16] 그런 것이 아니라, 제가 확신하고 있는 대로라면, 마네는 스승 토마 쿠튀르의 아틀리에에 있었기 때문에 그 이론을 모르지는 않았고, 또 〈폴리-베르제르의 바〉가 완성되어 가는 단계에서 호기심 있는 어떤 감상자가 전체의 원근법을 재구성하는 데, 또 이를 통해 수수께끼를 해결할 수 있는 절차를 연역하는 데, 또 가장 의미심장한 비정상적인 것들(비정상적인 모든 것이 의미심장한 것은 아니니까)을 설명하는 데 충분한 이러저러한 단서를 그림에 심어 넣기로 결심했습니다. 그러므로 그림이 엄격한 알베르티적 원근법의 원칙에 따라 구성된 것이라고 생각해 봅시다. 도대체 소실점은 어디에 있는 것일까요? 분명하게 표시된 유일한 소실선은 거울에 비친 대리석 카운터의 테두리입니다. 소실점을 결정하기 위해서는 교차하는 두 개의 소실선(혹은 수평선과 교차하는 하나의 소실선)이 있어야 하는데, 마네는 그 중 하나만을 그려 넣었고 게다가 수평선도 없습니다. 소실점을 제공해 주는 것은 원근법 이론이 아니라 직관인 것입니다. 우리는 여종업원의 정면에 위치하고 있고 그녀는 그림의 정중앙에 자리 잡고 있습니다. 마네는 그녀의 상의 중앙 세로선을 강조하고 있습니다. 콧대, 쉬종Suzon(이것이 이 젊은 여인의 이름입니다)의 목에 걸린 메달 모양의 장식물, 그리고 블라우스의 꽃장식, 진주색 버튼의 배열, 상의의 깊이 패인 부분을 이등분하는 다림질된 스커트의 주름 등과 같은 것들

------

16 Alan Bowness, "A Note on 'Manet's Compositional Difficulties'", *Burlington Magazine*, juin 1961; Seymour Howard, "Early Manet and Artful Error: Foundations of Anti-Illusion in Modern Painting", *Art Journal*, automne 1977을 참조하라.

을 고안한 것은 더없이 명백합니다. 직관적으로 말해서 그림의 소실점은 거울에 비친 바bar의 모서리에서 뻗어 나가는 선과 그림의 **시각적** 중심선이 교차하는 곳에 있을 수밖에 없습니다. 다시 말해 쉬종의 입에 해당하는 자리 말입니다.[17] 즉 화가의 시점은——알베르티의 이론에 따르면 그것은 감상자의 시점과 같은데——여종업원의 눈과 같은 높이에 있는 것이 아니라 약간 낮은 곳에 있습니다(이 점은 푸코도 지적하고 있습니다). 화가의 눈에서부터 회화 면까지의 거리는 엄밀하게 측정할 수 없지만 어림짐작할 수는 있습니다. 만약 런던의 코톨드 미술관에 이 그림이 그 정도로 높은 곳에 전시되어 있지 않다면, 유감스럽게도 실제로 그런데, 이 그림은 '실물 크기'이기 때문에 그 거리를 신체적으로 느낄 수도 있었을 것입니다. 모든 것은 감상자를 정해진 한 장소에 위치하게끔 조직되어 있지만, 그 위치는——이 점을 강조할 필요가 있습니다——거울에 비친 모습에 입각해 추측 가능한, 여종업원 앞에 있는 오페라 모자를 쓴 남자의 위치가 아닙니다. 그는 마네 혹은 우리보다 이 젊은 여인과 훨씬 더 가까이에 있습니다. 풍속화가 스토프Stop[본명은 루이 모렐-레츠Louis Morel-Retz]가 쉬종과 우리 사이에 그녀의 대화 상대자를 그려 넣으며 마네의 실수를 '수정'하는

------

17 이 그림의 엑스선 촬영(〈그림 7〉 참조)에 의해 밝혀진 바에 따르면 이 그림에서 마네는 소실선을 두 번 그려 넣으려고 시도한다. 최초의 소실선(A)은 바의 가장자리를 나타내고 카운터의 왼쪽 끝의 아페리티프 병과 그에 인접한 바스[영국 맥주의 이름] 병 사이에서 출발해 나아간다. 그것을 연장해 가면 여종업원의 두 눈 사이에서 그림의 중심선과 교차한다. 최종적인 소실선(B)은 최초의 소실선과 평행하지만 약간 오른쪽으로 이동되어 바스 병과 첫번째 샴페인 병 사이에서 출발해 쉬종의 입 부분에서 중심선과 교차하고 있다.

UNE MARCHANDE DE CONSOLATION AUX FOLIES-BELGELES. — (Son dos
se reflète dans une glace ; mais sans doute par suite d'une dis-
traction du peintre, un monsieur avec lequel elle cause et dont
on voit l'image dans la glace n'existe pas dans le tableau. —
Nous croyons devoir réparer cette omission. Salon 1882).

Caricature de Stop (Journal amusant).

〈그림 2〉 스토프, 『르 주르날 아뮈장』에 게재된 풍자화, 1882.

것이 좋겠다고 생각했을 때 그는 이 점을 잘 알고 있었습니다(〈그림 2〉
참조). 그런데 이렇게 화가와 그 정면에 확고하게 서 있는 쉬종이 있
는 장소에 감상자의 자리가 결정되었기 때문에, 이번에는 거울에 비
친 모습의 '비일관성'을 설명해야 합니다. 제 논증은 전적으로 광학 법
칙들에만 기초할 것입니다. 원근법의 규칙들도 그것들이 미학적이거
나 이데올로기적인 고찰과는 무관하게 오직 광학 법칙에 기초하고 있
는 한에서만 원용될 것입니다. 그러므로 여기서 논의하게 될 유일한
소여는 완성된 그림입니다. 즉 이 그림은 두 개의 시간, 재현의 두 은

밀한 계기를 응축시키고 있고 그것들 사이에서 이동이 있었던 것입니다. 화가가 이동했든지(푸코의 가설) 아니면 거울이 회전했든지(저의 가설) 말입니다. 이런 가정이 없다면 거울에 비친 모습의 이상함을 설명할 수 없을 것입니다. 그래서 저는 두 시간의 흐름에 따라 논증할 것입니다. 그것은 논지를 명료하게 하기 위해 필요한 것이지 이미지의 어떤 서술성이나, 만들어지려 하는 그림 제작 과정 등을 흉내 내려고 하는 것이 아닙니다. 제작 과정이 중요하지 않다고 말하려는 것이 아닙니다. 제 논증은 화가가 거듭해서 행한 수정을 재구성하는 것과 양립할 것이 분명합니다. 그 점에 대해서도 나중에 재론하겠습니다만 모든 일에는 순서가 있는 법이니까요.

  자, 여기 마네가 있고, 대리석 판과 큰 거울을 사용해 아틀리에에서 재구성된 그림의 장면을 마주보고 있습니다. 쉬종이 마네의 시선의 축상에서 포즈를 취하고 있습니다. 이 그림은 알베르티의 이론에 따라서 화가의 눈으로부터 펼쳐지는 피라미드 모양의 시야를 분할하는 유리와 같은 것이라고 생각해야 하는데, 이것이 위치시키는 회화의 면은 그 기선基線을 카운터 표면 중앙보다 약간 위에 두는 거리에 있고, 그 모습은 이 평면도에서 보시는 대로입니다(〈그림 3〉). 쉬종의 모습은 그녀 바로 뒤의 거울에 비치고 있고, 그녀가 방해하고 있는 탓에 그 거울상은 화가에게 실제로는 보이지 않습니다. 당분간은 완성된 그림에서 볼 수 있는 쉬종의 거울상은 다루지 않겠습니다. 그것이 이 평면 구성의 첫 단계에 속하는 것이 아니기 때문입니다. 그렇지만 오페라 모자를 쓴 남성도 마찬가지일까요? 그림에서 보이는 그의 거

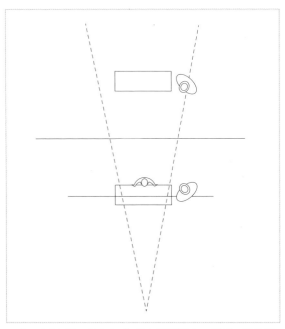

〈그림 3〉 다이어그램 1. 〈폴리-베르제르의 바〉 전경의 평면도. 평행하는 거울의 경우.

울상은 오른쪽의 테두리에서 잘려 있고, 그렇기 때문에 그는 현실의 공간에서는 피라미드 모양의 시야로부터 벗어나 있게 됩니다. 이렇게 그의 '현실의' 모습이 부재한다는 것이 설명됩니다. 그는 쉬종보다 약간 앞쪽의 왼쪽, 바 측면의 가장자리 가까이에 서 있고, 마네가 그 자리에서 묘사한 크로키를 바탕으로 제작한 첫 버전에 나타나 있는 작은 인물과 같은 인물인데(〈그림 4〉), 그보다도 카운터에 가깝고, 더 오른쪽에 위치하고 있습니다. 이 장소가 실제 폴리-베르제르의 손님들이 완벽하게 접근 가능한 장소였다는 사실은 장-루이 포랭Jean-Louis Forain의 과슈gouache 그림이 보여 주고 있는데 그는 명백하게 마네 정

〈그림 4〉 에두아르 마네, 〈폴리-베르제르의 바〉를 위한 소묘, 캔버스에 유화, 1882, 런던: 개인 소장. 그 이전에는 암스테르담 시립 미술관 소장(F. R. 쾨닝스가 대여).

〈그림 5〉 장-루이 포랭, 〈폴리-베르제르의 바〉, 과슈, 1878, 뉴욕: 브루클린 미술관.

도의 상상력을 구사하지 않는 르포르타주적 화가이기 때문에 그 경관의 사실주의와 관련해서는 신뢰할 수 있습니다(〈그림5〉).[18]

그림을 재구성하는 첫번째 단계는 여기서 끝납니다. 오페라 모자를 쓴 남자는 여종업원의 정면에 있지 않습니다. 그러므로 두번째 단계에서 그가 정면을 향하도록 해야 합니다. 그 중심이 거울의 면에 있으면서 그림의 중심선과 일치하는 원호를 따라 그를 이동시켜 봅시다. 그가 쉬종 앞으로 오게 말입니다. 그가 우리에게는 보이지 않는 bar 전면의 선에 닿아 있다고 합시다. 그리고 그와 동시에 같은 중심선을 지나는 축을 따라 거울을 회전시키고, 그 오른쪽 끝이 우리 쪽에 오도록, 게다가 동일한 중심의 시점에서 보아(마네는 이동하지 않으니까) 이 남성의 새로운 거울상이 아까의 거울상과 겹치는 각도가 되도록 해봅시다(〈그림 6〉). 남은 것은 쉬종의 거울상을 사선이 된 거울에 비친 그 자리에 '그리는' 것뿐입니다. 오페라 모자를 쓴 남자의 유일하고 동일한 거울상이 그 사이에 회전한 거울 속에서 '현실'의 연속

------

18 포랭의 과슈 그림과의 대조는 Ruth E. Iskin, "Selling, Seduction and Soliciting the Eye: Manet's *Bar at the Folies-Bergère*", *Art Bulletin*, mars 1995, p.30을 참조하라. 이것이 의미심장한 이유는 〈폴리-베르제르의 바〉를 논하는 많은 사람이 마네가 자의적이라고 비난하는 것이 잘못되었음을 명백히 해주기 때문이다. 예를 들면 줄리엣 윌슨-배로는 한 논문에서(Juliet Wilson-Bareau, "The Hidden Face of Manet: An Investigation of the Artist's Working Processes", *The Burlington Magazine*, Avril 1986, p.82) 그림 전경에 있는 정물에 대해 다음과 같이 말한다. "마네의 아틀리에에 있던 것을 조합한 정물화이고, 실제 바의 카운터에 있어야 하는 것과는 무관한다." 그녀는 다음과 같이 첨언한다. "귤을 담고 있는 용기를 묘사한 것조차도 마네의 자의적인 상상의 결과이다." 하지만 포랭은 과슈 그림에서 카운터 위에 몇 개의 병과 과일을 올려놓은 쟁반을 그려 놓았고, 그것은 마네가 묘사한 것과 완전히 유사하다.

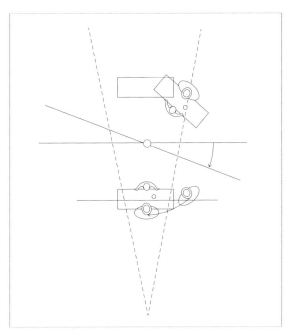

<그림 6> 다이어그램 2: 〈폴리-베르제르의 바〉 전경의 평면도. 비스듬한 거울의 경우.

된 두 장소 모두를 대신한다는 사실이 하나의 방정식을 만들고, 오페라 모자를 쓴 남자의 거울상은 평행한 거울과도 양립하는 반면에 쉬종의 거울상은 비스듬한 거울과만 양립 가능하다는 보다 더 결정적인 사실이 이 방정식을 봉쇄하고 있습니다. '비스듬한 거울'이라는 가설을 가시적인──그러나 두 가지 의미에서의 숙고에 의해서만 눈에 보이는──논증으로 변환시키는 것은 바로 이 방정식인 것입니다.

마지막으로 사소한 점 하나를 지적할 수 있는데, 그것은 소위 증명의 증명이 되게 하는 것으로, 〈폴리-베르제르의 바〉의 구상이 결코

'이론적'으로 기획된 것이 아니라, 제작 과정에서 마네의 머릿속에서 생겨났다 할지라도, 그것이 구성된 대로 구상되었음을 증명해 주는 것입니다. 그것은 쉬종 앞에 있는 카운터 위 작은 꽃병입니다. 오른쪽 끝 테두리 가장자리, 거울에 비친 쉬종의 레이스 장식 소매 바로 위에, 거울에 비친 장미가 서둘러 대충 그려져 있고, 그 녹색 줄기가 우리 쪽을 향한 것이 보입니다. 그것이 왜 거기에 그려져 있는지를 설명할 방법은 하나밖에 없습니다. 즉 거울이 기울어져, 즉 쉬종과 그녀의 대화 상대자의 거울상을 지금 있는 장소로 가져올 수 있는 바로 그 동일한 각도만큼 거울이 회전되어 있는 것입니다. 이렇게 해서 모든 것이 들어맞습니다. 〈폴리-베르제르의 바〉에서의 원근법의 '이상함'을 설명하기 위해서는 그 외의 방법이 없는데, 그것을 증명할 열쇠는 모두 이 그림 자체에 포함되어 있는 것입니다. 사람은 이동하고 있지만 사물은 움직이고 있지 않습니다. 화가들은 광학 법칙들에서 자유로울 수 있지만, 그림에 그려진 사물들이 그 법칙들을 지키고 있다면, 그것은 화가도 또한 그 법칙들을 지켰기 때문인 것입니다. 이렇게 해서 제가 어떻게 이 그림이 구성되었는지를 의문의 여지 없이 증명했기를 바랍니다. '어떻게'로부터 '왜'까지는 해석의 폭이 있겠지만, 모든 '왜'에 대한 독해는 '어떻게'에 대한 증명과 양립해야 한다고 생각해야 할 것입니다.

　　오늘은 '왜'까지 억지로 나아가지 않겠습니다. 그렇지만 그보다도 그림의 구성과 관련된 '어떻게'가 그 제작에서의 '어떻게'와 양립하고 있다는 것 또한 보여 줄 수 있도록 시도해 보아야 합니다. 저는 마네가 우선 그림을 구상했고, 다음으로 구성했으며, 마지막으로 그것을 제작했다고는 전혀 생각하지 않습니다. 마네는 직관적인 화가였지 '개념적'인 화가는 아니었고, 경험론자였지 이론가는 아니었으며, 자신의 작품이 비판적으로 받아들여지는 방식을 신경 쓰긴 했지만 교의들을 받아들이지는 않았습니다. 그림의 구성이 그 제작 과정을 통해 서서히 무르익어 갔다는 것은 거의 틀림없습니다. 물론 그러한 차원에 대해서는 생각을 짜내는 수밖에 없습니다. 그렇긴 하지만 다행히도 화가의 수정과 관련된 매우 시사적인 엑스선 조사 결과가 있습니다. 코톨드 미술관 보존·보수 부문 소속 로버트 브루스-가디너가 실시한 조사의 결과는 후에 줄리엣 윌슨-배로, 존 하우스 등에 의해 논의되었습니다.[19] 요점만 살펴보자면 코톨드의 〈폴리-베르제르의 바〉는 첫 단계에서 하나의 상이점——즉 모델의 변경——을 제외하면 그 첫 버전에 매우 가까운 것이었음이 밝혀진 것입니다. 첫 버전에는 쉬종이 아닌 여종업원——그 이름은 전해지지 않습니다——이 그려져 있는데, 그녀의 얼굴은 왼쪽을 향해 있으며 허리 높이에서 팔짱을 끼고 있습니다. [화가나 감상자의] 시점은 완성본보다는 더 아래쪽에 있고, 또 명백히 보다 오른쪽, 그림의 바깥쪽에 있으며, 그곳은 유일하게 확정 가능한 소실선, 즉 바의 오른쪽 가장자리로 표시되어 있는 곳

------

19 Wilson-Bareau, "The Hidden Face of Manet", *The Burlington Magazine*, Avril 1986, pp. 77~83; notices techniques pp. 85~86. 또한 Robert Bruce-Gardiner, Gerry Hedley et Caroline Villers, "Impressions of Change", *Impressionist and Post-Impressionist Masterpieces: The Courtauld Collection*, Londres & New Haven, 1987, pp. 30~32; John House, "In Front of Manet's *Bar*: Subverting the 'Natural'", Collins ed., *12 Views of Manet's Bar*, pp. 233~249를 참조하라.

입니다. 그 시점에서 보면 여종업원의 거울상은 '올바른 장소'에 있고, 또한 그녀와 마주보고 있는 지팡이를 쥔 작은 남성, 전쟁 화가 앙리 뒤프레Henri Dupray의 거울상도 그렇습니다. 이 모든 것은 엑스선 촬영으로 검증된 바입니다. 뒤프레의 소매 부분, 그 두 눈과 모자, 지팡이의 손잡이, 그것을 쥔 손 등 그것들은 모두 첫 버전과 대응하고 있습니다. 여종업원의 거울상은 완성판 그림에서 둥근 빛이 그려져 있는 장소, 즉 첫 버전과 마찬가지로 '실제' 여종업원 근처에서 볼 수 있습니다(〈그림 7〉과 〈그림 1〉).

이 단계에서 그림 전체는 첫 버전을 대략적으로 베껴 그린 것에 불과하지만, 마네는 쉬종의 얼굴을 다시 그리고 있기 때문에, 그녀는 손님과 시선을 교환하는 대신 감상자 쪽을 향하게 되었습니다. 이때 마네는 화가의 시점은 중앙에 있을 수밖에 없다는 것을 틀림없이 이해했을 것입니다. 쉬종은 정면에서 보여지고 있는데도, 거울에 비친 그녀의 모습은 사선에 입각한 시선을 전제하고 있습니다. 이렇게 되자 뭔가가 이상해집니다. 정면에 입각한 시점을 포기하고, 최초의 안에서 거의 완성되어 있던 쉬종의 표정을 포기할까? 마네는 결심하지 못합니다. 거울에 비친 모습을 지우고 올바른 장소, 즉 쉬종의 등 뒤에 숨겨져 거의 보이지 않는 장소에 다시 그릴까? 그건 너무 아쉽습니다. 그렇게 되면 감상자는 그림 중앙의 거울을 보고 있다는 것을 이해할 수 없을지도 모릅니다. 어떻게 이 딜레마를 풀 것인가? 실용주의적 인간이었던 마네는 자기 아틀리에에 거울을 들여놓게 했습니다.[20] 쉬종의 거울상을, 첫 버전에 보이는 원래 있던 위치로 가져오기 위해서는(〈그림 7〉의 위치 1), 거울의 오른쪽이 자신에게 가까워지도록, 여종업

〈그림 7〉 〈폴리-베르제르의 바〉의 엑스선 사진, 런던: 코톨드 미술관 제공(필자가 강조선 추가).

원의 등 뒤에 있는 축을 중심으로 거울을 회전시키면 됩니다. 그리고
그녀의 거울상이 그녀 자신으로부터 떨어져 하나의 덩어리로서 구별

------

20 조르주 자니오의 증언에 따르면(Georges Jeanniot, "En souvenir de Manet", *La
Grande Revue*, nº 46, 10 août 1907) 마네가 아틀리에에 식당의 카운터를 가져오게
해서 최종적으로는 그 대리석 상판만을 사용했다는 것, 그리고 그 대리석 상판 위에
견본용 병들을 배치했다는 것을 알 수 있다. 에릭 다라공이 환기시키고 있듯이(Eric
Darragon, *Manet*, Paris: Citadelles, 1991, p. 346) "폴리-베르제르의 거대한 거울을 상
기시키기 위해 마네가 실제로 거울을 사용했는지 아닌지 확실히 하는 증언은 없다".
하지만 나의 논증은 반드시 아틀리에에 거울이 있는 것을 필요로 하지는 않는다. 마네
가 나처럼 생각 속에 떠오른 장면을 평면 위에 재구성했다고 상상하는 것도 가능하다.
그러나 이것은 마네의 실용주의에 잘 부합하지 않는다. 게다가 그림에 보이는 세부 사
항을 살펴보고 또 엑스선 촬영을 통해 드러난 그 단계적 과정과 대조해 보면 그것들은
실제로 거울이 사용되었다는 것을 말해 준다.

되도록, 그리고 더 이상 그림의 균형을 깨지 않는 방식으로(〈그림 7〉의 위치 2) 조금 더 오른쪽으로 이동시키기 위해서는 거울을 더 회전시키면 됩니다. 이렇게 해서 마네는 거울을 이용하여, 엑스선 촬영에서 볼 수 있는 두 개의 위치 중에서 첫번째 위치에[21] 쉬종의 거울상을 신속하게 그려 넣었습니다. 이렇게 되자 첫 버전에서 그대로 옮겨진 앙리 뒤프레의 거울상은 이제 더 이상 어울리지 않게 됩니다. 여종업원의 거울상에 의해 반쯤 가려져 있고, 키가 너무 작고 왜소합니다. 마네는 그것을 다시 그리기로 하고 두번째 모델 변경을 하게 됩니다. 화가인 가스통 라 투슈Gaston La Touche가 뒤프레를 대신하게 됩니다. 이렇게 해서 마네는 모델들과 함께 거울의 여러 각도를 실제로 실험해 볼 수 있게 되었습니다(〈그림 7〉의 위치 2와 3). 쉬종은 움직이지 않고, 마네는 라 투슈에게 마치 스토프의 풍속화처럼 쉬종의 정면에 서도록 요청합니다. 소묘에서 뒤프레가 여종업원과 이야기하고 있는 것처럼 보이는 이유는 그녀가 그를 향해 있었기 때문입니다. 그러나 라 투슈는 아틀리에에서 쉬종과 얼굴을 마주보고 있고, 마네는 비스듬해진 거울 속에서 그 두 사람을 보고 있습니다. 그는 뒤프레의 윤곽 위에 라 투슈

------

21 이 엑스선 촬영 결과는 해독하기 어렵다. 그렇지만 쉬종의 거울상의 애초의 위치(〈그림 7〉의 위치 1, 첫 버전과 같은 위치)와 최종 위치(위치 4)의 거의 중간 지점에서 여종업원의 옷깃으로 보이는 수평적인 아라베스크 모양이 어깨 높이에서 식별되고, 그 위에 그의 머리를 나타내는 둥그런 형상이 소묘되어 있으며, 해부학적으로도 부정확하고 균형이 맞지 않는 인물상이 식별된다. 로버트 브루스-가디너가 보여 주었듯이, 더 주의해서 이 실루엣의 선들 전체를 한꺼번에 다루지 취하지 않는 방식으로 검토해 보면 거울상의 최초 위치와 최종 위치 사이에 하나의 단계가 아니라 두 단계(위치 2와 3)가 있었음이 명백해진다. 이러한 시행 착오를 통한 위치 변화는 위에서 상상된 시나리오에 아주 잘 부응한다.

의 윤곽을 그리려고 하지만, 소묘를 했을 때 보였던 것과는 전혀 다른 광경을 보고 있다는 것을 깨닫습니다. 우선 라 투슈의 등이 쉬종의 모습을 가려 버렸고, 또 비스듬해진 거울 때문에 라 투슈의 모습은 정면만 보이고, 쉬종의 모습은 등만 보이는 것입니다. 여기서 마네는 어떤 기발한 생각을 떠올립니다. 마네는 라 투슈에게 뒤프레가 있었던 장소에 서도록 요청하고, 거울을 원래대로 되돌립니다(〈그림 3〉). 거울에 비친 그 모습은 라 투슈가 방금 전 쉬종의 정면에 있었던 때, 기울어진 거울에 비치고 있었던 것과 완전히 같지 뭡니까? 마네는 결단을 내리고 미학적으로 가장 만족스러운 모습을 라 투슈에게 부여하는 것만을 생각하게 됩니다. 거울의 각도를 바꿀 때마다 쉬종의 거울상 위치가 바뀌고, 쉬종과 그녀와 마주보는 라 투슈 사이의 거리가 바뀌며, 거울이 그림과 평행이 되었을 때, 바의 오른쪽 끝에 있는 라 투슈의 자리도 달라지게 됩니다. 우리가 상상할 수 있는 것은, 바람직한 위치 관계를 얻을 때까지 실제로 그러한 여러 가지 파라미터를 움직여 보고, 아틀리에 안의 모델과 사물의 움직임을 구성해 가는 마네의 모습입니다. 그가 이 모든 습작을 다 그려 본 것은 아닐 것입니다. 엑스선 촬영 결과는 모두 네 번에 걸쳐 여종업원의 거울상의 위치가 연속해서 바뀌었다는 것을 보여 주고 있으며, 그 마지막 것이 가장 좋았던 것입니다.

마네는 그 특유의 유별난 직관으로, 만약 동일한 한 인물이 점한 두 위치——하나는 여종업원으로부터 떨어져 옆에서 접근하고 있는 위치, 또 하나는 서로 말을 주고받으며 마주보고 있는 위치——가 단 하나의 거울상으로 나타날 수 있다면, 후세에 그 수수께끼를 풀도록 할 수 있는 '해독되어야 할' 그림을 만드는 데 성공한 것이 된다고 생각한 것입니다. 그는 병에 걸려 위중한 상태였으며, 또 그 무렵 친구인 앙토냉 프루스트Antonin Proust에 의해 레지옹 도뇌르 훈장을 수여받았지만, 그렇다고 해서 동시대인에게 자신의 회화가 보다 이해하기 쉬운 것이 되지는 않으리라는 점을 알고 있었습니다. 정면에서 그려진 그의 작품에서 그림 속 인물들이 그림 앞에 있는 감상자에게 말을 거는 것이 수반하는 근본적인 혁신이 그림을 출품했던 살롱을 방문한 관람자에게 이해받지 못한 채 자신이 죽으리라는 것을 마네는 알고 있었습니다. 요컨대 마네는 자신의 진정한 관람객은 후세 사람들임을 알고 있었고, 하나의 거울상에 두 가지 구성의 순간을 가둬 놓는 것이 주는 기회를 이용하여, 자신이 후세 사람들에게 남길 것을 의식하고 있음을 표현하려 한 것입니다. 여종업원에게 사선 방향에서 말을 걸고 있는 남자와 정면에서 말을 걸고 있는 남자는 동일 인물이지만, 동일한 시간 속의 동일 인물은 아닌 것입니다. 거울에 비친 그의 모습만이 그 둘이 같다는 것을 보여 주고 있습니다. 거울의 이동을 감춤으로써 마네는 연속된 두 장소에서 오페라 모자를 쓴 남자를 그 자신으로부터 떼어 내어, 돌이킬 수 없는 시간의 간극을 무효화한 것입니다. 그 시간적 간극이 1882년 살롱의 감상자와 마네 사후의 감상자 사이를 가르고 있습니다. 전자는 그 비가시성 자체에 의해 '재현되고' 있습니다. 즉 그림 앞의 장소에 있지 않다는 것이 그 거울상에 의해서 반대 추론적으로 묘사되어——푸코라면 지시된다고 말하겠지만——있는 것입니다. 그리고 후자는 마네의 자리에 있습니다. 그것은 후세의 감상자이며 마네는 그들이 문자 그대로 자신의 자리에 섬으로써 자신을 이해해 주기를 바라고 있습니다.

　이 후세의 감상자 중에 미셸 푸코가 있었습니다. 다른 많은 사람과 마찬가지로 그는 마네가 서도록 요청하는 자리에 매료되었습니다. 그가 〈폴리-베르제르의 바〉의 분석을 마무리할 때 "이렇게 그림을 그리기 위해 화가가 어디에 위치했는지, 우리가 현재 이 상태의 광경을 보기 위해 어디에 위치해야 하는지를 우리는 알 수 없습니다"라고 말한 것이 저는 실수였다고 생각하며, 아마도 그것은 그가 화가의 '짓궂음'이라고 부른 것에 속고 있었던 탓일 것입니다. 실제로 쉬종 앞에 있는 오페라 모자를 쓴 남자의 절대적[맹목적]으로 가시적인 비가시성─다르게 말할 방법이 없는데─의 배후에 주의 깊게 숨겨져 있는 단서들의 체계(제가 염두에 두고 있는 것은 특히 그 작은 꽃병입니다)를 짓궂음이라고 부를 수도 있을 것입니다. 그러나 저는 그것이 짓궂음과는 별개의 것이라 생각합니다. 인정받고 싶다는 미칠 듯한 갈망과, 이해하고 싶어 하는 대중들의 요청이 그를 낮은 곳으로 인도한다면, 인정을 받기 위해서라고는 해도 그 요청을 따를 순 없다는 기분이 한 예술가의 내면에서 아주 특이하게 뒤섞여 있습니다. 그것은 마네의 생애를 통해 변하지 않았습니다. 반면에 〈폴리-베르제르의 바〉에서 단서들의 체계는 그의 작품에서는 특이한 예, 즉 교육적 색채와 종이 한 장 정도밖에 차이가 나지 않는 유일한 예이고, 바로 그렇기 때문에 한층 더 '짓궂게' 감춰져 있는 것입니다. 그러나 〈폴리-베르제르의 바〉는 결국 하나의 유언이었던 것입니다.

푸코의 모더니즘

카트린 페레

미셸 푸코가 에두아르 마네의 회화를 다룬 강연에 대해 이야기하고 싶은데요. 우선은 푸코가 본 것, 그리고 자신의 분석을 통해 보여 주려 한 것을 확인하고자 합니다. 왜냐하면 제 **최종** 목표는, 실제로 그가 본 것은 그가 말한 것, 혹은 말하고 있다고 생각한 것과 달랐다는 점을 밝히는 것이기 때문입니다.

그러고 나서 저는 그 간극을 통해 출현하는 것을 생각해 보고자 합니다. 그것은 특별히 모더니즘적인 언표이며, 지극히 간단하지만 문제 제기적인 명제를 지금부터 기술해 보고자 합니다. 요컨대 그림은 보기 위한 오브제라는 명제 말입니다.

실제로 이 강연이 흥미로워 보이는 이유는 그것이 그 명제를 통해 하나의 장, 푸코와 마네뿐 아니라 그린버그, 바타유, 칸딘스키, 뉴먼, 스텔라, 라이먼 등의 예술가나 이론가가 서로 만나는 장을 분명하게 보여 주고 있기 때문입니다. 이러한 만남은 어떤 수준에 위치하고 있는 것일까요? 어떤 이유에서 그럴까요? 푸코 고고학의 가정 하나를 빌려 다시 말하자면, 그 언표에 의해 결정되는 주체의 위치는 어디일 까요? 그리고 마네에 대한 보들레르적 비평이 근대인이 아닌 우리 귀에 다시 들리도록 하기 위해서는 그의 언표를 다시 정식화하는 것으로 충분한 것일까요?

이 강연은 푸코 생전에 출간되지 않았고, 『말과 글』Dits et écrits에 서도 제외되었으며, 시각 예술을 다룬 다른 두 중요 텍스트, 즉 〈시녀들〉에 대한 독해나 마그리트에 대한 책과 동일한 위상을 갖고 있지 않습니다. 하지만 그럼에도 불구하고 이 세 분석이 묘사해 내는 것들은 그 자체로 충분히 일관적이어서 1966년부터 1973년에 걸쳐, 즉 『말과 사물』에서 이 튀니지 강연을 거쳐 『이것은 파이프가 아니다』에 이르기까지 하나의 동일한 논의가 서서히 전개되어 나간다고 생각할 수 있습니다.

그러므로 저는 이들 텍스트를 미술에 대한 푸코의 이후 텍스트, 특히 제라르 프로망제Gérard Fromanger에 관한 1975년 텍스트나 두에인 마이클스Duane Michals에 대한 1982년 텍스트 등과는 신중히 구별 하고자 합니다. 거기서 문제가 되는 것은 보들레르적 입장의 일종의 재평가이며, 그것을 다른 담론 영역에 기입하는 것이기 때문입니다. 그 점에 대해서는 결론에서 재검토하려 합니다.

1

실제로 1966년부터 1973년에 걸쳐 서서히 이루어지고 있던 것은, 푸코가 재현이라고 부른 것의 해체이며, 그가 『말과 사물』에서 쓴 것처럼, 그리고 우리를 고전주의로부터 멀어지게 한 인식론적 혁명과는 무관하게, 우리가 아마도 여전히 재현의 시대에 속해 있기 때문에 그 해체 작업은 정당화됩니다. 그 재현은 "17세기 초부터——아마도 오늘 날까지——변화해 왔고",[1] 그 결과 우리가 여전히 말과 사물 사이, 말할 수 있는 것과 볼 수 있는 것 사이에 일종의 재현 가능한 것이라는 형태로 구축된 그 '공통적인 장소'lieu commun에 갇혀 있기 때문에 정당화되는 것입니다.

그 해체의 첫 단계인 〈시녀들〉 분석은 푸코에게 '질서 자체/동일한 것의 질서'로 출현하는 것의 기초가 되는, 그러나 이 이중화 때문에 명확한 '하나의' 질서를 구성할 수는 없는 그러한 이중의 논리를 묘사해 내는 데 목적이 있었습니다.

그러한 이중의 논리는 두 개의 경쟁적 작용 요소, 즉 거울과 그림의 협동에 의해 그림 속에 분명하게 나타납니다. 그 두 요소는 재현의 추상적인 차원을 소위 회전시키고 부유浮遊하게 만들지만, 그것들이 서로 관계 없다는 것을 엄밀한 조건으로 해서만 그러하고 거울에 비친 것은 그림 속에 그려져 있지 않고 또 그 역도 그렇다는 것을 조건으로 해서만 그렇습니다.

재현 혹은 재현 형식의 범례인 그림은 르네상스 시대 에피스테메의 마지막 잔재인 거울이 공범이 됨으로써만 그러한 분할된 구조

------

1 Michel Foucault, *Les Mots et les choses: Une Archéologie des sciences humaines*, Paris: Gallimard, 1966, p. 72[『말과 사물』, 이규현 옮김, 민음사, 2012, 102쪽].

속에 나타날 수 있습니다. 그러나 그것은 동시에 거울을 구석진 곳에 처박아 놓아야 합니다. 필수적이지만 망각된 조건인 거울, 즉 유사ressemblance는 포괄되고 포함되며 환원되지만(벨라스케스의 그림에서 유사는 불명료한 반영, 하나의 작위로서의 이미지일 뿐인데), 완전히 제거되지는 않는 것입니다.

마네에 대한 강연은 그러한 퇴마 작업을 반복하고 있습니다. 거기서는 재현 가능한 것이 어떻게 유사에 기반해, 혹은 유사에 저항해 출현하는지를 논하는 것이 더 이상 문제가 아니며, 가시적인 것이 어떻게 재현 가능한 것에 기반해, 혹은 그것에 저항해 출현하는지를 논하는 것이 문제입니다. 재현 가능한 것이 유사를 제거할 수 없는 것과 마찬가지로, 가시적인 것이 재현을 제거할 수는 없습니다. 그러나 〈시녀들〉의 거울에 나타나 있는 이미지가 이제는 재현의 평면이 출현하는 조건에 지나지 않는 것처럼, 마네의 회화에서 재현의 질서는 이제 있는 그대로의 그림, 즉 오브제로서의 그림에서 가시성의 조건에 불과합니다.

이렇게 재현을 단순한 수단의 역할로 환원해 버림으로써 그림과 거울 사이의 서열이 역전됩니다. 거울은 그림을, 재현의 기호로서 옴짝달싹 못하게 만듭니다. 그리고 푸코가 〈폴리-베르제르의 바〉와 관련해 보여 준 것처럼, 재현을 조작하여 그것이 가시적인 것에 접근할 수 있게 만드는 것이 거울인 것입니다.

그렇다면 〈폴리-베르제르의 바〉에서 거울이 이용하고 있는 유사를 이전에 재현을 가능하게 했던 유사로부터 어떻게 떼어 낼 수 있을까요? 거울은 자신을 재현에 연결시켰던 도착적인 규칙을 고발할 수 있을까요? 그리고 푸코가 상사similitude라고 부르는, 시뮬라크르simulacre로서의 유사ressemblance를 어떻게 생각해야 좋을까요? 아니면 사물과 동일시될 수 없는 이미지라는 것을 어떻게 생각해야 할까요? 이러한 물음을 제기하는 것이 마그리트에 관한 푸코의 저작입니다. 마네에 대한 분석이 재현으로부터 해방된 '보는 것'을 논했다면, 마그리트에 대한 분석은 유사를 바탕으로 하고 또 그것에 반해서 제거되는 상사, 혹은 유사가 재현의 지지대가 되는 한에서, 거기로부터 떼어 내어진 상사라는 것을 개념화하고 있습니다. 그러니까 마그리트는 유비적인analogique 상상의 산물imaginaire에 대립하는 논리적인logique 상상의 산물을 만들어 낸 것입니다.

질 들뢰즈를 인용하면서 푸코는 '순수한' 상사라는 개념을 하나의 시뮬라크르로 제시하는데, 그 개념을 통해 그는 재현될 수 없는 '가시적인 것', 말할 수 있는 것과 볼 수 있는 것 간에 공통의 장소가 없음을 드러내는 '가시적인 것'(레몽 루셀Raymond Roussel의 작품은 그 부재로부터 작품의 부정적 조건을 이끌어 내고 있습니다)의 구조를 완성하고 있습니다. 이러한 세 분석의 핵심에는 하나의 동일한 원리가 존재하고, 그것은 〈시녀들〉의 독해에서 이미 나타나고 있었습니다. "……보는 것을 말해 봐야 소용이 없다. 보이는 것은 결코 말해진 것 안에 놓이지 않는다. 그리고 지금 말하고 있는 것을 이미지·은유·비유를 통해 보여 주려 해봐야 아무 소용이 없다. 이것들이 확연히 모습을 드러내는 장소는 눈이 전개시키는 공간이 아니라 통사의 나열들이 규정하는 공간이다."[2] 그리고 이 세 논의에서 문제였던 것은 재현에 반하여, 그리고 또한 (라캉적인 의미에서의) 상상적인 것imaginaire에 저항하여 획득되는 순수한 '가시적인 것'의 존재를 명백히 하는 것이었습니다.

2

그렇다면 마네에 대한 발표에서 이 순수하게 가시적인 것은 어떻게 획득되는 것일까요? 이야기되는 경험과 발화되는 담론 사이의 어떤 특이한 간극에 의해서일까요? 그것이 두번째 점입니다.

　마네의 작품을 논하면서 푸코가 더듬어 가는 도정은 얼핏 단순해 보이며, 그 결과가 예상되는 만큼 더욱 그렇습니다. 즉 마네는 현대성의 아버지의 이름이라는 것입니다. 마네는 테두리가 둘리고, 그림 도구로 뒤덮이고, 빛을 받아 감상자 앞에 놓인 사각형의 캔버스인 그림의 있는 그대로의 물질적 현실을, 재현의 이러저러한 성질을 이용하여 점차적으로 보여 주는 기술을 알고 있었다는 사실을 드러내는 것이 관건입니다.

　그러나 그러한 표면상의 단순함은 더 복잡해집니다. 분석의 첫번째 층위 다음에는 더 중요한 두번째 층위가 있고, 그것은 비가시성에 대한 물음, 보다 정확히 말하자면 재현이 '보여 주는 것'에 종속됨으로써 야기되는 맹목화에 대한 물음으로 채워져 있습니다. 제가 밝히고

2　Foucault, *Les Mots et les choses*, p. 25[『말과 사물』, 34~35쪽].

싶은 것은 이 쟁점의 숨겨진 중심입니다.

그림이 현실의 대상으로 나타나는 것을 보는 일이 많아지면 그림 안에서 어떤 것을 보는 일은 적어집니다. 그와 더불어 재현의 조작 속에서 재현이 소거되는 일이 많아지면 재현의 유령도 점차 거대해집니다. 그 결과 말의 적극적인 의미에서의 무無를 보게 됩니다. 푸코가 누차 강조하고 있듯이, 우리는 아무것도 보고 있지 않습니다[무를 보고 있습니다]. 그리고 그러한 무, 즉 따라다니는 그림자처럼 재현의 투명성의 장소를 점하고 있는 불투명성은 말하자면 무가 아닙니다. 최종적으로, 적어도 재현의 장치와 마찬가지로 극복해야 하는 것은 바로 그 불투명성인 것입니다. 왜냐하면 무를 보고 있는 한에서 우리는 역시 어떤 것을 재현하고 있기 때문입니다. 그렇다면 어떻게 재현 작용의 유산인 맹목성을 해소해야 할까요? 푸코 자신의 말을 빌리면 어떻게 해서 비가시적인 것을 '분출'éclater시켜야 할까요? 그리고 결국 어떻게 보아야 할까요? 이것이 재현의 해체의 또 다른 측면입니다.

슬라이드에서 슬라이드로 나아가는 푸코의 논의 전개는 재현에서의, 재현에 의한 물질적 그림의 출현을 체계적으로 청중에게 보여 준다는 의미에서 명쾌합니다. 그 전개는 대략적으로 다섯 단계로 구별됩니다.

우선 표면의 가시성이 있는데, 이것은 틀의 가시성이며, 입체감의 차단과 함께 사각형의 평면이 갖는 기하학적 구조가 강조되고, 캔버스 자체가 나타납니다. 처음 여섯 점의 그림은 이러한 방향성에 따라 체계적으로 제시되고 있습니다. 다음으로 넘어가기 전에 세 개의 결정적인 요소를 확인해 두겠습니다. 막혀 있는 배경, 수직·수평선의 강조, 그리고 붓터치상에서의 골조의 출현이 그것입니다.

그리고 앞면과 뒷면이라는 장치에 따라 명확해지는 오브제로서의 그림의 가시성이 있고, 그것은 〈비어홀의 여종업원〉이나 〈철로〉에서 시선들의 교차를 통해 나타나고 있습니다. 시선들이 서로를 보지 않고 교차하고 있는 지점은 마치 회전문이나 경첩처럼 기능하면서 틀의 물질적 두께와 대상성을 보여 줍니다. 그리고 그 운동을 좇는 시선은 거기서 재현의 무대 뒤로 파고들어 가게 됩니다. 거기서 자신 앞에 오브제로서의 그림이 우뚝 서 있는 것을 목격하게 되는 것입니다. 거기서 재현의 힘은 확실히 후퇴하는데, 동시에 재현은 보이지 않는 것이라는 형태를 취한 채 지속됩니다.

……이 그림에서는 무엇이 중요하며 이 그림은 무엇을 재현하고 있는 걸까요? 어떤 의미에서 이 그림은 아무것도 보여 주지 않기에 아무것도 재현하지 않습니다.……그들은 무엇을 보고 있을까요? 우리는 결코 알 수 없습니다.……
마네가……광경을 잘라내 버려 우리는 아무것도 볼 수 없으며, 그림은 비가시적인 것을 향하는 시선이 됩니다. 그래서 사실상 캔버스는 비가시적인 것만을 말하고 비가시적인 것만을 보여 주며 상반되는 방향의 두 시선을 통해 필연적으로 비가시적인 무엇인가를 지시합니다.……이 표면은……반대로……캔버스의 면 위에 있는

두 인물이 바라보는 것이 비가시적임을 단언하는 공간입니다.[3]

그림이 가시적인 것이 되는 데는 비가시성의 고조가 동반됩니다. 이러한 비가시성은 오브제로서의 그림은 보여지기 위해 있다는 의미에서의 가시적인 것의 반대가 아닙니다. 그런 것이 아니라 그 비가시성은 재현할 수 없는 것, 감상자가 재현할 수 없는 것입니다.

다음에 오는 것은 현실의 태양빛에 의해, 그리고 그 현실의 태양빛 속에 위치하는 감상자 자신에 의해 비추어지는 실제적인 오브제로서의 그림이 갖는 가시성의 문제입니다. 내부 조명을 소거하는 것(〈피리 부는 소년〉), 내부 조명과 외부 조명을 대립시키는 것(〈풀밭 위의 점심 식사〉), 빛을 비추는 자리, 그리고 엿보는 자리에 감상자를 두는 것(〈올랭피아〉). 그림을 비추고 있는 현실의 햇빛이 증대함에 따라 내부 조명이 감소합니다. 그렇게 해서 〈올랭피아〉나 다른 작품에서 볼 수 있는 것과 같은 검은 배경이 나타나는 것입니다. 그리고 오브제로서의 그림이 햇빛 속에서 떠오름에 따라 재현되는 배경은 어두워져 가고, 그것이 〈올랭피아〉나 〈발코니〉에서 완전히 빛을 잃는다는 점을 보여 주고 있는 것이 바로 푸코 해석의 탁월함입니다.

마네의 회화에서 지배적인 그러한 검은 배경은 재현된 햇빛이 지워지고, 그와 더불어 재현이 지워지고 그 대가로서 비가시성의 감춰

------

3 Foucault, "La Peinture de Manet", Paris: Société Française d'esthétique, 2001, pp. 15~17(supra, pp. 32~34)[본서 41~45쪽].

진 부분이 출현한다는 것을 가시적인 형태로 명시하고 있습니다. 〈시녀들〉에서 유사가 거울의 형태로 배회했던 것과 완전히 마찬가지로, 여기서는 재현 작용이 비가시적인 것의 형태로 배회하고 있는 것입니다. 마네의 그림에서 검은 배경은 구조적으로 거울과 동일하며, 푸코는 〈발코니〉에서 〈폴리-베르제르의 바〉로 옮겨 가는 중에 그 동일성을 분명히 보여 주고 있습니다.

마지막으로 재현이 진정으로 제거되는 것, 요컨대 비가시적인 것이 제거되는 것은 〈발코니〉, 즉 푸코의 말에 따르면 "비가시성 그 자체의 분출"이 생겨나는 이 그림에서입니다. 거기서는 현실의 오브제로서의 그림이 현실의 빛 속에 드러날 뿐만 아니라 현실의 공간 자체, 세 인물의 시선이 흩어져 버리는 듯한, 중심을 갖지 않는 공간이 출현합니다. 이 그림은 재현의 규칙들을 전도시키고 있는데(이를테면 인물들은 창 너머로 감상자를 보고 있고, 그림의 수평·수직의 틀은 채색되어 있는 반면에 인물들은 흑백으로 묘사되어 있습니다), 그뿐만이 아니라 특히—그리고 이 점에서 우리는 푸코 분석의 결정적인 계기와 만나게 됩니다—비가시적인 것을 새로이 해석하고 있습니다. 〈올랭피아〉에 들러붙어 있는 검은 배경은 역광 상태를 보여 주는 것에 불과합니다. 그 검은 배경은 재현 불가능하다는 의미에서 비가시적인 것이 아니라 그저 단순히 역광인 것이며 단순히 어두운 것입니다. 비가시적인 것은 해체됩니다.

그리고 정상적이라면 안쪽으로 통해야 하는 움푹 들어간 공간, 이 큰 빈 공간은 우리에게 전혀 보이지 않습니다. 왜 그런 걸까요? 빛이 그림 밖에 있다는 간단한 이유 때문입니다.

……역광 효과에 의해 방 안에 무엇이 있는지를 볼 수 없기 때문에 모든 어두운 부분은 뒤쪽에 있습니다.[4]

비가시적인 것은 이제 재현 불가능한 것을 의미하는 것이 아니라, 가시적이지 않은 것, 감추어진 것을 의미합니다. 이때 그림은 각각의 사람이 자신을 위해 바라보고 또 우리 감상자가 위치를 바꾸며 볼 수 있는 분산된 현실적인 공간을 전개할 수 있는 것입니다. 그것은 현실의 공간 내에 있는 현실의 대상입니다.

그러나 푸코가 설명해야 할 점에 대한 설명을 끝내고 분석을 끝낼 수 있었던 바로 그때, 우리는 뜻하지 않게 기묘한 '상상력의 고양 상태'를 목격하게 됩니다. 재현 불가능한 것으로서의 비가시적인 것에 의해 재현이 마침내 파괴된 그때, 보이는 것voir이 보는 것regarder을 제압하고, 마침내 우리에게 "(묘사된 인물들이) 보고 있는 것이 보이고", 그 결과 영상이 우리의 눈을 통해 재현에 대한 지배력을 행사하는 그때, 푸코의 논의에 나타나는 것은 마침내 보이게 된 그림의 순수하고 단순한 영상이 아니라, 여러 이미지들과 회화에 관련된 기억들인 것입니다.

인물들을 피아노의 세 건반에 비유하는 메타포를 거쳐 푸코는 순

------

4 Foucault, "La Peinture de Manet", pp. 27~28(supra, p. 42)[본서 60쪽].

서대로 〈영락한 기사에게 자신의 외투를 선사하는 성 프란체스코〉를 인용하고, 나사로의 부활이라는 또 하나의 중요한 도상학적 주제를 떠올리게 하며, 마그리트가 〈발코니〉를 제재로 삼아 인물을 관으로 변형한 그림을 상기시키고 있습니다. 이러한 일련의 연상이 최종적인 해석에 이르기까지 작용하고 있는 것입니다.

바로 이 생과 사의 경계, 빛과 어둠의 경계가 여기서 이 세 등장인물을 통해 구현되고 있습니다. 이 세 등장인물은 무엇인가를 강렬하게 바라보고 있는데 우리는 그것이 무엇인지 볼 수 없습니다.[5]

그러므로 비가시성은 이 마지막 단락이 우리에게는 보이지 않는 '그것'을 소거해 버릴 때까지 지속됩니다.

비가시성은 세 사람이 상이한 방향에서 바라보고 있다는 사실을 통해 표현됩니다. 세 사람은 강렬한 광경에 사로잡혀 있는데 우리는 그것이 무엇인지 알 수 없습니다. 왜냐하면 하나는 캔버스 앞쪽에 있고 다른 하나는 캔버스 오른쪽에 있으며 세번째 것은 캔버스 왼쪽에 있기 때문이지요. 아무튼 우리는 아무것도 볼 수 없으며 단지 시선들만을 볼 수 있습니다.……비가시성의 그 자체의 분출인 그림의 상충되는 요소들…….[6]

------

5 *Ibid.*, p. 28(supra, p. 43)[본서 62쪽].

더 이상 재현 불가능한 것은 없습니다. 우리는 시각의 공간에 있기 때문입니다. 이 경우 실제로 우리에게는 아무것도 보이고 있지 않습니다. 그 그림만이 보이고 있는 것입니다.

제가 '상상력의 고양 상태'라고 부르는 것은, 제가 앞서 푸코가 보고 있는 것과 그가 보고 있다고 말하는 것 간에 있다고 말씀드린 그 간극의 형태를 취하면서 최후의 분석에서도 반복됩니다. 〈폴리-베르제르의 바〉 분석은 거울의 문제를 매듭지으면서 출발점으로 되돌아옵니다.

푸코가 여기서 말하고 있는 것은, 그림이 거울이라는 투명한 경첩을 중심으로 회전해 오브제의 두께 속에서 모습을 보이지만(교차하는 시선이 형성하는 앞면과 뒷면의 경우도 이미 그러했고), 그러나 또한 투명성 속에서, 그림 자체를 포함하는 공간 속에서 모습을 보이기도 한다는 점입니다. 재현은 이제 광학 원리의 한 도구에 불과하며, 그런 의미에서 재현은 완전히 시각에 종속되어 있습니다. 더 나아가 시각은 재현을 불가능하게 만듭니다. 감상자는 오브제로서의 그림이 이렇게 투명성 속에서 모습을 드러내는 것을 볼 수는 있지만 재현할 수는 없습니다. 재현에 있어서의 주체, 그 자리가 원근법에 의해서 정해져 있고, 그 경우 한가운데 있는 동시에 왼쪽에 있고 위에 있는가 하면 아래에도 있으며 부재하기도 하면서 현전하고 있고 그 자체이기도 하고 다른 것이기도 한 그러한 재현의 주체의 자리에 누군가 서게 된다면,

------

6 Foucault, "La Peinture de Manet", p. 28(supra, p. 43)[본서 62~64쪽].

가시적인 오브제로서의 그림은 문자 그대로 불가능해지고 마는 것입니다.

보는 것과 재현하는 것의 양립 불가능성으로 논의는 종결됩니다. 그 양립 불가능성은 거울의 반격에 의해 이중화되어 있습니다. 왜냐하면 거울은 검은 배경, 즉 아직 재현 속에 남아 있는 것의 자리를 점하기 때문입니다. 그림에 대한 거울의 이 승리가 〈시녀들〉의 구조를 전도하기에 이릅니다. 재현의 질서는 이렇게 패배하고, 가시적인 것의 승리가 확정되는 듯 보입니다. 그래서 마네가 친구인 앙토냉 프루스트에게 말한 다음과 같은 예언이 떠오르기도 할 것입니다. "친구여, 한 세기 뒤에 사는 사람들은 행복할 걸세. 그들의 시각 기관은 우리 것보다 진보해 있을 테지. 그들은 더 잘 볼 수 있을 거야."[7]

그러나 푸코의 결론은 결국 같아지기는 하지만 마네의 것과 완전히 같지는 않습니다. 감상자는 더 잘 볼 수 있게 되는 것이 아니라, 움직이게 되는 것이고 이윽고 현실이 되고 현실의 공간이 되는 오브제로서의 그림 주위를 이동하게 되는 것입니다. 재현으로부터 해방되고, 또 D. H. 로렌스에 대한 들뢰즈의 말을 빌리면, 별들이 아로새겨진 하늘에 구멍을 파서 시각은 직접 운동성에 접속된 기관, 순수하게 신체적인 기관이 됩니다. 재현하지 않고, 즉 떠올리지 않고, 보고 있는 것을 자신에게 말하지 않으면서 보는 자의 가동성이 증대되는 것입니

------

7 Michael Fried, *Le Modernisme de Manet*, trad. fr. par Claire Brunet, Paris: Gallimard, 2000, p.39에서 재인용.

다. 이것이 푸코의 논의에서 유일하게 '논리적'인 결론입니다.

그러나 여기서 다시 처음으로 돌아가 감상자가 '자신의' 자리, 즉 장치에 의해 정해진 자리를 찾지 않는 그런 시각의 존재 방식에 대해 생각해 봅시다. 푸코의 논의를 읽는 사람은 감상자 혹은 보는 자가 이미지 내부에 침투하기 위해 거울의 회전 운동을 좇아서, 소위 거울이라는 투명한 회전문 내부로 미끄러져 들어가는 것을 보게 됩니다. 이 시각이 그림을 마주하는 전통적 시각과 다른 것은 그것이 시선의 어떤 시간화temporalisation를 전제한다는 데 있습니다. 감상자는 더 이상 응시의 영원한 현재 속에 있는 형상을 통해 그림을 파악하는 것이 아니라, 일견 움직이지 않는 이미지에 내재하는 역학에 따라서 심리적으로 이동하는 것입니다.

이러한 상상의 이동을 통해서 감상자는 하나의 장면으로, 보다 정확히 말하자면 그 속에서 두 개의 연속된 순간을 보게 되는 하나의 줄거리로 인도됩니다. 즉 감상자 앞에는 자신의 생각에 마음을 빼앗겨 자기만의 세계에 들어가 있는 젊은 여성이 있으며, 거울 속에는 손님 혹은 기둥서방의 욕망을 받아들일 수밖에 없게 된 여자가 있습니다. 이것이 이 그림의 기법이 보여 주는 두 순간입니다. 정면에서 보이는 인물의 도도함과 순결함, 그리고 자신의 거울상 속으로 소외되어 있는 동일한 인물의 순종적인 등과 손님의 욕망에 동의하고 있는 듯한 둔부가 그것입니다.

이렇듯 이후의 해석이나 그것의 상상적 내용이 어떤 것이든 간에 시간 속에서 설정된 이런 시각은 우리가 거울 표면의 회전에 의해 전개되는 대상의 두께를 푸코에게 배워서 보기 위해 필요한 것입니다.

이렇게 해서 푸코가 보고 있는 것, 그리고 푸코가 보여 주고 있는 것은 바로 상상적인 이동입니다. 푸코의 말에 따르면 그것은 현실의 이동인 것입니다.

이 테크닉과 더불어 마네는 캔버스의 속성을 작동시키고, 재현이 감상자를 고정해 두는 한 지점 혹은 그림을 감상하기 위해 감상자가 위치해야 하는 한 지점, 그러므로 유일한 지점을 고정하려 하는 일종의 규범적 공간이었던 캔버스를, 더 이상 그렇지 않은 것으로 만들어 버립니다. 그림은 그 앞에서 또 그것과 관련해 감상자가 이동해야 하는 공간으로 나타납니다.……그림 앞에서 움직이는 감상자, 정면에서……비치는 빛…….[8]

재현의 질서에 속하지 않기 위해, 그림에 의해 상정되는 시각은 그림에도 불구하고 역시 캔버스의 물질적 속성이나 물리적 특성, 푸코가 마지막 부분에서 "오브제로서의 회화"라 부르고, "순수하고 단순한 속성들, 물질적 속성들"[9]을 가진 공간 내에 위치시키고 있는 것으로는 환원 불가능한 어떤 하나의 차원을 도입하고 있습니다.

------

8 Foucault, "La Peinture de Manet", p. 31(supra, p. 47)[본서 70~71쪽].
9 Ibid., p. 31(supra, p. 47)[본서 71쪽].

여기에 이미지의 무의식적 배제가 있는 것을 알아차리셨을 것입니다. 이미지가 재현에 은밀히 봉사하는 존재로 의심되고 있기 때문입니다. 이 문제를 재검토하는 것이 마그리트에 대한 책이며, 여기서는 이미지를 봉쇄해 버리는 듯한 재현의 점착 작용adhérence으로부터 해방된 하나의 상사가 구상되고 있습니다. 1971년 이후, 즉 푸코가 정치 활동에 참여하게 된 이후의 여러 텍스트는 특히 이 문제로 되돌아가게 됩니다. 그러나 여기서 제 흥미를 끄는 것은 이러한 무의식적 배제 자체보다도 오히려 경험과 담론의 분리이며, 텍스트의 마지막에서 단두대의 날처럼 떨어지는 **커트**입니다. 이 커트가 제가 모더니즘적 언표라 부르는 것, 즉 그림은 보여지기 위한 오브제라는 언표를 담론의 표면에 출현시키고 있는 것입니다.

3

19세기 이래 회화에 대한 담론에서 그러한 주장이 어떻게 반복되어 왔는지를 재확인할 필요는 없을 것입니다. 마네 그리고 마이클 프리드가 수없이 인용하고 있는 마네 논평가들 이래로, 인상주의자들(당시 '눈의 유파'라고 정의되었던), 칸딘스키, 그린버그(그림을 '순수하게 시각적'인 것으로 정의한), 로절린드 크라우스Rosalind Krauss(광학성을 옹호하고 예증한), 그리고 역시 마네와 관련해 '보여지는 것의 적나라함'을 말한 바타유, 또한 미니멀리스트들("당신이 보고 있는 것은 당신이 보고 있는 것이다"What you see is what you see)에 이르기까지, 일종의 만장일치의 의견이 도출되는데, 그림은 '순수하게' 보기 위한 것이라는 의미에서 보기 위한 물질적 오브제라는 주장이 그것입니다.

　이러한 주장은 일찍이 푸코가 말한 것처럼, 그 주장을 반복 가능한 것으로 만들기 위한, '언표'가 존재하기 위한 최소한의 조건이기도 한 쓰여진 것으로서의 물질성만을 갖추고 있는 것만은 아닙니다. 이러한 주장은 '현대성'이라고 불리는 특정 영역을 구성하는데, 이 영역에서 그 주장은 명시성의 차는 있다 해도 언제나 실효성을 갖는 전거가 됩니다. 요컨대 현대 회화와 현대 예술에 대한 모든 담론은 그 시각적 자율성을 암묵적으로 주장하지 않는다면 그 자율성에 이의를 제기당해도 어쩔 수 없다는 것입니다. 그리하여 이 주장은 『지식의 고고학』에서 "사유화appropriation와 이해관계에 관한 주제"라고 불리는 것을 구성하게 되며, 이 부분은 여러 운동이나 경향, 유파 등이 표면상으로 대립 관계를 맺는 것을 넘어선 곳에서, 이들의 소속, 경쟁 관계, 정의를 접합합니다.

　이 주장은 또한 네번째 기준에 따라 언표로서 결정 가능한 것이기도 합니다. 즉 그 주장은 어떤 단독적인 주체의 단독적인 위치를 표현하는 것이기는커녕, 바로 그 주장의 대변자가 점유하는 주체의 위치를 사전에 결정하는 주장이라는 것입니다. 푸코는 언표를 정의하면서 언표는 "모든 개인이 그 주체가 될 수 있기 위해서 점할 수 있거나 점해야 하는 위치를 결정한다"고 말하고 있습니다. 마네에 대한 논고에서도 푸코는 가장 고전적인 의미에서의 형식주의적 입장에 호응하면서 그 자신도 위의 주장을 고수하고 있지만, 그것은 [그 담론의] 작자로서라기보다도 모더니즘이라는 '언표의 영역'에 속하는 자로서인 것입니다. 그리고 그 점이 1971년 이래로 푸코에게서 근본적으로 반-형식주의적인 언표가 여럿 나타나는(그 점에 대해서는 이 글 마지막에서 다루고자 합니다) 것을 설명해 줍니다. 즉 그것은 그의 사유의 진화라기보다는 그러한 담론의 영역 자체가 파열했다는 것을 보여 주는 것은 아닐까요? 그러나 그렇다 하더라도 그러한 모더니즘적 언표에 의해 규정된 주체의 위치는 도대체 어떤 것일까요? 그것을 명확히 하기 위해 저는 당분간 미셸 푸코와 클레멘트 그린버그라는 두 범례적 담론에만 주목하고자 합니다.

마네의 회화와 관련한 그린버그와 푸코의 입장 차이에 대해서는 여기서 다시 검토하지 않겠습니다. 그린버그가 회화를 그 표면 자체로 환원하려 한 반면에 푸코는 회화를 오브제로서의 두께 내에서 사유하고, 햇빛을 받는 현실의 공간 내에서, 즉 우리가 속한 공간 내에서 회화를 끌어냅니다(미니멀리스트 쪽에 더 가까운 입장). 보다 근본적으로는 그린버그의 전통주의(미학적 질의 기준을 강조하는 태도)와 푸코의 재현 비판이 그들 사유를 근본적으로 나누고 있다는 것은 명백합니다.

그렇지만 마네의 현대성을 구성하는 것과 그 현대성 자체의 가치와 관련된 이러한 의견 차이는 클레멘트 그린버그와 미셸 푸코라는 두 저자에게만 관계되는 것입니다. 마네에 대한 푸코의 글에서 엿볼 수 있는 발화 주체의 위치와 「모더니즘 회화」[10]라는 그린버그의 유명한 텍스트에서 발화 주체의 위치라는 문제에 비하면 그 의견 차이는 이차적인 것입니다. 즉 양자에게 주체의 위치는 동일하며, 양자 모두 미학적 감정이라는 주관적 심급과 오성이라는 인식론적·객관적 심급 간의 간극에 주체를 위치시키고 있습니다.

　푸코의 논고에서 우리는 시선에 대한 상상적 경험과 그림의 대상 성에 대한 평가를 내리는 인식론적이고 비판적인 진단을 구별할 수 있었습니다. 마찬가지로 그린버그의 텍스트에도 한편으로 미학이라 는 '과학적 정합성'의 이름으로 수행되고 미학의 역사적 변천 과정을 객관화하는 것을 목표로 하는 비판적 확증과 다른 한편으로 작품의 '미학적 정합성' 혹은 그가 미학적 '감정'이라고 부르는 것에 대해 평 가를 내리는 작품의 질에 대한 판단 사이에 명백한 간극이 있는 것을 알 수 있습니다. 논문 「칸트 대 칸트」[11]에서 도미니크 샤토는 이 텍스 트와 관련해, 서로 통하지도 않지만 대결하고 있지도 않은 두 영역(비 판/미학) 사이에 연속성을 도입한 해결책을 명확하게 해명하고 있습 니다. 실제로 그린버그의 이론에는 모더니즘과 (이번에는 티에리 드 뒤 브와 더불어, 또 뒤브를 모방해서 말한다면) 형식주의라는 두 극이 있는 것입니다. "이러한 사고방식에는 어떤 구멍이 존재한다. 그것은 두 측 면을 분리하는 단절이고, 그 둘을 잇는 가교의 부재이며, 그들을 분리 된 채로 두려는 그린버그의 집요한 노력인 것이다."[12]

10　Clement Greenberg, "Modernist Painting", *The Collected Essays and Criticism*, Chicago-Londres: The University of Chicago Press, 1993(trad. fr. Dominique Chateau, D. Chateau dir., *À propos de "La critique"*, Paris: L'Harmattan, 1995).

11　Dominique Chateau, "Kant contre Kant: Note sur la critique selon Greenberg", *À propos de "La Critique"*.

이러한 모더니즘적 언표에 의해 결정되는 주체의 위치는 미학적 감정과 인식론적 비판 사이의 균열로 특징지어집니다. 칸트에게 비판과 감정은 반성적 고찰이라는 축에 기초하여 밀접하게 연접되어 있었지만, 모더니즘적 언표는 그것들을 분리하여 제시하고 있고, 동시에 마치 반성적 고찰의 축이 대상에 대한 경험을 분리하고 그것들이 서로 합체되는 것을 방해하려는 듯이 주체를 분리합니다. 그러한 분리가 물질성을 강조하거나 순수하고 단순하게 보여져야 할 대상의 대상성을 강조함으로써 표현되든, 경험의 히스테리화를 통해 표현되든 간에 그것은 결국 같은 것입니다. 그리고 이를테면 그린버그는 그 두 측면을 때때로 혼동하고 있습니다.

반성적 고찰에 의해 야기되어 감정과 비판의 이분화에 이르는 이 장애가 어떤 것인지 분석하려면 아마도 그린버그가 매우 강조하고 있는 판단의 수동성이라는 주제를 재검토해야 할 것입니다. 칸트에 따르면 그것은 형식을 통해 거의 파악되고, 주체가 자신의 여러 능력의 자유로운 작용을 느낄 수 있는 자기 수용이라는 색다른 능력에 의해 작동합니다. 그리고 쾌락이나 고통과 같은 감정의 조건인 이러한 순간적 자기 수용에서 주체는 근본적으로 수동적이라고 그린버그는 말하고 있습니다.

그린버그의 이 해석은 능동과 수동의 대립은 칸트에게는 오히려 기계적 조직에 속하는 어떤 것과 아마도 양립하지 않을 것이라는 의

------

12 Chateau, "Kant contre Kant", *À propos de "La Critique"*.

미에서 문제를 안고 있습니다. 어쨌든 여기서 이 해석은 어떤 징후를 보여 주는데, 왜냐하면 그린버그가 그것을 통해 기호嗜好의 필연적 성격을 설명하고 있는 수동성 개념이 푸코에게서도 동일하게 등장하는 것 같기 때문입니다. 우리가 그림을 비추는 빛과 동일한 빛을 받고 있다는 확신에서 말입니다.

이러한 주장이 〈시녀들〉의 분석에서 이미 나타났지만, 그것은 앞서 살펴본 것처럼 마네와 관련해서도 반복되며, 양자 모두에서 그 주장은 결정적인 것입니다. 어느 관점에서 보면 작품의 자율성을 묻는 것이고, 미니멀리스트의 주장처럼 생각되기도 하는 그러한 내재성의 주장은 우리 감상자가 그림과 동일한 '공간'bain 속에 잠겨 있고 그림과 동일한 '현실의 공간' 속에 부동하는 채로 있다는 것을 우리에게 보여 주고 있습니다. 그것은 마치 회화가 하나의 명제라는 사실, 그림을 구성하는 요소들이 사실적인 속성들이기보다는 오히려 그 그림이 사전에 우선적으로 구성하는 픽션에 들어갈 수 있기 위해 우리들 감상자가 행해야만 하는 조작이라는 사실이 더 본질적인 것이 아니라, 공통의 현실, 즉 우리와 그림 사이의 공통의 물리적·물질적 속성들이 본질적인 듯한 느낌을 줍니다. 저는 모더니즘적 언표에 의한 픽션의 배제가 주체의 암묵적 수동성을 특징짓고 있다고 생각하는데, 그 주체는 더 이상 어떤 픽션의 행동 주체나 우선적 행위 주체가 아니기 때문에, 미학적 주체와 비판적 주체로 분할되는 것입니다.

이러한 간극을 넘어선 곳에서 저는 모더니즘적 주체의 구성 요소로서 그 수동성을 강조하고자 하는데, 이 주체는 대상에 의해 포착될 것을 예측하고, 그린버그가 수용의 모델로 삼았던 응시에서의 망연자실에서 그러했던 것처럼, 실제로 자기 자신도 대상으로 변형시키는 주체입니다. 그리고 그 수동성을 넘어선 곳에서는 아마도 예술의 픽션적 차원을 동시적으로 배제하는 것이 있는 그대로의 속성과 동어반복 속에서 정점에 달한 모더니즘 예술의 주요한 특징 중 하나일 것입니다.

그렇다면 1971년 정치적 실천과 행동에 대한 고찰을 시작한 푸코가 그 모더니즘으로부터 신기하게도 해방된 것처럼 느끼고는 갑자기 이미지를, 특히 회화와 사진 사이에 위치하는 19세기에 발명된 시각 장치에 의해 만들어진 이미지를 찬미하게 된 것도 놀라운 일은 아닙니다. 이미지에 대한 찬사, 더 나아가서는 상상력에 대한 찬사인 보들레르적인 입장을 푸코가 취한 것도 놀라운 일은 아닙니다.

한편 회화 쪽에서도 이미지에서의 해방을 말하면서, 이미지 파괴를 시도하게 되었다. 그 음울한 담론으로부터 우리가 배운 것은, 유사 ressemblance의 론도rondo보다는 기호의 단절을, 시뮬라크르의 질주보다는 통사론적 질서를, 상상적인 것의 광기 어린 질주보다는 상징적인 것의 회색빛 체계를 선호하지 않으면 안 된다는 것이었다. 사람들은 우리에게 이미지, 스펙터클, 닮은 것, 그리고 가짜와 닮은 것은 이론적으로나 미학적으로나 옳지 않다고 생각하게끔 했다. 이 경박한 것들을 조금도 경멸하지 않는 것은 패륜이라고 생각하게 만들었던 것이다.

이렇게 해서 우리는 이미지를 제조하는 기술적 가능성을 박탈당하고, 이미지 없는 예술이라는 미학에 매여서 이미지를 폄하하는 이론적 요청에 굴복당하고, 이미지를 언어로서만 해석할 수밖에 없게 되었고, 그로 인해 우리는 다른 종류의——정치적 혹은 상업적인——이미지의 힘, 우리가 그것에 권력을 행사할 수 없는 이미지의 힘에 손발이 묶인 채로 지배당하게 되었다.[13]

행동과 이미지, 픽션 간의 이러한 등식으로 이 논의를 끝맺고자 합니다. 푸코라는 인물의 모더니즘으로부터 멀어지면서 말입니다.

------

13 Foucault, "La Peinture photogénique", catalogue Fromanger, Paris, 1975.

미학에서의 담론 형성

도미니크 샤토

심포지엄의 장에서 발표자가 전체의 취지와 관계 없는 발표를 할 경우 전 언제나 놀라고 쇼크를 받는데요. 제가 지금 여기서 하려는 것도 그런 것입니다. 왜냐하면 프랑스 미학 학회가 최근(2001년)에 출간한 푸코의 튀니스 강연은 이 심포지엄의 자극제이고 또 이 심포지엄이 대상으로 삼고 있는 것인데, 제 논의도 이 강연과 관련되어 있기는 하지만 거리가 있기 때문입니다. 저는 푸코의 튀니스 강연의 내용을 설명하거나 이런저런 식견을 바탕으로 평가하려는 것이 아니라 거기서 전개되는 담론의 위상에 대해 생각해 보고자 하며, 또한 논제를 말하자면 현재적인 것으로 만들기 위해 발표의 처음과 끝에서 텍스트를 어느 정도 인용하는 것 이외에는 텍스트에 대한 분석도 수행하지 않겠습니다. 요컨대 저는 오히려 이 텍스트의 담론적 위상을 이해해 보고자 할 것이며, 그것도 푸코의 담론 이론, 보다 정확하게는 그가 '담론 형성'formation discursive이라 부르는 이론을 이용하여 그렇게 할 것입니다.

강연 시작 부분에서 푸코는 우선 사과를 하고 있습니다. 우선은 피곤한 것에 사과하고 있으며(이것은 사소한 일입니다), 다음으로 자신이 마네나 회화의 전문가가 아니라며, "마네에 대해 전반적으로" 혹은 "마네의 회화에서 가장 중요하거나 가장 잘 알려진 측면들"에 관해 말하려는 것이 아니라, 몇몇 그림을 분석하겠다고, 혹은 오히려 "몇몇 중요한 점을 설명"하겠다고 하면서 사과를 하고 있습니다. 그가 하게 될 분석을 미리 예측해 본다면 이 강연은 어떤 **인식**connaissance과 관련된 텍스트가 아니라, **지식**savoir에 대한 텍스트라 말할 수 있을 것입니다.

저는 조형 예술에 대해 쓴 책에 『조형 예술: 어떤 관념에 대한 고고학』이라는 제목을 붙인 적이 있습니다.[1] 저는 '개념'concept 혹은 '이념'idée이라는 말을 생각하고 있었는데, 훌륭한 경험론자인 이브 미쇼Yves Michaud가 '관념'notion이라는 말을 제안해 준 것입니다. 개념이라는 말은 레테르가 붙여진 어떤 이념을 떠올리게 하고, 이념이라는 말은 레테르가 붙여진 후뿐만 아니라 그 이전에도 존재하고 있던 어떤 것을 상기시킵니다. 개념이라는 말은 어떤 특정 영역, 즉 과학적 담론 내에서 레테르가 붙여진 이념을 떠올리게 하는 데 반해, 관념이라는 말은 아마도 보다 느슨하고 보다 횡단적인, 이데올로기에도 속하고 구성된 지식에도(즉 일반적인 의미의 지식에도) 속할 수 있는 어떤

------

1 Dominique Chateau, *Arts plastiques: Archéologie d'une notion*, Nîmes: Jacqueline Chambon, coll. "Rayon Art", 1999.

것을 환기시킬 수 있을 것입니다.

결국 관념이라는 말을 택한 이 마지막 선택은 고고학을 논의하는 데 잘 어울립니다. 저는 그 책 「서론」에서——서툰 글을 인용하는 것을 너그러이 이해해 주세요——고고학이라는 단어를 "푸코의 추천을 받을 만한지 아닌지에 대한 비판은 독자에게 맡겨져 있다는 의미에서" 이용하겠다고 쓴 바 있습니다. 그리고 이렇게도 썼습니다. "말하자면 그것은 어떤 관념notion을 성립시키고 정착시키며 또 동시에 그것을 변화시키는 데도 공헌하는 계기적인 의미론적 지층들의 퇴적을 백일하에 드러낼 것을 기대하면서 곡괭이를 휘두르는 작업인 것이다. 그리고 만약 그것이 정합적으로 진행된다면, 거기서 이데올로기적 토대와 관련된 교훈을 이끌어 내려는 것이다. 그 관념의 여러 역사적인 용법은 이 이데올로기적 토대가 종종 잔류하고 때로는 잊혔다는 것을 가르쳐 주고 있다."[2] 거기서 다루어야 할 제재의 분량에 입각해 보았을 때 인식론적 수준에서 이 이상의 것을 말하는 것은 논외의 것이었습니다. 이번 심포지엄은 제게 '담론 형성'이라는 관념을 재고할 기회를 준 것입니다.

저는 이 관념이 처음으로 나타난 텍스트——적어도 제가 아는 한 그것이 잘 가다듬어진 개념으로 나타난 텍스트——를 통해 그 관념을 검토하고자 합니다. 그것은 『카이에 푸르 라날리즈』지의 '과학의 계보학'La Généalogie des sciences이라는 제목이 붙은 호에 게재된

------

2 Chateau, *Arts plastiques*, p. 8.

1968년의 텍스트인 「과학 인식론 서클에 대한 답변」Réponse au Cercle d'épistémologie입니다.[3] 이 잡지의 편집 위원회이기도 한 '과학 인식론 서클'(알랭 바디우, 자크 부브레스, 자크-알랭 밀레, 장-클로드 밀네, 프랑수아 레뇨 등)이 푸코에게 『광기의 역사』, 『임상의학의 탄생』, 『말과 사물』에 관한 일련의 질문을 보내고, 그에게 "그 이론과, 그 이론의 가능성을 기초 짓는 비판적 명제의 방법이 야기한 귀결에 대해" 답변해 달라고 요청했습니다. 뿐만 아니라 과학과 과학의 역사 그리고 과학 개념의 위상이라는 문제를 중심으로 답변해 달라고 푸코에게 의뢰한 것입니다.[4] 푸코의 답변은 그 답변 내용의 풍부함——"과학의 고고학의 새로운 창시"——으로 인해, 또 그의 답변이 인식론 서클이 제기한 문제를 다소간 교란시켜서 촉발된 [과학 인식론 서클 쪽으로부터의] 새로운 일련의 질문을[5] 수반했습니다. 과학 개념을 담론 형성 개념으로 이동시킨 것은 편집자가 부연 설명하고 있는 것처럼 "우리가 포착하고 있던 인식론적 차원을 넘어서는 운동"으로서, 푸코의 공적으로 꼽아야 하는 점입니다.

푸코에게 부과된 첫번째 과업은 연속성(전통과 영향 등)의 공준에 의거하고 있는 담론의 통일성[단위]의 다양한 기준들, 혹은 담론의 여러 유형이나 장르("과학, 문학, 철학, 종교, 역사, 픽션 등") 또는 책이나 작품과 같은 대상의 치밀성의 구분을 결정하는 듯한 담론의 통일성

------

3 *Cahiers pour l'analyse*, n° 9, 1968, pp. 9~40.

4 *Ibid.*, p. 5.

5 *Ibid.*, pp. 41 이하.

[단위]의 다양한 기준들에 이의를 제기하는 것입니다. 이를 통해 푸코는 다음과 같은 사유를 이끌어 냅니다.

> 이상과 같은 연속성의 선재적 형식들, 담론에 대한 통제를 결여한 종합들이 한번 추방되면, 하나의 영역이 완전히 해방된다. 그것은 광대한 영역이지만, 정의하는 것이 가능한 영역이다. 그 영역은 실제로 말해진(그것이 이야기된 것이든 쓰여진 것이든) 모든 언표의 총체에 의해 구성된 것이고, 사건으로서의 그 언표들의 분산 속에서, 또 각각의 언표에 고유한 구체적 언어 행위 속에서 구성된 것이다. 과학이나 소설이나 정치 연설이나 한 작가의 작품이나 더 나아가서는 한 권의 책 등에 관련되기 이전에, 최초의 중립 상태에 놓인 사람들이 다루어야 할 소재는 담론 일반의 공간에서의 사건들의 집합이다. 그렇게 해서 **담론이라는 사실들에 관한 순수한 기술**이라는 계획이 등장하는 것이다.[6]

이렇게 담론적 언표의 관찰 영역을 넓힌다 해도 그것은 결코 사태를 복잡하게 만들거나 상대방을 침묵시키려는 몸짓이 아닙니다. 여기서 탐구되고 있는 것은 언어도 아니고 사유도 아니며, "기술적·실천적·경제적·사회적·정치적 차원에 속하며 담론적 성격을 갖지 않는 여러 사건과 결합될 수 있는"[7] 것으로서의 확정된 언표들인 것입니다.

------

6 *Cahiers pour l'analyse*, n° 9, p. 16.
7 *Ibid.*, p. 18.

푸코는 이러한 사고방식의 장점 중 하나가 "한 문화 내에서 담론적 사건이 존재하는 양식"과 "제도화의 체계 내에서의 담론"[8]을 파악할 수 있다는 점임을 강조합니다. 그 결과 언표가 자료로서가 아니라 기념물monument(캉길렘이 사용한 의미에서의)로서 출현하는 장소인 '아르시브'archives라는 관념이 중요해지는 것인데요. 그 관념이 고고학이라는 기획을 정당화하고 있는 것입니다.

푸코는 이 논의의 첫 부분을 끝맺는 곳에서 앞서 언급한 세 권의 책——『광기의 역사』, 『임상의학의 탄생』, 『말과 사물』——이 문제계를 구체화했고, 그것을 이제 이론적으로 기술하겠다고 말합니다. 그리고 또한 그 전체를 기술할 수는 없는, 담론이라는 사건의 광대한 영역에서 그 책들은 각각 잠정적 구분을 경험적으로 선택한 것이며, 그것은 어쨌든 넘어서야 할 일종의 "일차적 근사치"와 같은 것이어서, 거기서 다루어지는 담론의 장소와 그것을 탐구할 때의 문제계가 가설적으로 일치하고 있다는 것만이 그 순간 유일하게 정당한 이유가 될 것이라 말하고 있습니다.

이어지는 분석에서 푸코는 담론 형성체의 (잠정적) 통일성에 관련된 네 가지 기준을 제시합니다. 대상 형성에 관한 규칙, 통사적 형태의 형성에 관한 규칙, 의미론적 개연성의 형성에 관한 규칙, 조작적opératoire 개연성의 형성에 관한 규칙이 그것입니다. "이렇게 해서 담론의 모든 측면이 포괄된다. 그리고 일군의 언표들에서 **하나**의 좌표계, **하나**의 언표 편차 유형, **하나**의 이론적 네트워크, **하나**의 전략적 가

------
8 *Ibid.*, p. 19.

능성의 장을 포착해 기술할 수 있다면, 이 경우 하나의 **담론 형성체**라고 불릴 수 있는 것에 이 모든 것이 속하고 있는 것이 확실하다고 생각해도 좋을 것이다. 이 형성체는 이러저러한 언표적 사건들의 집합을 통합하고 있다. 그것은 그 기준들의 측면에서도, 그 경계들의 측면에서도, 그 내적 관계들의 측면에서도, 사람들이 언표를 평소에 분류하는 데 기준이 되는 명백히 눈에 보이는 통일성도 아니고, 일반적이고 유일한 형식도 아니다. 그것이 밝혀내는 것은 비밀이나 숨겨진 의미의 통일성이 아니라 다양한 차이와 다양한 분산의 규칙적 체계이다."[9]

이어서 푸코는 담론 형성체와 과학의 차이를 재차 강조합니다. 담론 형성체의 경계가 어떤 과학의 통일체와 다른 이유는 그 구분을 결정하는 것이 "이해 가능성의 법칙이 아니라", "여러 제도, 여러 기술, 개인적 혹은 집단적 행동, 정치적 조작, 과학적 활동, 문학적 허구, 이론적 사변 속에 흘러들어 가는 대상들의 총체를 형성하는 여러 규칙이며, 정식화의 여러 형태이고, 여러 개념이며, 여러 이론적 선택"이라는 점 때문입니다.[10]

그래서 과학과 담론 형성체의 관계를 다음과 같이 요약할 수 있습니다. 즉 담론 형성체는 과학이 아니지만, 과학은 하나의 담론 형성체라고 말입니다. 과학의 '가능성의 조건들'에 관한 과학 인식론 서클의 질문에 답하며 푸코는 그 조건의 정의와 관련된 두 가지 질서[영역]를 구별하고 있는데, 하나는 검토 대상인 과학이 스스로 결정하는

------

9 *Cahiers pour l'analyse*, n°9, p. 29.
10 *Ibid.*, p. 32.

(혹은 미학이 철학을 받아들이듯 다른 과학으로부터 그 모델을 받아들이는) 내적 질서이며, 다른 하나는 외적 질서, 요컨대 "과학이 역사적으로 존재하기 위한 가능성"입니다. 그런데 이 두번째 관점, 즉 과학 인식론이기보다는 오히려 지식 일반이라는 관점에서 보자면, 과학이라는 것은 그것이 언제나 지식을 지탱하는 것으로 존속함에도 불구하고 역사적인 결정들에 연결되어 있는 한에서 일정 수준의 자율성에 도달한 담론 형성체인 것입니다. 푸코에 따르면 "지식은 내적 구조들의 계기적 이행상에서 사유된 과학이 아니라, 과학의 실제적 역사의 장"인 것입니다.[11]

푸코에 대한 주석은 이 정도로 하겠습니다. 그의 명제에서 제 흥미를 끄는 것은, 그 명제가 제가 일찍이 조형 예술이라는 관념notion에 대한 연구와 미학에 관한 고찰에서 만났던 문제를 다루고 있다는 점입니다. 조형 예술이라는 관념과 관련해 저는 푸코가 기술하고 있는 것과 완전히 동일한 상황을 만나게 되었습니다. 일군의 흩어져 있는 언표에서 하나의 통일성을 끌어내는 문제 말입니다.

① 물질적인(책) 혹은 지적인(과학), 선험적인 통일 원리에 연결시키는 것이 불가능한 언표들.
② 매우 다른 맥락들에서 나타나는, 때로는 실천에 긴밀하게 연결되며(예술가들의 담론) 때로는 순수하게 이론적인——이 후자의 범

------

11 *Ibid.*, p. 34.

주에서는 때로는 철학적, 때로는 문학적, 때로는 과학적인——담론 내에서 나타나는 언표들.

③ 그리고 이와 상관적으로 때로는 그 실천적 목표와의 관계를 통해, 때로는 한 이론의 내적 일관성을 통해서만 정당화되는 언표들.

저는 특히 푸코가 제창한 아르시브라는 개념이 정당하다고 생각합니다. 제 연구(그리고 뻔뻔스러운 비교를 하자면, 광기에 대한, 또 이후에 성 현상sexualité에 대한 푸코의 연구)에 의해 대표되는 그런 종류의 작업은 전형적으로 책벌레가 하는 작업입니다. 그러나 동시에 그렇다고 해서 그 작업을 경시할 필요는 없습니다. 왜냐하면 주어져 있는 여러 형식을 존중하는 학식이 놓칠 수 있는 동태성을 고고학의 작용이 아르시브화의 행위로 되찾기 때문입니다. 저는 저 자신의 작업을 통해 푸코가 암묵적으로 말한 바를 깨달았습니다. 즉 이러저러한 언표를 그 물질적이고 형식적인 속박에서 해방하고, 정도의 차는 있을지언정 허구적인 담론 형성체 속에서 그것들을 대화하게 함으로써 이 언표들에 생명을 되찾아 준다는 것입니다. 이러저러한 언표는 그것들을 가두는 어떤 형태의 대리석에 새겨진 것처럼 파악되는 것이 결코 아니라, 오히려 그 언표들의 출현을 지탱하는 모든 가능한 지지체를, 그리고 언표들이 그 속에서 기능하는 모든 문맥을 횡단적으로 동원하는 변증법의 요소들이나 자양물로서 파악되기 때문입니다. 그리고 또 동시에 순수하게 이론적인 쟁점들은 실천적 쟁점들과 서로 통하고, 논증의 전략들은 제도적 조건들과 서로 통하며, 행위의 세계와 사유의 세계로 선험적으로 구분된, 아니 서로에게 닫혀 있다고까지 여겨지고 있는 영역들이 서로 통하고 있기 때문입니다.

이러한 틀에서 생각해 보면, 특히 이러저러한 이념들의 위계는 지지체들이 갖는 사회적·제도적 위계와 반드시 일치하지는 않는다는 것을 알 수 있습니다. 조형 예술이라는 관념에 대해 말해 보자면, 철학 서적에 포함된 고상한 언표가 학문들의 적용 범위 내에 적절하게 위치시키기 어려운 이론가나 예술가의 얼핏 가벼워 보이는 언표보다 반드시 더 중요하다고 할 수는 없습니다. 게다가 애초에 가치 전도는 역방향으로도 일어날 수 있습니다. 이를테면 모리스 드니Maurice Denis 의 유명한 구절인 "그림이란──한 마리의 군마, 한 명의 나체 여성, 혹은 어떤 일화이기 이전에──본질적으로 어떤 질서에 따라 모여 이러저러한 색채로 뒤덮인 하나의 평평한 표면이라는 것을 상기하는 것"[12] 이, 이폴리트 텐의 다음과 같은 말에 이미 예견되어 있을 뿐만 아니라, 그 영향을 받고 있다고 생각합니다. "그림은 채색된 표면이며, 거기에는 다양한 색조나 다양한 강도를 갖는 빛이 어떤 선택에 따라 전개되고 있다. 이것이 그림의 내적인 본질이다. 그 색조나 빛의 강도가 이러저러한 형상이나 구성을 이루고 있다는 것, 그것은 그림의 한 궁극적인 속성이며, 이 속성은 그림의 중요성과 권리를 막는 것이 아니다. 그러므로 색채에 고유한 가치는 엄청난 것이며, 화가가 그것에 대해 확보하고 있는 부분이 작품의 남은 부분을 결정한다."[13]

------

12 *Art et Critique*, 23 et 30 août 1890, repris dans *Théories*, 1912. 다음의 문헌도 참조하라. *Le Ciel et l'arcadie*, textes de Maurice Denis réunis par Jean-Paul Bouillon, Paris: Hermann, coll. "Savoir: Sur l'art", 1993.

그러나 담론 형성체라는 사고방식은, 이런 종류의 전도를 지나치게 성급하게 결론 짓는 듯한 일종의 확대 적용을 막아 줍니다. 담론 형성체를 재구성한 후에는, 텍스트의 영역이 그 외부, 실천, 그리고 이 실천과 담론이 위치하고 있는 여러 제도와의 다양한 관계도 포함하고 있기 때문입니다. 이폴리트 텐이 예견했던 것은 지성적인 커뮤니케이션이라는 영역에서 매우 좁은 범위로 기능했던 반면에 역사적이고 사회적인 수준에서 이러한 공식이 효력을 발휘하게 된 것은 모리스 드니의 공적이라 생각합니다.

저는 또한 푸코의 명제가 미학 영역에서도 유효하다고 느꼈습니다. 이 경우 아무런 과학도 존재하지 않는 곳에서 어떤 담론 형성체를 구성하는 것이 관건은 아닙니다. 미학은 틀림없이 과학으로 존재하고 있습니다. 소위 인문학이라고 불리는 과학이나 더 나아가 엄밀 과학이라고 불리는 과학에 비교하자면 확정하기가 훨씬 곤란하긴 하지만 말입니다. 과연 미학은 다른 과학과 충분히 명확하게 구별되는 하나의 에피스테메를 가진 하나의 독립된 과학인 것일까요? 아니면 다소 유동적인——특히 예술과 기호嗜好 사이에서 유동적인——철학의 일부를 이루는 것일까요? 저는 미학을 하나의 독립된 과학이라 생각하는 쪽으로 기울어 있습니다. 여러 점에서 합리성이 결여되어 있음에

------

13 Hippolyte Taine, *Philosophie de l'art*(paru en cinq volumes de 1864 à 1869, republié en deux tomes en 1882), Paris: Librairie Arthème Fayard, coll. "Corpus des œuvres de philosophie en langue française", 1985, p. 453.

도 불구하고 독립된 과학이며, 저는 말하자면 그 결함을 바로잡으려 하고 있는 것입니다. 또한 제가 동시에 의식하고 있는 것은, 미학을 과학으로 구성시키는 담론 곁에, 미학에 확실히 관계하고 있다고 생각되지만, 미학이라는 과학을 구성한다고 여겨지는 에피스테메와 동일시하기가 쉽지만은 않은 그러한 애매한 언표들이 존재한다는 것입니다. 그것은 이를테면 앞서 보신 것처럼 이질적인 담론 체제에 속하는 언표들이거나, 그 정당성이 이론보다는 실천적 유효성에 관련되어 있는 언표들입니다. 미학의 관할에 의지하지 않은 채로 미학에 관련되어 있는 듯한 이러저러한 담론 형성체를 미학은 어떻게 문제 삼을 수 있을까요?

특히 어떤 담론 형성체가 가정적으로 그러모으고 있는 언표들이 하는 저항, 모든 인식론적 중심화의 움직임에 대한 여러 담론 형성체의 저항이라는 것이 있습니다. 이러한 저항은 미학뿐만 아니라 다른 가능한 이런저런 인식론적 중심에 유효할 수 있을 것입니다. 미술사회학을 행하는 일정한 방식에서는 다양한 언표, 특히 작가의 말을 사회학적 중심으로 끌어와서, 그 언표들을 도구화하고, 언표 행위의 실천과 관련된 맥락에서 분리된 예술에 대한 재현으로 변환시켜 버립니다. 그렇지만 미학과 마찬가지로 사회학에서도 여러 언표를 하나의 담론 형성체로 이송하는 행위가 역으로 그 언표들 고유의 유효성을 구성하고 있는 것을 유지하게 해줄 수 있습니다. 문제는 미학에서 여러 언표를 그 역사성의 조건들 속에서 결정하고 있는 발화나 절충과 같은 조건들의 이타성alterité을 미학의 에피스테메를 배신하지 않고 미학의 담론에 도입하는 것이라고 말할 수 있을 것 같습니다.

이 점을 더 설명하고 끝맺기 위해 최근 제 소소한 미술 연구를 관대하게 비판해 주신 라이너 로슐리츠에게 답변하고자 합니다. 그는 저에 대한 비판을 다음과 같이 결론 짓고 있습니다. "내가 보기에 이 저자가 가장 실수하고 있는 점은, 이상의 줄거리를 역사적 사실 확인으로 보려는 것이 아니라 예술철학에의 기여로 바라보고 있다는 것이다. 그러나 이러한 역사적 연구의 가치가 얼마나 되는지는 모르나 그것이 미학을 대체할 수 있으리라고는 그다지 생각되지 않는다. 예술철학에서는——다른 것들과 마찬가지로——어떤 개념이나 실천의 역사가 개념의 발전 그 자체를 대체할 수 없는 것이다."[14] 저는 제 논의의 "실수"를 단순한 "역사적 사실 확인"으로 환원하는 것에 동의하지 않고, 제가 그것을 본래 그렇지 않은 것, 즉 "예술철학에의 기여"로 착각하는 오류를 범했다는 생각에도 동의하지 않습니다. 우리의 대립은 명백히 역사와 이론의 관계에 관련된 대립입니다. 어떤 한 사유가 역사를 이용하여, 거기서 자신의 기준까지 찾아내려 한다면, 저로서는 그것이 철학적 품위에 도달할 수 없다고 말하겠습니다. 제 관점에서 보자면 예술 이론의 역사(그것이 아무리 발전해 있고 체계화되어 있다 할지라도)와 역사가 이론의 근본적인 국면을 이루고 있는 예술철학을 엄

------

14 Rainer Rochlitz, "Une Greffe réussie et un rejet: L'esthétique analytique en France", *Critique*, n°649~650, juin-juillet 2001, *Rouvrir l'art*, p. 569. 라이너의 갑작스럽고 예기치 못한 안타까운 죽음 때문에 나는 텍스트의 이 부분을 남기는 것을 주저했다. 하지만 내가 여기서 인용한 충돌은 이론적 대립일 뿐이다. 인간적인 관계와는 아무 관련도 없다. 『크리티크』지에 게재된 라이너의 텍스트에 대해 언급할 필요가 있었던 것은 그의 의견이 갖고 있는 것으로 생각되는 중요성 때문이지만, 그러한 학문적인 점에 대해 감사하는 마음은 한 매력적인 인물에 대한 애정의 마음을 수반한다.

밀하게 구별해야 합니다. 후자는 전자의 자양물이 되고 요소가 될 뿐만 아니라 그 기준, 즉 그 에피스테메를 구성하고 발전시키는 데 불가결한 기준이 되기 때문입니다.

담론 형성체로서의 미학이 보여 주는 역사성을 고려하는 것은 마치 요리의 맛을 돋보이게 하는 향신료처럼 합리적인 논의에 사실을 몇 가지 섞어 인용하는 정도에 그치는 것이 당연히 아닙니다. 반대로 예술의 역사성은 개념적으로 고려되어야 하고, 미학적 에피스테메의 구성에 관여해야 합니다. 과학으로서의 미학은 자신과 관련된 여러 현상의 역사성을 향해 열려 있으면서, 그 현상들에 내재적으로 연결된 담론 형성체들을 자신의 담론에 통합합니다. 그리고 그러한 담론 형성체들뿐 아니라 그 역사적 규정성들을 개념적으로 다루는 것까지도 자신의 에피스테메에 통합함으로써 미학은 다시금 자신을 과학으로 주장합니다. 이렇게 해서 과학은 지식으로 발전하면서 계속 과학으로 존재하게 되는 것입니다.

튀니스 강연으로 돌아가 봅시다. 이 강연이 마네의 작품 분석에서 출발하여 어떤 담론 형성체──이 경우는 재현의 이론인──의 발전 자체를 경유하면서 담론 형성의 이론적·인식론적 이념에 도달하게 되는, 담론의 여러 수준의 접합 내에 위치할 수 있다는 데는 이론의 여지가 없습니다. 오히려 지식의 영역에 속해 있는 이 텍스트는 역시 얼마간의 '인식들'connaissances을 내포하고 있는데, 바로 그것이 재현에 대한 명제이며, 이 명제로 인해 마네는 『말과 사물』에 있는 이론이 펼쳐지는 전망 속에 위치하게 됩니다.

○ 마네는 처음으로 그림에 "화가가 그리는 공간의 물질적 속성들"을 도입한 인물이며[15]

○ 그는 그림 내부에서 "회화⋯⋯가 그때까지 숨기고 피해 가려 했던 캔버스의 속성·특질·한계"가 "다시 튀어나오게" 했고[16]

○ "재현 내에서 캔버스의 근본적으로 물질적인 요소들을 작동시켰"습니다.[17]

그의 강연은 그 자체가 '담론 형성체'의 모범적 사례인 『말과 사물』을 암묵적으로 참조하고 있습니다. 그렇다면 푸코의 튀니스 강연은 이러한 범주에 속하는 것일까요? 저는 그렇다고 생각합니다만, 그와 동시에 구체적 그림(혹은 적어도 그 슬라이드)에 결부된 부분적으로는 기술적인descriptif 이 준-분석에 어쩐지 담론 형성체와 담론에 대항하는 무엇인가가 있는 것 같습니다. 앞서 논의한 인식론적 중심화에 대항하는 담론 형성체의 저항에 이어 이번에는 담론 형성체가 최종적으로 부과하는, 경험적이긴 하지만 아무튼 지각과 정신에 호소하는 통일성[단위]에 대한 회화의 저항이 있는 것입니다. 인식론 서클에 보낸 답변에서 담론 형성을 풍부하게 하는 다양한 원천의 일람표 중 회화 작품이 문제시되지는 않았던 것은 주목할 만합니다. 이 결여는 의외일지 모르지만, 그 원천이 그 실천적 그리고/혹은 이론적 연

------

15 Michel Foucault, "La Peinture de Manet", Paris: Société Française d'esthétique, 2001. p. 4(supra, p. 22)[본서 24쪽].

16 *Ibid.*, p. 5(supra, p. 23)[본서 25쪽].

17 *Ibid.*, p. 31(supra, p. 47)[본서 71쪽].

결을 넘어서서 결국 텍스트라는 사실을 통해 설명될 수 있습니다. 그림을 그 일람표에 포함시키면 부당하게도 그것을 텍스트와 동일시할 위험이 있습니다. 동시에 그림을 완전히 배제하면 그것을 지식의 영역에서 배제하는 것이 되기 때문에 허락되지 않습니다. 그렇다면 담론 형성체라는 관점에서 볼 때 그림의 위상은 도대체 무엇일까요? 그 문제는 해결되지 않은 채로 남아 있습니다. 푸코가 그 문제에 고심하고 있었는지에 대한 해답은 그의 텍스트 속에서 찾아야 할 것입니다. 이번 심포지엄에서 라시다 트리키의 발표는 이 문제에 대한 흥미로운 단서들을 제시해 줍니다.

그 답변의 한 요소는 마그리트의 유명한 '이것은 파이프가 아니다'[〈이미지의 배반〉]를 이해하기 위해 푸코가 쓴 책에 나타나고 있습니다.[18] 유사ressemblance에 대한 마그리트와의 대화의 장을 빌려, 푸코는 『말과 사물』의 주제 중 몇 가지를 재검토하여 보다 명확히 해명하고 있고, 특히 서양 회화에서의 "조형적 재현"과 "언어적 대상 지시"의 분리를 논의하면서 전자가 유사를 야기하는 데 반해 후자는 그것을 배제한다고 지적합니다.[19] 그러한 분리가 존재하는 이상, 이미지(유사의 장)와 텍스트(차이와 기호의 장)는 모종의 종속 관계에 놓여 있어야 했는데——"텍스트가 이미지에 의해 규정되든가……이미

------

18 다음을 참조하라. Foucault, *Ceci n'est pas une pipe*, Montpellier: Fata Morgana, 1973, coll. "Scholies", pp.83~85[『이것은 파이프가 아니다』, 김현 옮김, 고려대학교출판부, 2010, 77~79쪽](이 주제에 관해서는 나의 다음 텍스트를 참조하라. Chateau, "De la ressemblance: Un dialogue Foucault-Magritte", *L'image: Deleuze, Foucault, Lyotard*, Paris: Vrin, 1998).

19 Foucault, *Ceci n'est pas une pipe*, p.39[『이것은 파이프가 아니다』, 39쪽].

지가 텍스트에 의해 규정되든가……"[20]——이것이 20세기에 와서 파울 클레가 어떤 근본적인 변혁을 개시하게 되기까지의 이야기입니다. 그 이후로 조형과 문자[에크리튀르]는 불가분하다고 말할 수는 없을지라도 적어도 뒤섞이게 되고, 그 이후 "배·집·사람 등의 모습은 식별 가능한 형태임과 동시에 문자적 요소이기도 한 것"[21]이 됩니다. 이렇게 회화가 정복됨으로써 그 이후 회화의 체계 자체 내부에서 이미지의 유사적인 가치와 문자[에크리튀르]의 기호론적 가치가 조합되는데, 이것은 회화라는 예술을 '담론 형성체'가 자라나는 데 필요한 아르시브라는 형태에 가까워지게 하는 데 안성맞춤인 것처럼 생각됩니다.

　하지만 이미지와 문자의 접근을 설명하기 위해 언급되는 요소들은 기호입니다. 이것들은 확실히 상징적이기보다는 도상적이지만, 그래도 역시 기호이기는 합니다(배·집·사람 등). 여담이지만 이러한 점을, 게다가 퍼스적인 용어를 사용하여 말하는 것은 어떤 관점에서 보면 푸코에게서 멀어지는 것이고, 더 나아가서는 푸코를 비판하는 것이기도 합니다(특히 유사라는 환상에 빠져 있다는 점에서). 그러나 제가 더 흥미롭다고 생각하는 것은 유사가 조형과 동일시됨으로써 회화의 어떤 근본적인 측면이 등한시되고 있다는 점입니다. 그렇지만 이 측면이야말로 튀니스 강연에서 그림이 그 물질성 속에서 혹은 더 나아가 그 기초적인 물질성에 알맞은 고유의 형식 속에서(달리 말하자면 소재로서) 고찰될 때, 캔버스 혹은 공간의 '요소', '성질', '특성', '한계'

20　Foucault, *Ceci n'est pas une pipe*, pp. 39~40[『이것은 파이프가 아니다』, 39쪽].
21　*Ibid.*, p. 41[같은 책, 40~41쪽].

등에 대한 지적이 목표로 하고 있는 바입니다. 회화의 매체를 특징짓는 이 특이한 형식을 어떻게 다뤄야 하는지에 대한 문제는 해결되지 않고 있습니다.

언어학적 관점——구조주의적 사유의 대부분은 그것에 의해 지배되고 있으며, 제가 볼 때 푸코도 그에 가깝습니다——은 회화에 대해 논할 때 랑그langue에 고유한 상황, 즉 소재와는 무관하게 이용되는 상징적 도구라는 상황을 반복하게 될 위험이 있습니다. 즉 언어학적 관점은 구두적인 것에서 쓰여진 것으로, 그리고 그 역으로 태평스럽게 이행할 수 있는 유일한 (통사론적·의미론적) 체계인 것입니다. 그러나 회화는 자기 고유의 소재가 없으면 제대로 존재할 수 없습니다. 음악처럼 적어 두는 것도 불가능합니다. 그러므로 실제 그림, 특히 마네의 그림을 논함에 있어 그러한 소재나 매체의 저항이 모든 형식과 연관된 결과를 동반하면서 푸코의 사유에 등장하는 것은 우연이 아닙니다. 회화에 대해 논하는 사람은 누구나 매체라는 환원 불가능한 사실과 만나게 됩니다. 동시에 회화가 지식의 고고학에 관여하는 것이 가능한가의 문제는 해결되는 것이 아니라 재점화되는 것입니다. 문제를 요약해 봅시다. 회화의 매체에 연관된 형태는 그것이 규정하는 기호들 이상의 곳에서 '지식'에 관여할 수 있을까요? 그런데 (이것은 다른 입장이지만) 회화는 회화로서 지식에 관여해야 하는 것일까요? 회화를 지식의 지위로 고양시키는 것이 지식에 대한 회화의 독립성을 유지하는 것보다 회화를 더 찬양하게 되는 것일까요?

미술과 수다스러운 시선

블랑딘 크리젤

이 세계의 모든 사물이 없어지는 것도 아니고 모든 것이 바뀌는 것도 아닙니다. 미사도 예배도 없는 시대, 하지만 미셸 푸코의, 강의에서의 수다스러운 시선le regard loquace과 압도적인 기교에 의해 포착된 한 시대로부터, 어떤 한 텍스트가 도래합니다. 앎의 의지 외에는 그 어떤 신앙도 갖지 않고, 여봐란 듯이 온갖 사치를 부리는 것도 없이, 그 증여에 대한 소소한 논고는 제 세미나 동료이기도 한 마리본 세종의 고고학적 작업을 통해 우리에게 선사되었습니다. 망각의 강에서 건져진 비문의 집성인 이 텍스트는 바로 미셸 푸코의 빛나는 텍스트, 「마네의 회화」입니다. 빛나긴 하지만, 일의 질서에 따라서 그것은 비문집corpus inscriptionum 속에, 즉 푸코가 미술과 시선에 대해 쓴 일련의 텍스트 속에 자리매김되어야 하는 것입니다.

　우선은 푸코가 행한 아카데믹한 정정을 보는 것으로 시작합시다. 왜냐하면 예술가로서 푸코는 윌리엄 포사이스William Forsythe가 클래식 발레에 대해 그랬던 것처럼, 텍스트를 안무하는 기술을 알고 있었기 때문입니다. 그가 시선에 대해 말한 텍스트 중에, 책의 모두 헌사라는 고전적이고 익숙한 모델에 대한 변주가 둘 있습니다. 1963년의 『임상의학의 탄생』과 1966년의 『말과 사물』이 그것입니다. "이 책은 공간과 언어와 죽음의 문제에 관한 책이다. 즉 시선의 문제를 다룬 책이다."[1] 그리고 또 "화가는 그림으로부터 약간 뒤로 물러나 있다. 그는 모델을 힐끗 쳐다보고 있는데, 어쩌면 마지막 붓질을 하는 것이 문제가 되는 듯하다.······ 이 숙련된 손은 시선에 매달려 있고 반대로 시선은 멈춘 동작에 달려 있다. 이제 곧 광경의 부피가 가느다란 붓끝과 굳은 시선 사이에서 생겨나게 된다."[2] 홉스가 『리바이어던』의 서두에 놓은 그 놀라운 권두화, 데본셔 백작 윌리엄 캐번디시William Cavendish에게 보낸 권두화는 잘 알려져 있습니다. 거기서 설명이 붙어 헌정된 이미지는, 모든 텍스트는 그 출판을 허가한 사회적·정치적 심급에 바쳐지는 것과 마찬가지로, 그 책──권두화의 되찾은 의미──을 압축하고 독자에게 제시된 어떤 형상이 선행하지 않으면 안 된다는 것을 환기시킵니다. 고전적 담론의 정당성은 상대방의 모습을 형상화해 상상한 뒤에 청원을 통해 요청되는 그러한 승인을 거쳐 생겨나는 것이

------

1 Michel Foucault, *Naissance de la clinique*, Paris: PUF, 1963, p. v[『임상의학의 탄생』, 홍성민 옮김, 이매진, 2006, 14쪽].

2 Foucault, *Les Mots et les choses: Une Archéologie des sciences humaines*, Paris: Gallimard, 1966, p. 19[『말과 사물』, 이규현 옮김, 민음사, 2012, 25쪽]. 혹은 "세 등장인물은 어둠과 빛 사이에, 내부와 외부 사이에, 방과 백주 사이에 매달려 있습니다.······ 바로 이 생과 사의 경계, 빛과 어둠의 경계가 여기서 이 세 등장인물을 통해 구현되고 있습니다. 이 세 등장인물은 무엇인가를 강렬하게 바라보고 있는데 우리는 그것이 무엇인지 볼 수 없습니다"(〈발코니〉에 대한 지적. Foucault, "La Peinture de Manet", Paris: Société Française d'esthétique, 2001, p. 28; supra, pp. 42~43[본서 62쪽]).

었습니다. "주군이시여 용서하소서, 그리고 제 말을 믿어 주소서, 그것은 당신의 권위가, 그것을 독자에게 이해시키기 위해 제게 허락해 주신 것이기 때문입니다." 그것은 텍스트에 봉사하는 기술이며, 그 텍스트는 보게 하는 것의 위엄에 의해 권위를 부여받은 텍스트인 것입니다. 제 시선에 따라 제 텍스트를 읽어 주세요…….

자유로운 사상가이자 과거와 대치하는 현대의 철학자인 푸코가 우리에게 제안하는 것은 권두화의 전혀 다른 이용법, 이미지와 텍스트, 예술과 담론이 맺는 관계의 전혀 다른 이용법입니다. 첫번째 구절은 가시적인 것과 비가시적인 것에 대한 담론입니다. 두번째 구절은 가시적인 것 내에 있는 비가시적인 것에 대한 주석이며, 그것이 1769년의 히스테리 전문의 폼므Pierre Pomme의 시선과, 1825년에 텍스트를 출간한 또 한 명의 의사인 벨A. L. J. Bayle의 시선의 간극을 확정하고 있습니다. 신체에 대한 가시성의 체계가 그 둘 사이에서 완전히 변화되었다는 사실을 기록하면서, 푸코는 보는 것의 배후에 있는 담론, 텍스트 저편에 있는 언어, 이미지 앞에 있는 재현 작용을 발견하라고 제안하고 있습니다.[3]

------

3 "따라서 의학적 담론이 어떻게 변화했는지를 추적하려면…… '말'과 '사물'이 분리되기 전의 단계, 즉 사물을 보는 방법과 사물을 서술하는 방식이 모두 언어 안에 존재하던 영역을 새롭게 살펴보아야 한다. 다시 말해 우리가 주목해야 할 것은 '보임'과 '보이지 않음'을 이분법적으로 구분했던 근원에 어떤 힘이 작용해서 '말해지는 것'과 '말해지지 않는 것'을 구분하게 되었느냐 하는 것이다. …… 우리가 관심을 기울여야 하는 대목은 의사들이 질병으로 가득 찬 인간의 몸 위에 수다스러운 시선을 던져 왔는데도, 일정한 분절을 통해서만 비로소 가능했던 이른바 병리학이 탄생하기 위해 어떤 '공간화'와 '언어화'가 필요했는지를 밝히는 것이라 하겠다." Foucault, *Naissance de la clinique*, pp. VII~VIII[『임상의학의 탄생』, 17쪽].

그것은 시선을 보는 것으로 환원해 버리는 것일까요? 언어를 회화 속에 억지로 밀어 넣는 것일까요? 아니면 시각을 재현 내부에서 압살하는 것일까요? 그것은 판화나 회화에서 구조로의 이행에 상당하는 것이며, 사람들이 푸코 시대의 구조주의를 그 관념주의를 절대화해서 이해한 것과 같다고 말할 수 있습니다. 그러나 그렇게 생각하는 것은 푸코를 잘못 보는 것이고, 푸코 자신이 그것을 금하고 있기도 합니다.

권두화의 고전적 사용법의 변화가 재현 작용을 제거해 버리는 모습, 그리고 아무리 사소한 시선일지라도 그 배후에 존재하는 모델화의 체계로서의 에피스테메가 가시적인 것과 비가시적인 것 사이에서 복잡하고 미묘하지만 파악 가능하며 언표 가능한 관계를 발견하는 모습을 이해하기 위해서는, 길을 좀 돌아가야 한다고 생각합니다. 우선 푸코의 철학적 여정이 어떤 것이었는지를 확인하고, 그것이 현상학에 근거하고 있었다는 것을 지적해야 합니다. 실제로 현상학이라는 기획은 세계가 최초의 대상이기 때문에, 사물 그 자체를 대상으로부터 되찾는 길을 여는 것입니다. 프랑스 과학 인식론 학파의 영향하에서 현상학이 그 영향력을 넓힌 현상학적 프레그넌시prégnance라는 것은 명백히 마네와 그 동시대의 인상주의에 의해 완수된 회화의 변화와 모종의 관계를 맺고 있습니다. "언젠가 우리가 재현 자체[저는 이를 심리주의라는 의미로 이해하고자 하는데―인용자]를 버리고 공간의 순수하고 단순한 속성들, 공간의 물질적 속성들과 더불어 공간이 작용할 수 있게 하기 위한 근본적인 조건"[4]을 다름 아닌 '오브제로서의 그림' 혹은 '오브제로서의 회화'라고 언급하는 것은 거의 화학적으로 순수하다고 해도 좋을 정도로 현상학적입니다. 이 푸코의 텍스트에는 육체라는 개념의 발견을 중심으로 가시적인 것과 비가시적인 것의 관계에 천착한 만년의 메를로-퐁티의 모습이 물론 보이고 있습니다. 감각적 세계를 **판단 정지**함으로써 감각적 지각에 적합한 세계의 표현이나 재현을 향해 열리는 것이 가능해집니다. 재현에 적합한 대상, 텍스트, 이미지를 설명하는 텍스트에 의존한 이미지, 그리고 세계와 담론의 반전 가능성 내에서의 노에시스-노에마적 계기에 대해서는, 푸코가 그의 주저 『말과 사물』에서 명확히 말하고 있습니다. 그에 따르면 시선은 대상을 보는 시각일 뿐만 아니라 대상을 구성하는 주체의 시각이기도 하며, 앎의 의지와 세계에의 귀속의 중개가 되는 것으로, 그것을 통해 예술과 철학, 시선과 텍스트의 대상 자체가 구성되는 것입니다.

이것은 푸코 구조주의의 진정한 철학적 기초를 이룬다고 간주되어 온 신칸트주의를 수정하는 것, 혹은 그것에서 벗어나는 것일까요? 틀림없이 그렇습니다.

왜냐하면 칸트주의에서는 대상이 주관성의 선험적 형식들을 통해서만 파악되며, 그 형식들은 매우 일반적이고 모든 재현의 틀을 구성하기 때문입니다. 아비 바르부르크 학파나 에르빈 파노프스키의 저작에서 기능하고 있는, 그러한 현대 미학의 지평[원근법]——이것은 언어 유희가 아닙니다——에서 이러한 신칸트주의가 깨닫게 해주는 것은, 회화적인 보는 것의 대상들은 주관성의 선험적 형식들에 의해

------

4 Foucault, "La Peinture de Manet", Paris: Société Française d'esthétique, 2001, p. 31 (supra, p. 47)[본서 71쪽].

파악된다는 것입니다. 또 그 형식들은 매우 일반적이고 상징적이어서, 그것이 조금만 역사화되면 범례적인 맥락을 구성하게 되며, 푸코는 그것을 정당하게 에피스테메, 혹은 각 시대에 고유하며 또한 불연속성에 의해 구분되는 인식론적 층이라고 부릅니다. 그런데 만약 시선이나 예술에 대한 푸코의 논의를, 대상과의 직접적 관계나 물자체를 아는 것의 금지를 거슬러 사물 자체에 접근하려는 의지를 통해 후설 고유의 심리주의를 넘어서려는 시도라는 식으로 축소해 버린다면, 그의 논의를 결코 철저하게 고찰할 수 없게 된다는 점을 강조해 두고자 합니다. 그러한 축소를 피함으로써 보는 것과 세계의 대상을 재발견할 가능성이 열리고, 또 세계를 그 출현 속에서 재발견하고, 세계를 의식에서 분리된 혹은 시각으로 대표되는 선술어적 의식의 종합 작용에서 분리된 대상으로서가 아니라, 대상의 인식──그 내부에서 우리는 세계에 존재하고 있습니다──과 상접하는 연결의 계기로 재발견할 가능성이 열립니다. 어떤 의미에서는 메를로-퐁티와 매우 가까운 그러한 포착 방식을 통해서, 그리고 보편적인 사유 내에 구체적인 것이 존재한다는 것을 인정함으로써, 현상학은 칸트적인 사유의 딜레마에서 벗어나는 것입니다. 마지막으로 진리가 발견되는 역사의 과정을 통해 주체가 구성된다는 헤겔식의 해결을 피함으로써, 현상학은 시선의 지각이 존재한다는 것, 그리고 텍스트를 선취하는 재현이라는 것이 존재한다는 것──왜냐하면 텍스트는 그 자체가 재현의 한 형상이기 때문에──을 발견합니다. 그 귀결이 회화가 담당하는 안내자의 역할인데, 푸코는 이 역할에서 어쩔 수 없이 더 고전적인 예술관을 발견해 냅니다. 분리된 대상을 괄호에 넣고, 노에시스-노에마의 연속성을 발견하는 그러한 실제적인 철학은 후설이 수학에서 직관의 역할을 인정하는 것을 가능하게 하고, 또한 푸코로 하여금 회화에, 즉 새로운 회화라는 예술에, 현대 철학의 탐구 내에서 일차적인 역할을 부여하게 한 것입니다.

빛을 잃은 채로 있어서는 안 되었던 별이 내뿜는 빛이라고 해야 할까요, 마네에 대한 이 빛나는 텍스트의 중요성과 일차적인 가치가 이렇게 해서 명백해집니다. 이 텍스트는 주체와 대상의 소멸 내에서 잉태되고 있던 현대 미술에 고유한 사물의 존재 방식을 보여 주고 있습니다. "그림의 오른쪽 상단 끝에 거울에 비친 모습이 있기 위해서는 앞에 누군가가 있어야 하고, 정면에서 오는 조명이 있기 위해서는 앞에 아무도 없어야 합니다.······ 화가의 현전과 부재······ 이 테크닉과 더불어 마네는 캔버스의 속성을 작동시키고, 재현이 감상자를 고정해 두는 한 지점 혹은 그림을 감상하기 위해 감상자가 위치해야 하는 한 지점, 그러므로 유일한 지점을 고정하려 하는 일종의 규범적 공간이었던 캔버스를, 더 이상 그렇지 않은 것으로 만들어 버립니다. 그림은 그 앞에서 또 그것과 관련해 감상자가 이동해야 하는 공간으로 나타납니다."[5] 이렇게 회화는 눈에서 세계로, 망막에서 사물로 나아가고, 푸코 자신의 말을 빌리면 '오브제로서의 그림', '오브제로서의 회화'가 되는 것입니다. 그러한 이 회화의 철학은 바로 현상학입니다.

------

5 Foucault, "La Peinture de Manet", p. 30(supra, p. 46)[본서 69~71쪽]. 〈폴리-베르제르의 바〉에 대한 지적.

그렇지만 사람들은 이렇게 항의할 것입니다. 도대체 『말과 사물』이나 『지식의 고고학』, 그리고 프랑스 과학 인식론 학파의 일원에 걸맞은 푸코의 사유에 침투한 임상의학적 담론이나 의학에 관한 여러 지식을 망각하는 것은 어째서인가? 그리고 푸코가 신칸트적 사유에 귀속되고 에피스테메나 상징 형식을 연구했다는 사실을 단번에 말소시켜 버리는 것은 어째서인가? 그것을 잊어버리는 것은 어째서인가? 확실히 푸코는 그가 읽고 찬미했던 카시러Ernst Cassirer를 경유해 칸트로 회귀한 일이 있고, 상징 형식이라는 카시러의 언어를 인식 체계라는 자신의 언어로 번역한 적도 있습니다. 그러나 바로 여기에 푸코의 예술가적 재능이 있으며, 그의 철학에서 예술이 담당하는 기능이 있는데, 그러한 칸트로의 회귀가 현상학에 부여된 일차적인 자리를 소거하거나 빈스방거Ludwig Binswanger를 읽은 최초의 순간을 소거해 버리지는 않습니다. 왜냐하면 푸코는 세계를 모독한다고 말해야 할, 대상을 실증주의적으로 분해하는 사유의 끝을 미술 속에서 발견해 내고 있는 반면에, 현상학은 세계를 탐구하고 그것과 화해하는——카뮈적인 방식으로 말하자면 **결혼**하는——것을 목표로 하기 때문입니다. 말이 나온 김에 덧붙이겠는데요, 여기서 행해지는 몇몇 발표가 푸코의 사유를 메를로-퐁티나 사르트르 등 그보다 앞선 세대 사람들의 사유에 자꾸만 접근시키려고 하는데, 여기 이곳의 논의에 나타나 우리와 동반하고 있는 푸코의 영혼이 저승에서 분개하지 않기를 기도합니다. 우리 세대에게는 푸코에 대한 사르트르의 과격한 언어와 그 반대의 언어가 귓가에 남아 있기 때문입니다. 그러나 시간의 흐름은 푸코를 그 선배들과 갈라놓았던 뿌리깊은 요인을 제거해 버렸습니다. 이제는 그들도 또한 그림의 가장자리에서 서로 가까이 서 있는 것입니다. 마치 〈오페라 극장의 가면 무도회〉에서 묘사된 인물들처럼 말입니다. 그리고 푸코는 자신이 이야기하는 것 이상으로 훨씬 더 그들 가까이에 있습니다.

예술가로서의 푸코는 자신의 존재 방식, 쓰는 방식에서 그러한 일차적인 현상학에 언제나 충실했습니다. 문학적인가 하면 철학적이기도 한 그의 작품에서 푸코는 자신의 양식을 통해, 형식을 통해, 그리고 음악성을 통해, 바슐라르나 캉길렘에게서 이어받은 신칸트주의 철학을 백일하에 드러내고 조직했습니다. 거기서는 여러 다른 '세계의 산문'이 명확화되고 있지만, 그 깊은 맛과 향의 언어 속에서 그는 연속성을 가진 세계를 재구성하고, 후설에 충실하며, 인식의 양태로부터 존재로 끊임없이 이행해 가는 것을 목표로 했습니다.

이렇게 말함으로써 인간의 긍정과 인간의 죽음을 가로막는 단절들과 불연속성들을, 그리고 고전주의 시대와 19세기와 현대의 재현 공간을 구분하는 단절들을 희생시키겠다는 것일까요? 그렇지 않습니다. 푸코는 신칸트주의적인 사유에서는 정통파 중의 정통파이고, 게다가 동시에 각 시대를 분리하는 불연속론자이기도 한 것입니다. 우리는 한 세계에서 다른 세계로 비약하지만, 푸코의 독자성은 바로 언어에서 사물로 향하는 연속성과 세계의 이해 가능성이라는 시정詩情이 어떤 종류의 직관주의에 자리를 내주고 있다는 점에 있습니다. 이 직관주의는 마르셀 프루스트의 그것에 가까운 것인데, 그것은 언제나 재현의 이해 가능성과 텍스트의 의미를 되찾으려 해온 직관주의인 것입니다. 시선이나 정서도 역시 언어의 영역에 있는 것으로, 그 사회적 실천들에서의 위계는 헤겔식의 하강 변증법, 즉 예술을 절대자의 의 붓자식, '종교'나 '철학'의 도래를 고대하는 신데렐라처럼 다루는 방식 과 대립됩니다. 이와 반대로 푸코는 담론적 실천의 최고봉에 예술을 두고 있고, 이것이 현상학에 대한 그의 충실함을 그대로 보여 주고 있 습니다. 회화는 사유의 정점을 이루는 것입니다. 〈시녀들〉을 응시하 는 것에는 [데카르트의] 첫번째 『성찰』을 읽는 것과 마찬가지로 고전 주의 시대의 재현에 대해 이해해야 할 것이 포함되어 있습니다. 철학 은 감성과 이성 간의 관계입니다. 시가 언어보다 열등한 상태라고 여 기기는커녕 시를 통해 랑그를 재포착한 야콥슨처럼, 푸코는 회화가 색채나 공간의 유형성, 대상의 물질적 배치 때문에 세계와 시선이 서 로 교차하고 만나는 장소라고 주장합니다. 보다 순수한 본질을 향해 희박화되거나 증류되어 가는, 개념을 향한 상승 변증법 따위는 존재 하지 않지만, 보다 구체화되어 가는, 세계를 향한 접근은 존재합니다. 화가가 조직자 역할을 맡고 그림 속의 빛이 신체를 변용시켰던 초기 르네상스 회화에서, 그림이 오브제가 되고 다양한 시점으로부터 빛이 발현하는 것처럼 빛이 대상을 만들어 내는 현대 회화에 이르는 동안 미술은 확실히 변화했습니다. 우선 사물로부터 독립한 빛은 사물 안 에서 재편성되고, 시선과 관계 맺게 되었습니다. 대상으로서의 사물 은 재현 속에서 빛의 기하학을 이어받았지만, 그것은 클로드 베르나 르Claude Bernard 등의 실험 의학과 관계가 없지 않습니다. 고전적 화 가들은 보이지 않는 것을 수중에 넣고, 공간의 기하학화를 통해 삼각 형 모양의 공간이 된 그림을 지배하고 있었습니다. 또 주체는 눈에서 나오는 빛을 통해 대상을 구성했고, 자연의 빛은 회화의 주제 자체였으며, 또한 회화로부터 요소로서의 빛이 추출될 수 있었습니다. 반면에 19세기가 되자 실험적 세계가 생겨남으로써 시선이 바뀌고 변화하고 말았습니다. 코로Jean-Baptiste-Camille Corot나 쿠르베의 해부학적 빛 속에서——푸코는 이해받지 못한 그들의 작업 방식을 인정한 최초의 사람 중 한 명이었는데——빛은 사물에 표시를 하고, 존재와 불가분의 관계를 맺으며, 세계에 대한 물음으로서 세계의 심층적 밀도를 증언합니다. 20세기에 들어와 눈 자체가 대상으로 구성되고 추상과 구상의 대립을 넘어서고 있던 바로 그 시기에, 이제 경험의 우월과는 다른 새로운 단절이 추상을 탄생시켰지만 해방의 계기는 쉽게 찾아오지 않았습니다. 여기서 다시 한번 수다스러운 시선이 푸코 사유의 여정 내에서 신칸트주의적 계기와 현상학적 계기를 화해시키게 됩니다. 에피스테메 내에서 감성의 선험적 형식들은 역사 쪽으로 옮겨집니다. 보는 것까지를 포함하여 모든 것이 텍스트가 됩니다. 거기서 현상학은 인식의 연속된 층 속에서 다시 반복됩니다. 미술을 통해 세계를 재구성할 수 있는 것입니다. 에피스테메의 표현보다 고도의 형태는 예술적인 것이며, 위대한 산문가이자 위대한 작가인 미셸 푸코에게 그것은 **의식적으로** 예술적인 것입니다.

예술가이자 현상학자인 푸코는 잃어버린 세계를 찾고 있는 것일까요? 바로 그렇습니다. 이 점에 관해 푸코에게 영감을 준 하이데거가 말한 것처럼, 예술가는 '고통'pathein을 통해 도래하며, 그는 조물주나 힘의 의지에서 멀리 떨어진 곳에 있습니다. 그리고 푸코가 좋아하는 현대 미술도 그런 것입니다. 즉 현대 미술은 어떤 종류의 수동성, 때로는 예술가의 고통에 의해 주어지는 수용성입니다. 예술가는 어떤 것을 만들어 내는 동시에 받아들이게 되며, 표현하는 동시에 수용하는 것입니다. 예술가는 각각의 작품, 각각의 시대에 수용성이 자리매김되는 장소이며, 그를 통해 의미 작용의 층으로서의 에피스테메를 사유하고 보는 것이 가능해집니다. 그러나 그것은 에피스테메가 한 사람의 이론가가 만들어 내는 걸작과 같은 것이 아니라──푸코가 저자라는 개념을 비판하고 거부했다는 것은 잘 알려져 있습니다──어떤 중간 상태, 사물의 저항에 기울이는 주의라는 한에서, 또 거기에 무의식이 장소를 점할 수 있는 한에서인 것입니다. 푸코는 기존의 위계 질서를 역전시켜 **보다 작은 것들**Minores에 입각해 **보다 큰 것들**Majores을 이해하려 하고, 주변적인 여러 작품에 중심적인 위치를 부여하며, 예술 작품을 의미 작용이 만들어 내는 피라미드의 정상으로 올라가게 합니다. 그것은 플라톤식의 하강 변증법이 예술 작품을 감각적인 것으로 강등시키고, 또 칸트가 말하는 판단력이 미학적 판단을 자연과 자유가 만나는 지점으로 여기는 것과는 대조적입니다.

철학, 담론, 담론의 기술은 세계와 일치하는 것이 아니며, 푸코는 이것을 콜레주 드 프랑스의 개강 강의에서 말했습니다.[6] 훌륭한 말의 배열은 사물들이 흩어져 있는 혼돈 상태를 보여 주고 드러내 주기는 하지만, 그것을 언제나 다시 구성하는 근사성 내에서 그렇게 하는 것입니다.

이러한 시선, 시선에 대해 이야기된 말, 이 풍요로운 시선 속에 지

------

6 Foucault, *L'Ordre du discours*, Paris: Gallimard, 1971[『담론의 질서』, 이정우 옮김, 중원문화, 2012].

금 무엇을 남겨야 좋을까요? 무엇이 남을까요? 여전히 너무나 창조적인 에피스테메라는 사고방식이 야기한 변혁, 그리고 절대적인 불연속성에 대해서는 말하지 않도록 하겠습니다. 애초에 『지식의 고고학』은 푸코 자신이 가장 찬동하지 않은, 소위 산욕기産褥期와 같은 책이었습니다. 그리고 그의 철학과는 무관한 예를 하나 들자면, 신토마스주의자인 비토리아나 라스 카사스에서 홉스, 스피노자, 로크까지 이어지는 하나의 연속된 계보가 있으며, 그것은 인권이라는 베틀로 시대를 넘어 이어지는 천을 짜는 것이 아닐까요? 생명 관리 정치나 사목에 대한 사유에도 불구하고, 영원한 공화제republica perennis와 관련된 정치철학은 푸코와는 무관할 것입니다. 그리고 그는 그것을 이해하고 있었으며, 이별도 고하지 않고 이생을 떠나기 전에 우리가 로마나 그리스인의 사상으로부터 이어받은 것을 연구할 것을 바랐던 것입니다. 모든 것을 처음부터 다시 시작해야 하는 것은 아닙니다. 모든 것이 완결된 것도 아니고, 체계는 유한성으로 대체되었기 때문입니다.

그러나 반대로 구조주의에 치명상을 입혀 죽음에 이르게 한 유한성이 존재한다고 해서, 그것이 우리를 낭만적인 감정의 토로로 이끌어서는 안 됩니다. 파토스에 몸을 맡겨야 하는 이유는 선술어적 통합 속에서, 정서 속에서, 혹은 여기서와 같이 보는 것 속에서——즉 푸코가 느끼고 있었던 것과 같은 수동성이나 신앙 속에서——세계가 자신을 밝게 드러내기 때문이 아닙니다. 고통pathein을 인정하는 것은 파토스에 굴복하는 것이 아닙니다. 세계 내 예술의 불연속성에 관한 담론을 구축하는 것이 아니라, 부단히 반복되는 응시의 노력을 통해 담론을 조직하려는 의지는 인간의 작품[행위]에 대한 내재적 관념에 이르게 됩니다. 푸코에게 회화는 수태고지에 대해 현재 이루어지고 있는 독해처럼, 초월적 세계로부터 인간의 자리와 유래를 가르치러 온 것이 결코 아닙니다. 회화는 천사가 뿜어 내는 광선으로부터 태어난 것이 아니라, 예술가가 행하고 이룬 연구로부터, 그리고 가시적인 것과 비가시적인 것 사이에서 예술가가 조직한 구성으로부터 생겨나는 것입니다. 어둠과 빛은 말들에 대한 장인적 시선이 갖는 지식처럼 항시 서로 투사됩니다. 제가 아는 한 푸코는 결코 계몽을 포기하지 않았고, 그에게 배운 사람들도 대부분 그렇습니다.

이미지의 권리들

클로드 앵베르

푸코는 1967년 로마에서, 그리고 도쿄와 피렌체에서 이 강연을 했고, 이번에 간행된 이 튀니스 버전(1971년)이 있습니다. 이 강연 원고는 다양한 상태로 유통되고 있었는데, 결코 출간되지는 않고 하룻밤의 이야기인 상태 그대로 프랑스 외의 여기저기에 방치되고 있었습니다. 그렇지만 이것은 그런 상태를 슬기롭게 마무리하게 되었습니다. 강연의 청중은 우선 이런 말을 듣게 됩니다. 여기서 논의하게 될 것은, 재현을 배제함으로써 "현대 미술을 가능케 한" 심층적 변혁이며, 마네가 인상주의에 기여한 것보다 "위치를 설정하기가 훨씬 더 어려운" 듯한 "단절"이라는 말을 말이지요. 어떤 의미에서 푸코가 논의를 마무리하는 데 이용하는 〈폴리-베르제르의 바〉 분석은 〈시녀들〉 분석을 보완하고 있고, 두 그림 모두 그 명백함을 통해 대담하고 어려운 책인 『말과 사물』(1966)을 에워싸고 있는 듯합니다. 이제부터 보게 되겠지만 이 논의는 설득력이 있습니다. 하지만 과연 그뿐일까요?

1968년 푸코는 마네에 대한 시론 『검정과 색채』[1]를 출간하기로 미뉘 출판사와 약속했습니다. 이에 관해서는 강연에서 엿볼 수 있는 것이 거의 없습니다. 말라르메가 열었고 역사가들이 검토해 온 선과 교차하면서, 인상주의와 관련해 마네의 독자성을 규정할 수 있는 것에 대해 말하는 부분 외에는 말이죠. 이보다 수년 전 마네는 플로베르와 함께 있었습니다(1964년). 플로베르가 현자들의 책에 파묻힌 '환상의 도서관'을 해방시켰을 즈음, 마네는 살롱과 미술관을 위해 그림을 그리고 있었습니다. 그 이후 모든 그림은 "격자 모양의 커다란 표면에 다름 아닌 회화"에 속하게 됩니다.[2] 푸코는 자신과의 반성적 관계라는 낭만주의적 자율성 속에서 예술과 문학을 파악한 것이 아니라, 근대성이 자신의 대안을 발전시키고, 자신의 새로운 지성을 떠받치는 소재를 전개시키며, 자신의 발명품을 세상에 내놓는 장소나 차원을 문제 삼았습니다. 이제는 자신의 현재나 과거의 아르시브로는 충분하지 않고 자신의 범례들이나 자신이 행하는 조작들에 대해 주저하는 철학의 여백에서, 푸코는 자신의 장점과 불가지성을 과시하는 근대성을 파악하려 한 것입니다. 그러한 도전에 관해서도 역시 푸코는 그 특권적인 대화자들, 요컨대 바타유, 사르트르나 메를로-퐁티, 그리고 칸트나 니체와 궤를 같이하고 있었습니다. 1975년 인터뷰에서는 마네에게

------

1 다니엘 드페르가 작성한 연보를 참조하라. Michel Foucault, *Dits et écrits*, 4 vols., vol. 1, Paris: Gallimard, 1994.

2 플로베르의 『성 안토니우스의 유혹』(*La Tentation de saint Antoine*)의 「서문」으로 1964년 독일어로 발표되고, 1967년 「도서관의 '환상'」이라는 제목으로 『루이 바로 극단 통신』(*Les Cahiers de la compagnie Madeleine Renaud-Jean-Louis Barrault*)에 재수록된 텍스트를 말한다. "Un 'Fantastique' de bibliothèque", *Dits et écrits*, vol. 1, p. 293. 이곳에 게재된 도판을 기초로 후에 모리스 베자르(Maurice Béjart)가 작품을 안무했다.

주어진 소크라테스적이고 당착적인 역할이 명백해지고 있습니다.

마네의 모든 것이 저를 놀라게 만듭니다. 이를테면 추악함이 그렇습니다. 〈발코니〉에서 보이는 추악함이 갖는 공격성 말입니다. 그리고 마네 자신이 자신의 회화에 대해 아무것도 말하지 않았다고 하는 설명 불가능함이 있습니다. 마네는 회화 내에서 몇 가지 일들을 했는데, 그것들에 비한다면 '인상주의자들'은 완벽하게 퇴행적이었습니다.[3]

마네에 관한 책이라는 허공에 떠 버린 계획은 차치하고라도, 이 정도의 단서들만으로도 어디서 또는 왜 푸코가 회화에 대해 이야기한 것인지를 묻기에 충분합니다. 『광기의 역사』(1961년)의 서두를 장식했던 〈광인들의 배〉La Nef des fous, 또 그 책의 마무리 부분에 등장하는 고야의 〈광기들〉Los Disparates, 그리고 그가 '계몽'(1984년)을 추적하게 된 '현대 생활의 화가'에 이르기까지 푸코가 회화를 다룬 곳은 수없이 많습니다. 서문, 인터뷰, 기사, 강연, 소논문이나 책 등등 말입니다. 이것들이 작품들 전체를 하나로 묶고, 푸코의 책을 특징짓는 설명과 표면화mise en surface에 관련된 분석론을 풍부하게 하고 있습니다. 저는 푸코의 논의 자체를 넘어서서 이 강연을 그것의 철학적 결과와 연결시키는 선을 추적해 보고자 합니다.

------

3 Foucault, *Dits et écrits*, vol. 2, p. 706.

재현들의 디플레이션

이 강연에는 마네에 대한 학문적인 역사 기술에 공헌하는 것이 아무 것도 없습니다. 푸코는 "문외한"으로 말하고 있으며, 일반적인 합의 사항을 변경시킬 만한 그림이나 데생, 아크릴화 등은 전혀 인용하지 않고 제시하지도 않습니다. 그가 슬라이드로 보여 준 작품은 모두 잘 알려진 것이고, 수없이 복제되어 온 것입니다. 때로는 그림의 제작 연도도 대충 넘어가고 있으며, 〈올랭피아〉나 〈풀밭 위의 점심 식사〉에 대해서는 그 역시 분명 알고 있었을 성상학의 가르침을 공공연히 피하고 있습니다.[4] 마네 초기의 스페인풍이나 만년의 정물화에 대해서는 아무것도 다루지 않습니다. 초기 르네상스 이래 사용되어 온 원근법에서 멀어지기 위해 마네가 동원한 모든 방법을 되돌아보며 푸코는 결론을 향해 세 단계를 설정합니다. 우선 그는 화가의 눈앞에 놓여 있으며 수직선과 수평선이 교차하는 사물이자 표면으로서의 그림의 현실성을 강조합니다. 거기서 회화는 하나의 장식띠처럼 나타나며, 감상자는 거기서 배제되어 있습니다(〈오페라 극장의 가면 무도회〉). 〈막시밀리앙의 처형〉에서는 엄밀한 의미에서 전경이 되는 장소가 더 이상 없기 때문에, 감상자들은 처형되는 자들과 저격병들을 보지 못하게 막는 돌벽을 겨우겨우 기어오르고 있습니다. 이러한 첫번째 폭력성은

------

4   에르빈 파노프스키의 『성상학 연구』(*Studies in Iconology*)에 대해서는 다음을 참조하라. Foucault, "Les Mots et les images", *Dits et écrits*, vol. 1, pp. 620~623. 〈풀밭 위의 점심 식사〉와 〈올랭피아〉에 대해서는 Foucault, "La Peinture de Manet", Paris: Société française d'esthétique, 2001을 참조하라.

내부 빛이 없는 것, 아틀리에의 빛처럼 균일하고 생생한 정면 조명을 받아들이는 것을 통해서 확증됩니다. 그리고 마지막으로 이탈리아 회화의 주요 조작인 수사법이나 유혹과 달리, 감상자는 장면으로 들어갈 수 있기는커녕 들어가는 것을 금지당합니다. 푸코는 여기서 마지막으로 〈폴리-베르제르의 바〉를 분해시키는 몇 가지 양립 불가능성을 열거합니다. 이때 그는 문법적으로 더없는 섬세함을 보여 주고 있습니다.

> 따라서 세 가지 양립 불가능성의 체계가 존재합니다. 요컨대 화가는 중앙에 위치해야 하고 또 오른쪽에 위치해야 합니다. 누군가가 있어야 하고 또 아무도 없어야 합니다. 위에서 아래로 내려다보는 시선이 있어야 하고 아래에서 위로 올려다보는 시선이 있어야 합니다. 우리가 보는 대로의 광경을 보기 위해 어디에 위치해야 할지를 알 수 없는 삼중의 불가능성……이 〈폴리-베르제르의 바〉의 근본적인 속성이며, 이 그림을 볼 때 체험하는 매력과 거북살스러움을 설명합니다.[5]

누가 여기서 말하고 있을까요? 당연히 화가의 지식은 아닙니다. 이 〈폴리-베르제르의 바〉가 눈이 부시게 아름다운 회화에 내재하는, 그 지식의 모순을 보여 줄 것이기 때문이지요. 그런 것이 아니라, 그림의 스폰서, 즉 그림의 기쁨을 대중 앞에 제공해 온 왕이 점할 듯한 그

------

5 Foucault, "La Peinture de Manet", p: 30(supra, pp. 46~47)[본서 70쪽].

러한 자리에서 쫓겨난 감상자입니다. 이 그림은 감상자를 곤혹스럽게 하지만, 착시를 야기하는 원근법에 충실한 **지각적 자연**의 혼란이 여기서 확인됩니다. 그리고 그것은 편안해져 있던 정서가 디플레이션을 일으켰기 때문인 것입니다. 그러나 푸코는 거기서 회화에 대한 기술적 묘사와 증대하는 감상자의 불안을 연결시키는 두 언어를 말했습니다. 이 둘이 분리되기 위해서는 이 최후의 순간을 기다려야 했고, 또 "어디에 위치해야 할지" 더 이상 알 수 없는 감상자의 우스꽝스러운 곤경을 중심으로 해서가 아니라, 장면과의 동일시 및 거기서 묘사된 것의 향유에 언제나 연루되어 있는 비판적 판단의 무기력함을 중심으로 해서 모든 사항이 명확해져야 했습니다. 우리는 이 곤경이 강연의 첫 마디에서부터 목표로 하고 있었던 것이었음을 문득 이해할 수 있게 됩니다. 마네가 덫을 놓았다면 그것은 시선이라는 암묵적인 합의를 가시성의 시련으로 대체하기 위해서였던 것입니다. "나는 내가 본 대로 그린다"J'ai fait ce que j'ai vu.

그러므로 이제 다시 논의를 시작합시다. 그런데 이번에는 감상자의 분노가 구체화되는 감정의 선을 따라, 그리고 화가의 기법 속에 포함된 근대성의 힘을 따라 논의를 시작해 봅시다. 감상자가 전체 장면에서 배제되어 있을 뿐 아니라, 그려진 인물들은 감상자를 알아차리지조차 못합니다. 그 인물들은 다른 곳이나 다른 것을 보고 있는 듯하며, 감상자의 어깨 너머 어딘가 한 점에 시선을 고정하고 있거나 그렇지 않으면 그에게서 등을 돌리고 있습니다. 감상자는 자신에게는 보이지 않는 광경에 중요성을 부여하기 위해 사라지라는 주문을 받고 있습니다. 요컨대 여기서는 두 공간이 폭력적으로 분리되어 있고, 그 어떤 창이나 원근법이나 거울도 양자를 소통시킬 수 없습니다. 그려진 인물들은 그림 앞쪽 혹은 뒤쪽을 바라보고 있고, 그들에게만 보이는 것을 숨기고 있습니다. 이를테면 앉아서 손에 든 책 너머를 바라보고 있는 여성과, 본체는 보이지 않으며 나머지 부분은 연기로 뒤덮은 열차의 방향을 향하고 있는 여자아이처럼(〈철로〉) 말입니다. 마네의 캔버스는 그 어떤 **입당송**도 준비하지 않으며 그 어떤 비밀도 보여 주지 않고, 어떠한 전례도 집전하지 않습니다. 화가만 알 수 있는 방식으로 벨라스케스를 알고 있던 마네에게는 회화적 장치와 비판적 장치의 결합——벨라스케스는 고전적 회화를 훌륭하게 그 지점까지 이끌었습니다——을 분리하는 것만으로 충분했던 것입니다. 기술적으로 말하자면 그는 벨라스케스와 클레를 연결하는 도정에 개입한 것입니다.

벨라스케스가 그의 시대와 맺고 있던 관계를 우리 시대에 가장 여실히 체현하고 있는 것은 클레의 회화가 아닌가 싶습니다. 회화를 구성할 수 있는 모든 동작·행위·서기·흔적·윤곽·표면을 가시적인 형태로 표시했다는 점에서 클레는 그리는 행위 자체를 재치가 번득이는 광대한 지식으로 만들어 버립니다.[6]

이야기를 끝까지 하도록 하겠습니다. 〈폴리-베르제르의 바〉는 예상되는 대화의 자리에 다른 작용을 끌어들입니다. 남자 손님은 다른 방향을 바라보고 있는 젊은 여성에게는 보이지 않습니다. 그는 '어

------

6 Foucault, *Dits et écrits*, vol. 1, p. 544.

굿난' 자리에 있고, 엉뚱한 자리, 떨어진 자리에 있으며, 자신이 예상한 바를 배반당함과 동시에 다른 쪽으로 끌려 가, 여종업원의 시야 바깥으로 나가 버렸습니다. 여종업원의 시선은 그림의 전경에 무심한데, 그것은 〈올랭피아〉에서 〈비어홀의 여종업원〉, 혹은 〈자두〉La Prune에 이르기까지 반복되는 것입니다. 이 여종업원은 그녀 직업에 필요하다고 여겨지는 붙임성 좋은 태도조차도 갖추고 있

에두아르 마네, 〈자두〉, 캔버스에 유화, 73.6×50.2 cm, 1878, 런던: 국립 미술관.

지 않습니다. 그 불손한 무관심과 공허한 시선은 그녀가 다른 곳을 보고 있다는 것, 그리고 손님이 원하는 독점 상태보다도 눈앞에 있는 홀의 광경 쪽을 좋아한다는 것을 권리로서도 사실로서도 보여 주고 있습니다. 마네는 그 장면을 두 면에서 전개하고 있고, 두 시계視界가 서로 만나지 않는 모습을 보여 주면서 손님을 오른쪽 방향으로 이동시키고 있으며, 그 손님의 시선에는 응답하지 않습니다. 그것은 고대의 한 장면, 디오게네스가 알렉산드로스 대왕에게 거기서 비켜 달라고 정중히 부탁하는 장면에 호응합니다. 그리고 마네의 〈늙은 음악가〉에 묘사된 크리시포스Chrysippos인 듯한 인물은 이미 태양도, 알렉산드로스 대왕도, 세계라는 무대 배경도 보고 있지 않고, 보는 것의 완전

히 새로운 훈련을 회화에 가져오고 있습니다. 여기서는 모든 지향성 intentionnalité의 존재 방식이 배반당하고 회피되며 재교육받고 있습니다. 회화는 여기서 그 기원의 빛을 잃습니다. 그리고 사르트르가 그 최초의 국면을 틴토레토와 관련해 말했던 것과 같은 일을 성취합니다.

그리고 나서 피렌체에서는 원근법의 [공간] 정복이라는 모험이 있었다. 원근법은 세속적인 것이고, 때로는 모독이기도 하다. 만테냐 Andrea Mantegna가 그리스도를 세로로 그려 심술궂게 머리를 뒤쪽에 놓은 그림을 보자. 아버지 하느님이 원근법 때문에 길이가 짧아져 버린 아들에게 만족할까?[7]

이후로 시민 생활의 무대와 피렌체의 부르주아를 위해 시선에 방향을 부여하는 이러한 힘은 판단의 철학적 민주제를 보증했습니다. "원근법은 약한 인간이 신의 작은 세계에 가한 폭력 행위이다."[8] 사르트르는 시선이라는 강요된 행위를 실존의 변증법에 적합하게 만들었습니다. 그렇지만 마네 이후에는 시선에 존재와 무와 관련된 왕권을 부여하는 것은 이미 적절한 일이 아니게 되어 버렸습니다. 그림은 세계라는 극장에서 지각을 찬양하고 확립시키는 매개임을 멈추자마자 연극성을 벗어나 버립니다. 즉 자신을 쇄신하면서 디플레이션을 야기

------

7 Jean-Paul Sartre, "La Séquestré de Venise", *Situation IV*, Paris: Gallimard, 1964, p. 328. 초판은 *Les Temps modernes*, n° 141, 1957. 틴토레토에 대한 이 긴 논문은 "준비 중인 저작의 단편"이라고 불렸다.

8 *Ibid.*, p. 329.

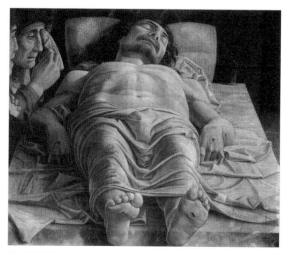

안드레아 만테냐, 〈죽은 예수〉, 캔버스에 템페라, 68×81cm, 1475~1478, 밀라노: 브레라 미술관.

하는 듯한 그림의 힘이, 시선의 지향성이라는 개념에 매달린 실존주의 철학의 파산을 오래전부터 준비하고 있었던 것입니다. 그 구도가 양립 불가능한 두 사진과 같은 두 이미지를 보여 주면서, 마네는 중심화와 완전성이라는 강제—초월론적이라고 이야기합시다—를 위반한 것입니다. 캔버스는 여러 면의 분리와 전개라는 측면적 운동을 포착하고, 여종업원의 무관심과 욕망을 숨긴 손님의 시선을 병치한 것입니다. 보는 것과 보여지는 것의 역학은 기만을 가르치는 장이고 동시에 근대적인 것의 틀이기도 한, 가시적인 것에 대한 경험으로 대체되는 것입니다.

처음으로 회화가 비가시적인 것을 우리에게 보여 주는 것으로 주어지며, 요컨대 회화의 규정이나 속성에 비추어 볼 때, 또 캔버스의 속성 자체에 비추어 볼 때도 우리가 보아야 할 바는 필연적으로 비가시적이라는 점을 지적하기 위한 시선들이 회화에 존재하기 때문입니다.[9]

정면에서 오는 조명이 묘사된 인물들의 시선을 포착하고, 그들을 우리와 그들의 만남으로부터 떼어 놓으며, 그들이 보고 있는 광경을 우리에게서 빼앗아 가 버립니다. 경험이라는 형판에 의해 잘려진 것은 아무것도 남기지 않습니다. 비가시성은 보는 것의 대가입니다. 미술관을 방문한 사람들은 〈올랭피아〉를 처음 본 관객들이 그랬던 것처럼, 만족이나 스캔들의 권리를 행사하는 것이 아닙니다. 절대적 향유를 박탈당하고 또 시선에 대한 책임을 갖게 되었다고 느끼게 되는 것입니다.

……〈올랭피아〉의 나신을 향하면서 나신을 비추는 것은 우리의 시선입니다. 우리가 〈올랭피아〉의 나신을 가시적으로 만듭니다. 〈올랭피아〉를 향한 우리의 시선은 횃불을 들고 있습니다. 우리의 시선이 빛을 지니고 있습니다. 우리는 〈올랭피아〉의 가시성과 나신의 책임자입니다.[10]

그 결과로 몇 가지 자유가 새롭게 생겨나는데, 기호에 의한, 기호

------

9 Foucault, "La Peinture de Manet", p. 18(supra, p. 35)[본서 47~48쪽].
10 *Ibid.*, p. 25(supra, p. 40)[본서 57쪽].

로 이루어진 회화로 결정적으로 이행한 것이 하나의 예로 들어집니다. 푸코는 이를 분석하고 있는데, 그것은 흡사 하나의 과정, 『말과 사물』에서 텅 빈 채로 남겨져 있던 자리를 채우는 듯한 과정을 떠오르게 합니다.

〈발코니〉는 제목이지 결코 설명문이 아닙니다. 〈온실에서〉, 〈철로〉, 〈아르장퇴유〉, 〈아틀리에에서의 점심 식사〉, 〈풀밭 위의 점심 식사〉가 어떤 장소보다는 하나의 장치를 지시하고 있었던 것과 마찬가지로 말입니다. 〈폴리-베르제르의 바〉는 이들의 극단이며, 그것들이 획득한 새로운 실정성을 이어받아 발휘하고 있습니다. 묘사된 인물들은 자기 시야의 가장자리에 매달려 있습니다. 〈발코니〉의 세 사람은 방 내부를 가리고 있고, 또 자신들이 바라보는 외부의 모습도 전혀 보여 주지 않고 있습니다. 그 장면은──그러나 그것은 더 이상 문제가 아닙니다──묘사 불가능한 것입니다. 여기에 이르러 푸코는 태도를 바꾸어, 감상자를 버려 두고 마네가 행한 것 쪽으로 결정적으로 이동합니다. 그리고 이제까지 주의 깊게 빼놓았던 변수를 하나 도입합니다. 그것은 색채인데, 검정색, 흰색, 암록색이라는 범위로 좁혀진 색채입니다. 하얀 드레스 두 벌과 검은 프록코드 한 벌, 그것은 "피아노의 세 건반" 같지만, 불협화음처럼 의외의 것입니다. 두 쇠살문과 발코니의 난간이 초록색으로 전체를 테 두르고 있습니다. 그 테두리는 들라크루아를 매우 화나게 만들었는데, 왜냐하면 그의 것을 표절한 것이었기 때문입니다. 푸코에 따르면 마네는 건축물에는 색을 넣지 않고 인물의 옷에는 색을 입히는 "초기 르네상스 기법"을 전도해, 그 색을 어울리지 않게 사용한 것입니다. 검정색의 난입이 그러한 전환에 봉사하고 있습니다. 한편 인물들은 그 좁은 발코니 위에 내던져져 있습니다. 발코니는 완전히 새로운 요소이며, 도시 건축에서 시도되기 시작한 지 얼마 되지 않은 것이었는데, 그것은 사람들이 살롱에서의 대화에 만족하지 못하고 밖으로 나가 〈몽토르게이 거리〉Rue Montorgueil 나 〈모니에 거리의 깃발〉La Rue Mosnier aux drapeaux에 묘사되어 있는 것처럼 소란스러운 광경을 바라볼 때 이용하는 것이었습니다. 푸코가 나사로와 같다고 평한 그들에게 대체 어떤 부활이 약속되어 있는 것일까요?

바로 이 생과 사의 경계, 빛과 어둠의 경계가 여기서 이 세 등장인물을 통해 구현되고 있습니다. 이 세 등장인물은 무엇인가를 강렬하게 바라보고 있는데 우리는 그것이 무엇인지 볼 수 없습니다.[11]

수수께끼는 〈폴리-베르제르의 바〉의 경우보다 더 심오합니다. 재현의 역사에는 쓰여 있지 않고, 또한 그 용어의 의미 자체를 이미 바꿔버렸을지도 모를 어떤 물음에 대한 답변과 같은 것을 여기서 발견해내야 합니다. 즉 정지 화면처럼 허공에 떠 있는 이 장면에 연관된 "이해하기 더욱 곤란한 어떤 것"을 말입니다. 푸코는 그것에 대해 어떤 표현도 하고 있지 않고, 그 도착적 크레센도와 더불어 그것에 대한 하나의 변주를 제시한 마그리트를 호출하려 하고 있습니다.

------
11 Foucault, "La Peinture de Manet", p. 28(supra, p. 43)[본서 62쪽].

클로드 모네, 〈1878년 6월 30일, 축제가 열린 파리의 몽토르게이 거리〉, 캔버스에 유화, 81× 50cm, 1878, 파리: 오르세 미술관.

에두아르 마네, 〈모니에 거리의 깃발〉, 캔버스에 유화, 65×81cm, 1878, 취리히: 개인 소장.

가시성, 이미지 그리고 칼리그람

푸코에게 보낸 편지에서 마그리트는 이렇게 답했습니다.

> 당신의 질문(제 그림 〈원근법 2: 마네의 발코니〉에 대한)은 이미 그
> 질문 속에 포함되어 있는 것을 묻고 있습니다. 마네가 흰옷을 입은
> 인물들을 보았던 곳에서 저로 하여금 관을 보게 한 것, 그것은 제 그
> 림에 의해 보여지고 있는 이미지이고, 거기서는 〈발코니〉의 무대 장
> 치가 관을 두기에 적합했던 것입니다.[12]

마그리트의 이 그림은 **원근법들**perspectives이라는 연작 중 마지
막 작품이었습니다. 그 연작에는 우선 관이 명백하게 반프리드리히
Caspar David Friedrich적으로 열린 풍경 속 바위 위에 기분 좋게 앉아
서, 어떤 멜랑콜리도 없이 햇빛을 쬐고 있는 이미지가 있었습니다. 그
리고 프랑수아 제라르François Gérard와 자크-루이 다비드가 그린 레
카미에 부인Madame Récamier 주제의 두 변주가 연이어 오는데, 대화
는 거기서 중단되었습니다. 그 인물상은 '레카미에'라 불리는 종류
의 소파를 흉내 내어, 오크목으로 된 상자가 되어 있는 것입니다. 그
이미지에서는 눈에 보이는 것이 그 조건들을 부각시키고 있습니다.

------

12 이 서신은 마그리트가 작고한 지 얼마 후에 마그리트에 대한 오마주로 출판된 푸코
의 다음 책에 포함되어 있다. Foucault, *Ceci n'est pas une pipe*, Montpellier: Fata
Morgana, 1973[『이것은 파이프가 아니다』, 김현 옮김, 고려대학교출판부, 2010].

르네 마그리트, 〈대화의 기술〉, 캔버스에 유화, 65×81cm, 1950, 개인 소장.

즉 정경이 철거된 때의 장소나 배치 등을 말합니다. "이를테면 쿠르베의 〈오르낭의 매장〉Un Enterrement à Ornas의 무대 장치와 인물들을 배치한 변주라면 패러디와 같은 종류의 것이 되겠지요"라고 마그리트는 설명합니다. 거장을 모사하기를 멈추고, 성스러운 대화Sainte Conversation에 대한 피렌체의 팔랭프세스트palimpseste를 회상하게 하는 것은 아무것도 남아 있지 않습니다. 마그리트는 마네에게서 가시적인 것과 비가시적인 것과 관련된 순수한 통사법을 끌어내고 있는 것입니다. 〈대화의 기술〉L'Art de la conversation에는 작고 아무 말도 하고 있지 않은 두 인물이 그려져 있는데, 그들은 거대한 바위에 둘러싸여 있고 거기에는 그들이 하는 말의 의미 내용을 거의 전달해 주지 않는 말이 새겨져 있습니다. 무엇인가를 간신히 해독할 수 있습니다. 아마도 꿈rêve 혹은 중지trêve겠지요. 그것은 "인간들의 무관심 속에서 자기들 고유의 언어를 형성하는 사물들의 자율적 인력이며, 그것은 그 인력을 인간들이 알아차리지도 못하게 그들의 대화 속에 부과하는 것이다". 이 회화는 이야기나 장면이나 해설을 배제하고 있습니다. 그렇지만 회화가 사물에 자신의 기호를 부여하는 데 부족함이 없습니다. 여기서 가시성은 그 자체로 취급되고, 아이러니하기까지 한 명백함을 통해 『말과 사물』이 논하고 있는 것과 같은 모방과 유사의 취약한 교류를 멀리하는 것입니다. 애초에 『말과 사물』은 이 서신 교환의 계기였습니다.[13] 마그리트는 그 편지에 자기 그림의 사본을 몇 점 첨부했는데, 그 중에는 〈이미지의 배반〉La Trahison des images ─── 푸코는 이 그림에서 마그리트를 향한 오마주인 『이것은 파이프가 아니다』의 제목을 빌렸습니다 ─── 도 포함되어 있었습니다. 그 그림에서 이미지는 자기 자신에게 강박적으로 동반되는 은밀한 언표를 표면에 내세우고 있습니다. 마치 어떤 불가능한 몸짓을 통해 언표에서 해방되려는 것처럼 말입니다. 파이프의 완벽한 재현과 병치됨으로써 그 언표는 끊임없이 재현 회화를 확립해 온 재인récognition의 장면을 적나라하게

------

13 Foucault, *Ceci n'est pas une pipe*. 이 서신 교환 이전에 다음의 에피소드가 있었다. 알퐁스 드 발렌스(Alphonse de Waelhens)가 마그리트에게 [모리스 메를로-퐁티의] 「눈과 정신」(L'Œil et l'esprit)을 건넸을 때 마그리트의 답변은 가차 없었다. 말하자면 회화의 기법 자체로 되돌아가라는 것이었다. 푸코가 한 것과 반대되는 평가는 역시 동일한 사항과 관련되어 있다.

르네 마그리트, 〈이미지의 배반〉, 캔버스에 유화, 60×81cm, 1929, 로스앤젤레스: 로스앤젤레스 카운티 미술관.

보여 줍니다. 눈에 보이기 때문에 언표는 가시성의 덫에 걸릴 것이고, 언표에는 이중의 비틀림이 가해집니다. 우선 언표는 문자화된 형태로만 가시성 안에 들어올 수 있습니다. 그리고 언표는 더 이상 그림을 반드시 읽혀야 하는 것legendum, 즉 외부의 명령, 정보보다는 사용법에 가까운 것으로 이중화하지 않기 때문에, 언표는 설명문이 그것이 설명하는 이미지에 흡수·동일화되는 것을 부정함으로써만 이미지 아래 기입되어 이미지와의 차이를 주장할 수 있는 것입니다. 화가는 관습protocole을 깨고 회화는 낡은 계약을 배반합니다. 그리고 제목이 한번 쓰여지자마자 접이식 자를 사용해 무게를 재려는 것과 마찬가지로 엉뚱한 방법이라는 것이 갑작스럽게 역설을 통해 명백해집니다. 그렇게 되면 말에 특유한 명령과 이미지로부터 오는 명령을 혼동하는 일은 불가능해집니다. 〈이미지의 배반〉에서는 우리가 모르는 척 넘어가고 싶어 하는 것들이 큰 소리로 폭로되고 있습니다. 우리가 그것을 모르는 척하고 싶어 하는 것은 우리가 사물을 평가할 수 없어서가 아니라 우리가 너무 서투르게 평가하기 때문입니다. 최고의 권위를 가진 하나의 인식론이 바로 지금 어딘가에서 붕괴해 버린 것입니다.

여기서는 이미지를 전개하는 작용이 보이는데, 그 작용은 몽타주나 앞서 지적한 절차들을 넘어선 곳에서 가시적인 것에 대한 고고학을 가능하게 합니다. 마그리트는 회화에서 그 암묵적 언표를 제거해 버렸는데, 바로 그 언표가 식별 가능한 이야기를 통해 회화의 부조리함을 오랫동안 상쇄해 온 존재 이유였습니다. 그것이 공간의 양분화나, 엘 그레코El Greco에게서 발견되는 것과 같은 원근법을 거부하는 상승감을 신뢰하게 만들었던 것입니다.[14] 거기서 끊어진 사슬, 그렇게나 오랫동안 이미지를 대상의 벡터에 의존하게 하고, 또 그것을 연극적인 정경과 줄거리라는 틀 안에 가두고, 역사적 회화나 하나의 어떤 세계로 둘러쳐 놓은 행위 따위에 연결시켜 놓았던 사슬, 가장 단단한 그 사슬은 대체 어떤 것이었을까요? 푸코는 그 비밀을 폭로하고 있습니다. 마그리트는 칼리그람calligramme을 파괴했습니다. 요컨대 들리는 말이라는 분신, 즉 이미지를 예고하고 신분증처럼 이미지를 보증해 주던 것을 회화에서 추방한 것입니다.

------

14 이 점에 대해서는 들뢰즈의 다음 지적을 참조하라. Gilles Deleuze, *Francis Bacon, logique de la sensation*, Paris: Éd. De la Différence, 1984, chap. 2, p. 13[『감각의 논리』, 하태환 옮김, 민음사, 2008, 20쪽].

칼리그라피가 "사물을 이중적 서기graphie의 덫에 걸리게 하는" 기술이라면, 푸코는 재현적 원근화법과 묘사적 에크리튀르가 달라붙어 있는 이 등가성들의 핵심으로 향하는 셈입니다. 필로스트라토스 Philostratos의 『회화론』, 에크프라시스[묘사]ekphrasis의 기법들, 그리고 12음절 시구의 칼리그람을 하나의 시리즈로 생각해 본다면, 그것들이 여러 방식으로 설명하고 있다 해도, 번역의 규칙은 준안정성이라는 타협을 여전히 고전적 회화에 부과하고 있다는 것을 명백히 보여 주고 있습니다. 그러나 마그리트는 새로운 종류의 분석을 행하고 있으며, 하나의 인식론적 장르를 파괴하고, 여러 능력의 조화에서 회화를 해방하는 것입니다. 아이러니를 통한 그런 취급에는 한 가지 장점이 있는데, 그것은 고전적 회화에서 확실히 기초적이었던 듯한 관계, 즉 모방하고 인식하는 것과 관련해 회화가 부여하는 기쁨을 완전히 객관화할 수 있다는 것입니다.[15] 그러나 그러한 범례는 어느 하나의 장르를 넘어서는 것이 아니고, 거기로부터 자연의 어떠한 우위도 이끌어 내지 않습니다. 이때 이 파괴된 칼리그람, 이 평탄화된 이미지는 자신의 환상과 같은 존재, 정경과 언표로 이루어진 이질적인 구성, 그리고 이 양자를 연결시키려는 야심을 고백하도록 강제하는 현상학을 회화 속에서 전개하는 것입니다. 이러한 사실의 개진이 그곳에서 백일하에 드러내는 것은 통사론적인 야심이며, 그 야심이 말과 장면을 동등하게 결합시키려 하고, 세계의 행복한 회전 운동 속에서 모든 것을 회수하려 합니다. 그 매혹을 파괴한 것은 초현실주의의 업적입니다. 마그

------

15 Aristote, *Poétique*, chap. 4.

리트는 문자와 음표의 놀이로 이루어진 성실하고 아이러니한 솜씨로 에릭 사티와 함께 걷는 것입니다.──〈배 모양을 한 소품〉Morceaux en forme de poire.

　르네상스 시대에 원근법은 고대 그리스의 규칙 마지막에 부가된 추가 조항이었는데, 그것은 두 가지 원리 중 어느 한 쪽을 선택하기에 충분히 도움이 되지는 못했습니다. 첫번째 원리는 이미지의 유사와 말을 통한 지시를 구별하는 것을 목표로 했습니다. 그러나 두번째 원리는 유사하다는 사실과 하나의 단언 사이의 등가성을 주장합니다. 어떤 정경에 동일화하는 것을 원동력으로 삼는 모든 회화는, 여전히 오래된 현상학을 통해 수호되고 설명될 만한 것입니다. 그리고 칸트는 바로 그러한 회화가 자신의 체계를 성립시키는 주춧돌이 되기를 바랐고, 또 그 여백에서 공통 감각이 회화에서 거부한 것을, 그가 뉴턴 역학의 종합을 통해 확립한 비판적 현상학이 확증해 주기를 바랐습니다. 그러나 마그리트의 이미지는 그러한 인식의 의표를 찌릅니다. "언젠가 사물들 자체가 신원 확인을 박탈당하는 때가 올 것이다. 캠벨 Campbell, 캠벨, 캠벨……."[16] 이렇게 해서 현대 화가들은 각기 자신의 역할을 받아들입니다. 칸딘스키는 형식이나 형상과 동시에 말하는 것까지도 소거하고, 마그리트는 가시적인 것을 언표에서 해방했습니다. 클레는 단언, 이름, 혹은 설명문 등의 결탁에 조금도 양보하지 않고, 동일한 하나의 결tissu 내에서 "유사에 따른 재현 체계와 문자 기호에 따른 대상 지시"를 교차시켰습니다. "이것은 양자가 그림이라는 공간

16　Foucault, *Ceci n'est pas une pipe*, p. 79[『이것은 파이프가 아니다』, 79쪽].

과는 전혀 다른 공간에서 만나는 것을 상정하고 있"습니다.[17]

여기서 푸코는 그의 첫 논문인 루트비히 빈스방거의 『꿈과 실존』 *Traum und Existenz*에 붙인 「서문」에서 출발해 그때까지의 그의 저작 깊숙이 숨겨져 있었던 물음에 답을 달고 있습니다. "우리의 언표를, 다른 방식으로 언표할 수도 있는 사물에 연결시키고 있는 것은 무엇인가, 어떠한 제도적 장이 그것을 규정하고 있는 것인가"라는 물음이 그것입니다. 그 물음을 다음과 같은 두 단어, 실제로는 주체성[주관성]이 갖고 있다고 여겨지고 있는 힘에 닿아 있는 단어와 연결시킬 수 있을 것입니다. "정신분석은 결코 이미지로 하여금 말하게 하는 데 성공하지 못했고", "현상학은 이미지로 하여금 말하게 하는 데는 성공했지만, 그 이미지의 언어를 이해할 가능성을 누구에게도 주지 않았던" 것입니다.[18] 정신분석은 자신의 해석학의 한계에 부딪쳤으며, 거기에는 망가진 레코드처럼 자기 말을 되풀이할 위험이 있었습니다. 현상학은 언표 행위의 한계를 이와 완전히 동일하게 재현했습니다. 『광기의 역사』에서 『임상의학의 탄생』까지 문제가 되었던 것은 지식을 제도와 연결시키는 것이었으며, 매개가 되는 의미 작용signification의 영속성에 기대지 않고, 바로 그 의미 작용이 생겨나고 사라져 가는 장인 말과 사물 간의 문제를 내포하고 있는 관계 속에서, 이미지들과 규범들을 관계 짓는 것이었습니다. 그 후에 남겨져 있었던 것은 칸트주의에서 계승되어 잔존하고 있던 어떤 불투명성에 접근하는 것이었으

------

17 *Ibid.*, p. 42[같은 책, 42쪽].
18 Foucault, "Le Rêve et l'existence", *Dits et écrits*, vol. 1, pp. 73, 79.

며, 모리스 메를로-퐁티가 철학자의 직업적 기만이라 부른 그 불확실한 종합적·구성적 조작에 근접하는 것이었습니다. 거기에 또한 근대성의 비밀이 있습니다. 이 근대성은 우리가 주장하고 그 선언들을 가지고 있는 어제의 근대성, 우리 시대를 무의식적으로 결정하는 그제의 근대성, 그리고 우리가 만들어 내는 데 이르지 못한 오늘날의 근대성입니다. 그 첫번째 것은 하나의 역사 속에서, 두번째 것은 하나의 고고학 속에서 모습을 보였는데, 그 세번째 것은 아직 우리가 모르는 곳에 있습니다. 그것들을 회복하면 불확실한 기회 같은 것이 나타날 텐데, 아마도 그 기회는 언제나 이미 놓친 기회일 것입니다. 이것도 또한 『말과 사물』의 실패라기보다는 그것이 겪은 비극입니다. 『말과 사물』은 언제나 허공에 뜬 책인 것입니다. 18세기 말에 결정된 진로, 그리고 '계몽'이 약속했으면서도 줄 수 없었던 것과 관련해 애매함이 드리워져 있습니다. 그럼에도 불구하고 아마도 거기에 포착 가능한 것이 있을 텐데, 왜냐하면 그것은 마네의 **설명할 수 없음** 안에, 그리고 무언의 대화와 행위라는 지상의 교류——그것들이 마네를 벨라스케스와 클레에 연결시키고 있습니다——속에 똬리를 틀고 있기 때문입니다. 이렇게 보면 어떤 객관적인 도표나 축소된 모델을 묘사해 보는 것도 가능할 것 같습니다. 그것을 이해하기 위해서는 더 이상 그것으로 하여금 말하게 하는 것이 아니라, 담론이라는 형태를 넘어서서——『말과 사물』은 그 음울한 운명을 묘사해 보여 주었습니다——그것을 전개해 보여 주는 것이 중요합니다. 앞서 『임상의학의 탄생』에 생기를 불어넣었던 것은 의학적 가시성에 대한 고고학이었습니다. '기호에 대한 책'으로 구상된 『말과 사물』은 그것을 당당히 논해야 했습니다. 가시성과의 순수한 교류 속에 다시 들어감으로써 마네의 회화는 원근법의 역사에서——마네 자신이 그 의표를 찌르기 위해 그것을 충분히 이용했습니다——우리의 미술관적 기억을 변함없이 계속 교란시키는 이미지들로 장소를 옮기는 것입니다.

논의는 두 방향으로 열려 있었습니다. 첫번째 방향성은 그림의 진실과 더불어 수직·수평의 골격을 강조하고, 게다가 그림의 틀이나 이젤보다 오히려 발코니가 거울을 대체한 것을 보여 주었습니다. 푸코는 막심 드페르Maxime Defert의 그림과 관련해 그 효과를 지적했는데, 그 효과는 그가 마크 토비Mark Tobey의 그림을 보고 느낀 기쁨의 심연에 있는 것이었습니다. 토비의 갖가지 음영이 드리워진 표면은, 이러한 방향성에서 겹쳐 쓰여져서만 보존될 뿐이지만, 그 표면은 그를 충분히 로스코나 몬드리안이나 클레와 연결시키는 것이어서, 결과적으로 마네에서 시작해 이런 동시대의 예술가들로 향하는 도정이 연결되게 되어 있습니다. 토비는 이미지의 권리들이 가치 있다고 여긴 사람 중 한 명입니다. 그리고 그림이 그 소재를 제공하는 오브제가 될 때, 그림은 그 자체로 예술 작품이 되는 뒤샹적 오브제와 만나게 됩니다. 그들은 모두 말과 사물 간의 교환이라는 인식론적 선, 올바른 위치 부여를 기다리는 오래된 현상학적 물음을 비스듬하게 횡단한 것입니다.

이리하여 1975년에 행해진 인터뷰의 생경하게 표현된 몇몇 순간을 연결할 수 있습니다.

저는 일생의 꿈을 실현했습니다. 토비의 그림을 한 장 샀죠. 그리고 거기에 열중했습니다. 이제 여기서 나가지 않겠다고 확신했을 정도입니다.

그리고 하이퍼리얼리스트들이 있습니다. 그들의 무엇이 내 마음에 드는지 잘 몰랐습니다. 아마도 그것은 그들이 이미지의 권리들의 회복에 걸고 있었던 것과 관계 있을 것입니다.[19]

또 한쪽의 방향성은, 근대성에 대해 생각한다고 하는 더딘 작업을 요청하는 것인데, 그것은 철학이 그 실증주의에 관련되는 부분에서 아직 행하지 않았던 작업입니다.

'포토제닉한 회화'

1975년 푸코는 화가 제라르 프로망제의 전시회 카탈로그에 위와 같은 제목의 글을 실었습니다. 사진의 유령에서 얻은 도시의 전경——거리, 쇼윈도, 군중, 뮤직홀——은 자유롭게 색채로 뒤덮여 버림으로써 비가시적인 것이 됩니다.[20] 이 글의 서두에서는 사진이 탄생한 시기에 대한, 그리고 사진과 회화의 혼란스럽고 열광적인 실제적 관계에 대한 역사가 풍부한 정보와 함께 묘사되어 있습니다. 네거티브 필름을 채색하거나 활인화를 사진으로 찍는 등 이 두 예술은 서로를 복제하고

------

19 Foucault, *Dits et écrits*, vol. 2, p. 706.

20 Foucault, "La Peinture photogénique", catalogue de l'exposition Fromanger, Paris: galerie Jeanne Bucher, 1975(repris in *Dits et écrits*, vol. 2, pp. 707~715). 이 글은 Sarah Wilson, *Gérard Promanger*, London: Black Dog Publishing, 1999에 프로망제의 몇몇 작품 및 들뢰즈의 논문 「뜨거운 것과 차가운 것」(Chaud et froid)과 함께 수록되었다.

중첩시키며, 행복한 것이든 공상적인 것이든, 모든 가능한 조합을 시도했습니다. 이러한 '양성 구유적'androgunes인 구성, 그러한 새로운 환상과 예기치 못한 결혼의 장에서 이미지의 대가족이 잔치를 열고, 화가들이——앵그르, 들라크루아 혹은 마네가——그것을 찬미하고 차용하기도 했는데, 푸코는 거기에 프로망제의 **포토제닉한 회화**가 응수하기라도 하는 듯이 현란하기도 하고 덧없기도 한 모험을 환기시킵니다. 그러나 그렇다고는 해도 이 제목은 이중으로 계획되어 있습니다. 왜냐하면 우선 그것은 윌리엄 헨리 폭스 톨벗William Henry Fox Talbot의 **포토제닉한 데생**을 흉내 내고 있기 때문입니다. 그러나 거기엔 동시에 회화가 사진이 가하는 시련을 받음으로써 보다 강고한 것이 되었다는 의미도 있습니다.

사진의 심연과 같은 것이 있고, 회화는 거기로부터 미지의 비밀을 끌어내는 것일까? 아니, 그런 것이 아니라, 한없는 이미지를 불러일으키고, 또 그것을 넘어서게 하는 회화에 의한 사진의 열림이 있는 것이다.[21]

푸코는 회화에서의 마지막 위대한 '기계 장치' 몇 가지에 대해 논의하고, 또 미술관이 때로 장소를 바꾸면서 전시해 온 화가들——마네가 오랫동안 그 아틀리에에 다녔던 쿠튀르, 그리고 클로비스 트루유 Clovis Trouille와 같은 화가들——에 대해 별스러운 주목과 진정한 호

------

21 Foucault, *Dits et écrits*, vol. 2, p. 714.

기심을 보이고 있습니다. 푸코는 가능한 것들이 교차하는 지점에서 스토아학파적인 선택지가 그려지는 궁극의 세계로서의 그림, 고대풍의 제도법을 취하고 있습니다. 그 한 예가 [오스카 구스타브 레일랜더 Oscar Gustave Rejlander의] 〈인생의 두 길〉Deux chemins de la vie이며, 이것은 어떤 숙달된 사진가가 콜라주를 통해서 〈아테네의 학당〉이나 〈퇴폐기의 로마인〉에 필적하는 유별난 동판 사진을 만들어 낸 것입니다. 쿠튀르는 〈향연〉의 마지막 장면을 그리고, 자신의 융성함을 아직도 믿고 있던 세계의 마지막 순간을 말했고, 거기서 마지막으로 다시 한번 생의 교차점을 표현해 보였습니다. 마치 길이 교차하는 지점에 있는 헤라클레스처럼 말입니다. 이미지의 열광 한복판에서 그러한 위인들은 적어도 단조롭고 매혹적으로 현실의 경험이 묘사되어 들어가는 것에 대해 긴급히 답해야 한다는 것을 예감하고 있었던 것입니다. 프로망제에 관해서 푸코는 원근법의 착시 기법과 무관한 현대적 이미지 고유의 차원으로서 **도시·사진·색채**라는 세 변수를 들고 있습니다. 마네킹과 액세서리와 행인들——그 중엔 화가 자신의 모습도 보이는데——이 착종된 길로부터 보여지는 프로망제의 진열대는 초현실주의자들의 진열대와 서로 공명합니다. 프로망제는 네거티브 필름에 작업을 가해서 그것을 변형시켜 증가시킵니다. 이렇게 해서 이미지는 어떤 **추출**extraction의 힘을 얻는데, 그 힘은 추상 작용에 따른 일시적인 현기증을 치료하기에 충분한 것입니다. 이러한 사건으로서의 여러 형태들은 우리가 포위되어 있는 현실의 밀도 속에서 예기치 않은 박리 작용을 꾀하고 있습니다. 프로망제의 기예와 그 색채의 선택에 의해, 사건에 대한 분석론이라기보다는 사건들의 가상적인 형상을 둘러싸고 전개되는 계열이 거기서 출현합니다. 프로망제는 가시적인 것과 관련된 문화에 박차를 가하는데, 그것은 광고와 프로파간다가 농락이라는 전통적인 규칙을 이용해, 현실을 파는 상점에 무료로 입장하는 것을 사람들에게 약속할 때 한층 더 긴급한 사태가 됩니다. 이번에는 이미지가 포착하기 힘들고 스쳐 지나가는 것이 되는데, 지배적인 색채에 따라 모습을 바꿔 가는 것입니다. 그 예가 〈오뷔송 그린〉Vert Aubusson, 〈밝은 카드뮴 레드〉Rouge de cadmium clair, 〈이집트 바이올렛〉Violet d'Égypte입니다. 모두 1972년의 작품입니다. 이것들은 경험을 파악한 스냅 사진이 아닙니다. 그렇다면 순수하고 공허한 모순이 될 것이기 때문입니다. 그런 것이 아니라, 그것들은 여러 사건의 섬광입니다. 가판대, 쇼윈도, 여러 몸짓, "대륙을 가로질러, 중국이나 아프리카 깊숙한 곳까지 이르는 가도, 도로, 길".[22] 거기서 보이는 것은 이미 내일의 중국이며, 선명한 색깔의 청소차의 짐받이 곁에 있는 조국을 떠난 도로 청소부의 몸짓을 자기화하고, 그에게 색채를 부여하며, 그 몸짓에 충동을 부여하고, 가로의 여기저기에 그가 태어나 자란 숲을 분배해서 회전하게 하는 아프리카입니다. 이미지는 자유롭게 그 평면을 다시 짜고, 다른 여러 차원을 전개하며, 중간물tertium quid을 말과 기하학적인 레이아웃 사이에 슬쩍 끼워 넣고, 모든 확언으로부터 해방된, 무구하고 예기치 못한 통사론을 탐구하는 것입니다. 사진은 그 리얼리즘의 힘을 계열적으로 분배한 것입니다. 그 시리즈의 마지막 작품인 〈베르사유의 오페라 극장〉Á l'opéra de versailles과 〈세계 최고

------

22 Foucault, *Dits et écrits*, vol. 2, p. 714.

의 시인, 미셸 뷜토의 초상〉Portrait de Michel Bulteau, le plus grand poète du monde이 프로망제를 마네 쪽으로 이끕니다.

> 베르사유에는 샹들리에, 빛, 반짝거림, 변장, 반사, 거울이 있다. 형식
> 이 권력의 호사 속에서 의식화되어ritualisées 있었음에 틀림없는 이
> 우아한 장소에서는 모든 것이 호화로움의 빛 그 자체에 의해 해체되
> 고, 이미지는 색채의 비약을 해방시킨다. 장엄한 불꽃놀이, 헨델이
> 비와 함께 내린다. 폴리-베르제르의 바, 마네의 거울이 빛난다.[23]

그러나 과연 그것은 거울이었던 것일까요? 여기서는 원근법의 중심을 변함없이 찾고 있던 감상자의 당착적인 공식 자체를 기각하면서, 벨라스케스를 전도시키는 것만으로는 만족하지 않았던 마네, 푸코를 경탄시켰던 마네의 기법이 작열하는 것처럼 드러납니다. 위대한 재현 기법에 마네는 즐거울 정도로 측면적이고 탈중심화되어 있으며 유동적인 또 다른 기법을 대치시키고 있었습니다. 그러나 프로망제의 포토제닉한 회화는, 사진이라는 필터를 거침으로써, 그리고 그 역사에 대한 분광 사진spectrogramme을 계속 보존함으로써 사건의 순간, 죽음의 역사에서의 방향 전환 지점을 포착하는 데 성공하고, 그 장소에서 마네를 포착할 수 있게 된 것입니다. 새로운 **집합 형태**가 만들어지고, 그 수단과 결과에 따른 사선적인 이미지가 예술의 분류를 교란합니다. 여기서 마네는 적절한 지점에 위치하게 됩니다. "……라벨이 붙어

------

23 Foucault, *Dits et écrits*, vol. 2, p. 714.

정리되어 있었던 이미지는 빠르게 도주하고, 나중에 남는 것은 단지 그것들이 통과했다는 사건뿐, 어디론가 가 버린 색채들의 기마 행진 뿐이다."[24] 〈발코니〉는 [보들레르의] 「작은 노파들」Les Petites vieilles의 시선처럼 긴장되어 있었습니다. "식어 버린 금속이 달라붙어 있는" 세 쌍의 눈이 도시를 네거티브로 담고 있습니다. 여러 색채가 그 정서를 이러저러하게 변화시킬 것입니다. 그것들의 시선과 도시에 대한 지표 는 **말과 사물**의 규칙과는 무관한 것입니다.

현대 생활의 화가

칸트의 「계몽이란 무엇인가?」(1784) 발표 200주년을 기념하면서 1984년 푸코는 마지막으로 다시 철학에서의 근대성이라는 것에 물음 을 던졌습니다. 기호나 분류학의 표로부터 초월론적 해석학에 이르는 과정에서 그 근대성은 길을 잃어버렸던 것입니다. 비판주의의 범주화 는 그 척도를 상실한 까닭에 이른 단계부터 지식의 존립 조건에서 제 외되었고, 마침내 존재론 쪽으로 흘러갔습니다. 만족을 모르는 요청 이 경험의 판단을 엄습하고 유한성과 죽음의 실존론적 요소에 알리바 이를 부여하듯이 강제한 것입니다. 『말과 사물』은 초월론적 현상학의 파탄을 분명히 말했는데, 해석학을 신봉하는 퇴로를 피할 수 있는 것 은 아무것도 가져오지 않았습니다. 거기서 지적되고 있었던 것은 대 체로, 여러 인간과학은 자기들 고유의 문제계를 발견할 수 없다는 것,

------

24 *Ibid.*, p. 714.

그리고 철학은 그 근본을 이루는 동어반복의 함정에 빠진 비판주의의 입장을 벗어날 수 없다는 것이었습니다. 실제로 경험 대상의 존립 조건이 대상 경험의 존립 조건과 동일하다는 것을 부정하는 사람은 아무도 없을 것입니다. 비판주의는 이렇게 해서 영속적인 것이 됨으로써 의미 없는 것으로 전락하고 말았습니다. 이 함정은 그 필연적인 여러 양태를 통해 지켜진, 만질 수 없는 경험에 다름 아니었던 것입니다.

푸코는 '계몽'으로부터 그것의 정치에 관한 논의는 건드리지 않고, 한 지식의 양식, 판단의 여러 형태로부터 자유로운 명령적이고 과감한 의식, 소위 "용기를 갖고 지성을 활용하는"aude sapere 것을 취하고 있습니다. 그는 계몽이 초월론적인 지식의 백과전서 바깥으로 나가는 방식을 이렇게 재정의해 보여 줍니다. "우리는 칸트에 매료되어 있다"고 말입니다.[25] 그는 카시러에서 파노프스키에 이르는 상징 형식의 전개를 추적해 올라갔습니다. 그리고 또 플로베르에서 블랑쇼로, 랭보에서 샤르로, 오페라적 장식음 기법melisma에서 불레즈로(그리고 루소에서 그 자신으로)라는 식으로, 언어를 그 속박의 틀 바깥으로 이끌어 낸 듯한 새로운 통사론을 정성 들여 열거하고 있습니다. 새로운 형식들──그것은 개념보다도 창출하기가 어렵습니다──을 요청하는 것에는 수학적인 생산성과 함께 임상적인 규칙도 포함되어 있습니다. 그래서 "익숙하지 않은 각도로부터 20세기를 바라볼" 수밖에 없었습니다.

------

25 카시러의 『계몽주의의 철학』(*Die Philosophie der Aufklärung*)에 대한 푸코의 서평을 참조하라. Foucault, *Dits et écrits*, vol. 1, pp. 545~549.

즉 '형식적인 것'을 둘러싼 긴 전투라는 각도로부터 20세기를 바라보는 것이었다. 그것은 러시아, 독일, 오스트리아, 중부 유럽에서 형식적인 것의 작용이 음악, 회화, 건축술, 혹은 철학, 언어학, 그리고 신화학에서 어떻게 유구한 문제들에 도전하고 여러 사고방식을 동요시켰는지를 인정하는 것이었다.[26]

이것도 또한 형식주의로부터 구출해 내야 하는 점입니다. 아비 바르부르크는 이미지로 가득 찬 "사유의 공간"Denkraum, Zwischenraum에 대해 언급했는데, 회화가 수행한 것은 광명과 지옥을 에워싸는 장소에서 그러한 공간을 전개시킴으로써 니힐리즘을 설명하는 것과는 다른 것이었기 때문입니다. 우리가 이미지의 문명에 살고 있다는 것만으로는——그것은 자명하기 때문에——충분하지 않습니다. 중요한 것은 다른 점인데, 그것은 요컨대 어떤 절박한 상황에 의해 기호와 지식의 새로운 분절 가능성이 틈 사이로 보였다는 것이고, 파울 클레가 그 최초의 분할선을 그었다는 것입니다. 흡사 물끼리 만나는 것처럼 객관화와 주관화의 과정이 충돌하고, 많은 이미지가 기묘한 파롤들 사이에 미끄러져 들어가는, 그러한 유동적인 선을 포착함으로써 초현실주의는 거기서 자기 자신의 장소를 발견해 냅니다.[27] 이것은 이중의 과정인데, 왜냐하면 한쪽은 다른 한쪽 없이는 결코 성립하지 않기 때문입니다. 여기서 문제는 형식입니다. 왜냐하면 객관성들은 그 인지적

------

26 Foucault, *Ibid.*, vol. 4, p. 220.
27 Foucault, "C'était un nageur entre deux mots", *Ibid.*, vol. 1, pp. 554~557.

조건 속에 기입되어 있는 것이고, 그렇지 않으면 상실되는 것이기 때문입니다. 마네의 거울이 작열할 뿐만 아니라, 서로의 내부에 기입됨으로써 전개되는——논리의 도표들을 주의 깊게 검토하면 아시겠지만——가능성의 조건들의 새로운 의미에 따라 칸트가 쓸려가 버립니다. 지식이란 무엇인가에 대해, 이 이상 잘 알 수는 없습니다. '계몽'의 운명은 경험의 여러 양태 외부에서, 수단, 이미지, 표tableau와 형상이 출현한 것이었습니다. 그리고 계몽은 또한 우리의 정신적 지도를 끊임없이 수정하는 것이기도 했고, 우리는 그 결과를 바라보고 있지만 언제나 그것을 이해하는 것은 아닙니다.[28]

여기로부터 몇몇 단계가 발견되며, 이 단계들 내에서 마네의 회화에 대한 강연의 의미가 명백해집니다. 초현실주의 화가 마그리트, 프로망제에 의한 하이퍼리얼리즘의 이미지, 그리고 마네——그 자신도 명백하게 도표적인——와 클레 사이에서 주의 깊게 페이지에 재배열된 기호들의 범람. 그리고 마지막에 오는 것은 언표의 빈곤함에 대립되는 시니피앙과 형식의 과잉입니다. 언표가 우리의 언어 운용을 넘어선 곳에 있는 현실에 충분하다고는 말하기 어렵지만, 그렇다고 해서 더 이상 '순결한 신체'나 '거의 표피와 같다'거나 '손 끝에서의'와 같은 태생 상태를 지시하는 표현 양식에 대해 말할 계제는 아닙니다. 차원들, 통사론들, 설치들, 형상이나 표들, 임상이나 모델들, 그 모

------

28 인식 작용에서의 도표(diagrame)라는 심급에 대해서는 다음을 참조하라. Foucault, *L'Ordre du discours*, Paris: Gallimard, 1971[『담론의 질서』, 이정우 옮김, 중원문화, 2012]; Philippe Descola, in *Le Debat*, n° 114, mars-avril 2001.

든 것이 언제나 다시 고쳐져야 합니다. 신체와 세계가 귀속되는 곳을 대신하여 가시적인 것의 토폴로지——거기에는 화가들의 틀, 새로운 기하학자들의 장소, 수학자들의 공식집이 포함되는데——를 그릴 것. "완전히 문학적인 것의 끝", 즉 의미 작용의 끝, 그리고 이러저러한 분할을 다시 열기. 그것이 전진한다는 것입니다. 피에르 불레즈처럼 말입니다.

그가 특정 작품에 가장 근접하여 가능한 한 세세한 분해로부터 출발해, 그 역학적 원리를 발견해 내는 경우에도, 그는 그것으로 하나의 기념비를 구축하려 하지 않았다. 그는 그것을 돌파해 나가려고, 그것을 '지나가려고', 그것을 현재 자체까지도 움직이게 해버릴 정도의 몸짓으로 해체하려고 노력한 것이다. "마치 그것이 화면인 것처럼, 그것을 찢어 버리겠다고", 그는 현재 즐겨 말하지만, 그것은 『병풍』 *Paravents*에서처럼, 파괴하는 몸짓을 생각했을 때의 일이고, 그 몸짓에 의해 사람은 스스로 죽음으로, 또한 죽음의 피안으로 이행할 수 있는 것이다.[29]

자기가 보여 주고 있는 가시적인 것을 팽창시키는 클레가 그랬던 것처럼, 혹은 푸코 자신이 표, 한계, 공식 그리고 칸트주의의 존재 방식을 찢어 버린 것처럼.

------

29 Foucault, "Pierre Boulez, l'écran traversé", *Dits et écrits*, vol. 4, p. 221.

푸코 사유에서 회화의 위상과 푸코의 마네론

미셸 푸코는 『말과 사물』(1966) 출간 이후 이 저작과 관련된 논쟁에
피로와 환멸을 느끼며 튀니지로 향했고, 1966년 9월부터 1968년 여름
까지 튀니스 대학 학생들을 위한 학부 강의와 학교 안팎에서의 대중
강연, 그리고 인터뷰 등을 이어 간다. 그는 철학을 가르칠 목적으로 튀
니스 대학에 부임했지만, 그의 강의들 중에는 예술사나 미학사에 관
련된 것들도 있었다. 이런 강의들에서 푸코는 슬라이드 자료를 활용
해 르네상스나 바로크 시기의 회화, 그리고 에두아르 마네의 회화를
독창적으로 분석했다.

    1960년대 중반부터 1970년대 초반까지 푸코는 마네의 회화에 지
대한 관심을 가지고 있었다. 마네에 대한 푸코의 관심은 조르주 바타
유의 저작 『마네』(1955)의 연장선상에 있는 것처럼 보인다. 마네는
1964년부터 푸코의 텍스트에 등장하기 시작한다. 귀스타브 플로베르
의 『성 앙토니우스의 유혹』 독일어판 「서문」에서 푸코는 "도서관과
관련해 플로베르가 행한 것은 미술관과 관련해 마네가 행한 것과 유

사하다"고 말한 바 있다. 그리고『말과 사물』이 출간된 지 한 달 후인 1966년 6월에는 미뉘 출판사의 제롬 랭동Jérôme Lindon과 마네에 관한 저작 계약서에 서명했는데, 이때 예정된 책의 제목은『검정과 색채: 마네에 관한 시론』이었다. 푸코는 튀니스에서 보낸 2년 동안 마네에 대한 시론을 준비했던 것 같다. 1970년 말에 일본 여행에서 돌아온 푸코는 마네에 관한 "장문의 연구서"를 집필했던 것으로 보인다. 1970년 12월 2일에 콜레주 드 프랑스 취임 강연을 한 지 얼마 후인 1971년 초에『르 누벨 옵세르바퇴르』의 기 뒤미르Guy Dumur와 행한 미간행 인터뷰에서는 마네에 대한 시론이 집필 중이라는 점을 상기시킨 바 있다. 마네에 대한 푸코의 관심은 오래 지속되었던 듯한데, 1983년 4월 그랑 팔레에서 열린 마네 회고전을 찾은 푸코는 전시회 임원이었던 로제 스테판Roger Stéphane과 프랑수아즈 카생Françoise Cachin에게 마네에 관해 쓴 두툼한 수고를 가지고 있다고 털어놓은 바가 있기도 하다. 하지만 이 책은 끝내 출간되지 않았다.

푸코가 실제로 마네에 관해 무엇을 썼는지는 알 수 없고 또 추측하는 것도 쉽지 않다. 하지만 푸코가『지식의 고고학』에서 회화의 '고고학적 분석'이 어떤 것일 수 있는지 성찰한 부분을 참조해 보면 그 내용을 추측하는 데 유용할 것이다. 이 부분은 마네에 관한 작업과 연관되어 있는 듯한데, 그 이유는 그가『지식의 고고학』과『검정과 색채』를 동시에 준비하고 있었기 때문이다. 이 시기에 푸코는 튀니지의 학생들에게 마네에 대해 수차례 언급했다. 그림을 분석하는 데는 여러 가지 방법이 있을 수 있는데, 화가의 잠재적인 담론을 재구성할 수도 있고, 최종적으로 말로 옮길 수는 없지만 선·표면·색채 등을 통해 표현되는 화가 의도의 웅얼거림을 재발견할 수도 있으며, 화가의 세계관을 형성하는 것으로 간주되는 잠재적인 철학을 끌어낼 수도 있고, 한 시대의 과학이나 적어도 다양한 의견을 조사하고 화가가 그것들로부터 차용하는 것을 파악할 수도 있다는 것이다. 푸코는 이 모든 방법론이 합당하다고 생각하지만 자신이 기획하는 회화에 대한 고고학적 분석은 이것들과는 다른 목표를 가지고 있다고 명시한다. 그는 화가가 말하려고 하는 것보다는 회화 공간의 구성, 빛의 구성, 인체를 화폭에 재현하는 방식에 주목했다.

마네의 회화와 관련해 기획되었던 푸코의 저서는 끝내 출간되지 못했지만 그의 강의는 학생들의 필기 노트와 녹음 자료로 남겨졌다. 푸코는 밀라노, 도쿄, 피렌체, 튀니스 등에서 강의했고 이 강의의 여러 버전이 연구자들 사이에서 불완전하게 회자되고 있었다. 그런데 다행히도 이 버전들 중에서 가장 완결된 버전이라고 할 수 있는 튀니지 버전이 우리에게 전해지게 되었다. 푸코 사후 튀니지의 제자들이 '오늘을 사유하기'라는 연구 주제를 중심으로 파티 트리키가 통괄하는 연구 모임을 만들었고, 이들이 주축이 되어 1987년 4월 10일과 11일 양일에 걸쳐 폴 벤느, 디디에 에리봉, 도미니크 세글라르를 초대한 가운데 타하르 하다드 문화 클럽에서 푸코에 할애된 연구 세미나를 개최했다. 이 연구 세미나에서는 이 클럽에서 푸코가 강연했지만 이후 대중에게 잊힌 3회의 강연, 즉 1967년 2월의 '구조주의와 문학 분석', 1967년 4월의 '광기와 문명', 그리고 1971년의 '마네의 회화'가 녹음 테이프의 형태로 재발견되어, 학술 세미나에 참석한 사람들이 다시 경청할 수 있었다. 이 녹음 테이프 복사본은 당시 파리 13구 솔슈아Saulchoir 도서관에 위치하고 있던 '미셸 푸코 센터'에 등록되었다. 이 카세트테이프는 2년 후인 1989년에 튀니스 대학 인문·사회과학부의 학술지인『레 카이에 드 튀니지』에 결론 부분이 불확실한 채로 실리게 된다. 이후 거의 연구자들 사이에서만 회자되고 공유되던 이 자료들 중 마네의 회화에 대한 푸코의 튀니스 강연록이 2001년 4월 '프랑스 미학 학회' 연보의 별책 부록으로 다시 발행되었지만 여전히 강연의 끝부분은 불완전한 채로 남아 있었다. 하지만 2001년 11월에 '미셸 푸코, 하나의 시선'이라는 제목으로 개최된 심포지엄의 발표문들과 마네에 대한 푸코의 강연을 '쓰여진 총서'로 출간하기로 결정해 책을 준비하는 와중에 도미니크 세글라르가 오리지널 녹음의 완전한 복사본을 자신의 자료들 속에서 찾아내 마침내 프랑스에서 마리본 세종의 감수하에 '마네의 회화'라는 동일한 제목으로 완결판이 2004년에 출간되었다. 이 책의 전반부는 열세 점의 마네 작품을 논하는 푸코의 강의록과 도판을 수록하고 있고, 후반부는 방금 언급한 심포지엄에서 발표된 여덟 편의 논평으로 구성되어 있다. 그리고 이번 '옮긴이 해제'에서 우리는 푸코의 사유 체계에서 회화가 차지하는 위상을 살펴보고 이 위상과 푸코의 마네론 사이에 어떤 관계가 성립하는지를 밝혀 보고자 한다.

푸코와 회화

푸코가 회화에 할애한 주요 텍스트는 다음과 같다. 먼저 1961년 출간된『광기의 역사』의 첫 장 도입부에서 히에로니무스 보슈의 〈광인들의 배)를, 결론 부분에서는 프란시스코 고야와 빈센트 반 고흐 등을 논한다. 다음으로 1966년 출간된 『말과 사물』은 벨라스케스의 〈시녀들〉 분석으로 시작되고 〈시녀들〉은 『말과 사물』을 유기적으로 구성하는 중심축 역할을 한다. 세번째로 1967년 푸코는 에르빈 파노프스키의 두 저작 『성상학 연구』와 『고딕 건축과 스콜라 철학』의 프랑스어판에 대한 짤막한 글을 『르 누벨 옵세르바퇴르』에 르네 마그리트를 연상케 하는 「말과 이미지」라는 제목으로 게재했다. 네번째로 그는 마그리트가 작고하고 얼마 뒤인 1968년에 「이것은 파이프가 아니다」라는 중요한 논고를 썼다. 다섯번째로 그는 1966년부터 1968년까지 튀니지의 튀니스 대학에서 초기 르네상스 회화에 대해 강의한 적이 있는데, 이것은 오늘날 남아 있지 않다. 당시 푸코는 에두아르 마네에 할애한 저작 『검정과 색채』를 준비하고 있었지만 이 책은 결국 출간되지 않았다. 작고하기 직전에 푸코는 이 책의 원고를 파기했다고 한다. 여섯번째로 마네에 대한 푸코의 사유를 복원하는 데 결정적인 중요성을 갖는 하나의 텍스트가 다행히 남아 전해져 오는데, 그것이 바로 1971년 푸코가 튀니스에서 행한 강연인 「마네의 회화」이다. 마지막으로 1975년에 제라르 프로망제에 할애한 텍스트 「포토제닉한 회화」가 있다.

회화에 대한 푸코의 관심은 1960년대 초부터 1970년대 중반까지 지속되었고 마네에 지속적인 관심을 보인 것도 이 시기이며 『지식의 고고학』도 같은 시기에 출간되었다. 회화에 대한 푸코의 성찰은 양적인 측면에서 보면 그다지 많지 않고 또 그의 작업에서 중심을 이루고 있지도 않지만 그럼에도 불구하고 간과할 수 없는 중요한 요소이다. 회화에 대한 사유와 고고학적 성찰이 맺는 긴밀한 관계는 고고학을 적용한 1960년대 저작들을 통해 구체화되었고 이는 심도 있게 연구해 볼 만한 충분한 가치가 있다고 생각한다.

제라르 프로망제에 관한 「포토제닉한 회화」를 제외하면, 회화에 관련된 푸코의 거의 모든 텍스트는 지식의 고고학과 불가분의 관계를 맺고 있다. 여타 회화 관련 텍스트와 비교해 이질적이라 할 수 있는 「포토제닉한 회화」에서 푸코는 간결하지만 강렬했던 회화에 대한 자신의 또 다른 사유를 명확히 피력하고 있는데, 그것을 요약하면 다음과 같다. 한편으로 푸코는 이미지를 "특이한 사건"으로 간주하고 그것을 가치 평가한다. 그는 회화와 담론이 오랫동안 무시해 왔던 이미지의 권리를 회복시킬 필요가 있다고 말한다. "음울한 담론으로부터 우리가 배운 것은, 유사의 론도보다는 기호의 단절을, 시뮬라크르의 질주보다는 통사론적 질서를, 상상적인 것의 광기 어린 질주보다는 상징적인 것의 회색빛 체계를 선호하지 않으면 안 된다는 것이었다. 사람들은 우리에게 이미지, 스펙터클, 닮은 것, 그리고 가짜와 닮은 것은 이론적으로나 미학적으로나 옳지 않다고 생각하게끔 했다."[1] 다른 한편 푸코는 이미지에 대한 이러한 문제를 정치적이고 투쟁적인 관점에서 제기한다. "우리는 이미지를 제조하는 기술적 가능성을 박탈당하고, 이미지 없는 예술이라는 미학에 매여서 이미지를 폄하하는 이론적 요청에 굴복당하고, 이미지를 언어로서만 해석할 수밖에 없게 되었고, 그로 인해 우리는 다른 종류의——정치적 혹은 상업적인——이

------

1 Michel Foucault, "La Peinture photogénique", *Dits et écrits*, 4 vols., vol. 2, Paris: Gallimard, 1994, p. 710.

미지의 힘, 우리가 그것에 권력을 행사할 수 없는 이미지의 힘에 손발이 묶인 채로 지배당하게 되었다."[2] 마지막으로 푸코의 관점은 인식론적이기보다는 오히려 미학적이고 정동적이다. "회화를 볼 때 제가 좋아하는 점은 시선을 향하도록 정말로 강요당한다는 것입니다. 그렇게 되면 그것은 제게 휴식이죠. 회화는 제가 그 누구와도 싸우지 않고 즐기면서 글을 쓸 수 있는 드문 주제 중 하나입니다."[3]

하지만 1970년대에 푸코가 회화를 논의한 방식은 1960년대 고고학의 시기에 논했던 방식과 상이하다. 60년대에 푸코는 감각 체계로서의 회화의 분석보다는 순수한 기호 체계로서의 회화 분석에 집중했고, 회화의 정치적 차원에 대해서는 관심을 기울이지 않고 비인칭적인 고고학적 관점을 강조했다. 「마네의 회화」는 바로 이 지식의 고고학의 시기에 위치한다. 푸코가 회화에 할애한 대부분의 텍스트는 1961년에서 1969년 사이에 쓰였다. 그런데 이 시기의 푸코 주요 저작은 모두 고고학의 이름을 달고 있다. 『광기의 역사』의 초판 서문의 제목은 '침묵의 고고학'이고 『임상의학의 탄생』의 부제는 '의학적 시선의 고고학'이며 『말과 사물』의 부제는 '인간과학의 고고학'이고 1969년 고고학적 방법론을 정리한 저작의 제목은 『지식의 고고학』이다. 그러므로 우선 푸코의 고고학이 무엇인지를 파악하고 고고학과 회화의 관계를 살펴본 다음 푸코의 사유 체계에서 회화가 담당한 역할을 살펴볼 필요가 있다.

------

2 Foucault, "La Peinture photogénique", *Dits et écrits*, vol. 2, p. 710.
3 Foucault, "A quoi rêvent les philosophes?", *Ibid.*, vol. 2, p. 706.

지식의 고고학에서 회화의 위상

고고학은 기술記述과 관련된 탐구 방법으로, 담론의 장에 분포되어 있고, 일정한 역사적 형성체와 관련되어 있으며, 이러한 역사적 형성체 내에 위치하고 있는 담론의 일부분과 관련이 있는, "아르시브"archives 에 관한 체계적 연구에 적용되는 방법론이다. 그러므로 고고학은 "담론의 축적된 실존"이라는 특수한 영역 내에서 효력을 발휘하는 방법론적 실천이라 할 수 있다. 고고학은 텍스트 분석에서 텍스트를 위계적으로 가치 설정하는 기준이 되어 왔던 "전통적인 차이나 중요성"을 무시하고 19세기 존속 살해범 피에르 리비에르의 『수기』, 데카르트의 『성찰』, 칸트의 『순수 이성 비판』, 퀴비에의 『비교해부학 강의』를 동등한 수준에서 다룬다. 요컨대 한 시대의 주요 저작, 이류 작가들의 "빛바랜 문학", 경찰의 일지, 의사의 처방전, 정신병자가 강박적으로 쓴 글 뭉치 등을 동등한 수준에서 다루는 것이다. 이런 의미에서 아르시브는 철학자들의 아르케, 즉 주어진 현실의 경험적 시작이자 이 현실의 출현 동기를 완벽하게 설명 가능하게 해주는 특권적인 요체를 해체시켜 버리고 속성상 거기로부터 벗어나는 것처럼 보이는 것을 역사성의 장에 재통합한다. 고고학은 인간이 생산한 특정 생산물에 원리의 지위나 의미의 특권을 부여하는 분할을 당연시하는 것을 금한다. 푸코는 『지식의 고고학』에서 다음과 같이 말한다.

> 사람들은 현재보다 이전에 다른 장소에서 만들어진 사상을 우리의 눈으로 보고 이해할 수 있는 형태로 번역된 말들이 역사라는 거대

한 신비적 책 위에 펼쳐지는 것을 보는 것이 아니다. 그 대신에 그들은 두껍게 축적된 일상적 언어의 교환 속에서 여러 언표를 (그러한 언표가 나타나는 상황과 장소를 갖는) 사건으로서, 또 (그것을 사용할 수 있는 가능성과 사용 영역을 갖춘) 사물로서 설정하는 여러 체계를 가지고 있다. 내가 아르시브라고 부르기를 제안하는 것은 (한편으로는 사건이고 다른 한편으로는 사물인) 이러한 언표 체계의 전체이다.······문장을 구축하는 체계를 규정하는 언어의 제도인 랑그 langue와 발화된 말을 수동적으로 모아 놓았을 뿐인 언어학의 자료체corpus 사이에서 아르시브는 독자적인 수준을 명확히 규정한다. 즉 다수의 언표를 규칙을 가진 사건으로서, 처리와 취급을 위해 제공된 그러한 사물로서 부상시키는 일상적 실천의 수준이라는 것을 확정한다.[4]

아르시브는 동시대의 모든 서적이나 언표를 망라하는 것은 아니다. 시간도 장소도 초월한 만능 도서관도 아니다. 그것은 확실히 어떤 지역과 시대의 단편, 역사적 침전물의 수집에 불과하지만 우리의 역사 인식, 이성, 자기 인식이 시대를 달리하면 어떤 차이가 있는지를 명확히 하기 위한 수단을 제공한다.

고고학은 과학사나 관념사와 다르다. 고고학을 통해 푸코가 탐구하고자 하는 바는, 이미 구성된 기성 과학들이 아니라 그것들의 하부

------

4 Foucault, *L'Archéologie du savoir*, Paris: Gallimard, 1969, pp. 169~171[『지식의 고고학』, 이정우 옮김, 민음사, 2000, 186~188쪽].

에 위치하고 있는 것, 즉 일정한 시기, 일정한 공간에서 과학 혹은 '진리'로 수용되는 담론들을 출현 가능하게 한 역사적 가능 조건들이다. 푸코의 작업은 이와 같은 다양한 담론들을 기술하고 대조하며 영향 관계를 파악해 간극을 측정한다. 그리고 나서 이러한 담론들이 속하며 이러한 담론들을 가능하게 하는 에피스테메의 망을 결정하는 공통의 구조와 체계를 해명한다. 여기서 발굴된 "에피스테메의 망"은 과학 담론의 하부에 자리 잡고 있는 지식의 층이다. 푸코는 『말과 사물』에서 한 시대 지식의 무의식적 토대를 이루고 있는 바를 에피스테메라 명명했다. 그러므로 고고학은 지식의 수준과 과학의 수준을 구분하고 과학을 가능하게 하는 지식의 수준을 탐구한다. 요컨대 고고학은 "표면의 운동"[5]에 주목하는 것이 아니라 "하부의 사건들"에 주목한다. 아르시브는 바로 이런 것이다. 아르시브는 "실제적으로 발화된 담론들의 총체"와 오직 표면의 수준에서만 뒤섞인다. 왜냐하면 아르시브는 "말해질 수 있는 것의 법칙이고……언표-사건의 동일한 근원에서 또 그것이 주어지는 집성체 내에서 그 '언표 가능성의 체계'를 처음부터 규정하는 것"이기 때문이다. "아르시브는 언표-사물의 현실태를 규정하는 것이다. 아르시브는 그것의 작동 체계이다."[6]

그러므로 고고학적 관점에서 담론의 역사는 하나의 단일한 합리성이 부단히 자기를 정화해 가는 점진적이고 선적이며 연속적인 역사

- - - - - -

5 Foucault, *Les Mots et les choses*, Paris: Gallimard, 1966, p. 251[『말과 사물』, 이규현 옮김, 민음사, 2012, 335쪽].

6 Foucault, *L'Archéologie du savoir*, pp. 170~171[『지식의 고고학』, 187~188쪽].

가 아니라, 갑작스러운 단절로 점철된 일련의 운동에 의해 체계화되는 역사이다. 이는 하나의 에피스테메로부터 또 다른 에피스테메로의 이행, 다양한 '담론적 실천'의 변형의 역사이다.

　푸코 고고학의 핵심은 담론의 차원이다. 하지만 고고학의 근간은 담론적 차원과 시각적 차원의 상호 관계를 통해 형성된다. 푸코 고고학의 대상은 지식이고 그 탐구 영역은 아르시브이다. 하지만 지식은 가시성의 형식visibilité과 언표 가능성의 형식énonçabilité의 결합에 의해 전개된다. 그렇기 때문에 아르시브는 '시청각적'audio-visuel이라 할 수 있다. 이 두 차원의 특이한 배치와 그것이 결과시키는 총체가 일정한 단층 혹은 역사적 형성체를 만들어 낸다. 이것이 바로 푸코가 고고학을 통해 탐구하려 한 것이다. 고고학은 하나의 형성체 내에 존재하는 특유의 시각적인 것과 언표적인 것의 배치 상태, 즉 이 형성체에 고유한 지식을 기술한다. "1656년의 구빈원"이라는 가시성과 이것을 창설하고 통제하는 "왕의 칙령"과 같은 언표 가능성의 결합이 그 한 예이다. 하지만 언표는 엄밀히 말해 말이나 문장이 아니고 가시성은 사물이 아니다. 말과 사물의 하부에 있는 역사적 형성체 고유의 언표 가능성과 가시성의 형식, 이 양자가 결합되어 생성되는 각 시대 고유의 토대를 밝혀내는 것은 그것들의 에피스테메의 토대를 발굴해 내는 것과 같다. 말과 사물은 이 토대 위에서 펼쳐진다.

　가시성과 언표 가능성의 관계는 대단히 복잡하다. 이 관계에서 중요한 것은 서로를 전제하지만 이질적인 두 차원이다. 그러나 언표 가능성(한정하는 것, 능동성)이 가시성(한정되는 것, 수용성)보다 우위에 있다. 말하기와 보기의 관계를 푸코는 지식이라 정의하는데, 이 관계는 조화로운 합치 관계에 기반해 성립되는 것이 아니라, 갈등, 대결, 투쟁적 관계에 기반해 성립된다. 그래서 푸코에게 말하는 것과 보는 것의 관계는 이상한 관계라 할 수 있다. 양자는 속성이 다르며 분쟁적이지만 서로 만나 결합되어 언표 가능한 것이 가시성을 한정한다. 하지만 말해진 것과 보여진 것이 서로 외재적이고 갈등적 관계에 있다는 사실을 유념할 필요가 있다. 『말과 사물』에서 푸코는 이 관계를 다음과 같이 설명한다.

> 보는 것을 말해 봐야 소용이 없다. 보이는 것은 결코 말해진 것 안에 놓이지 않는다. 그리고 지금 말하고 있는 것을 이미지·은유·비유를 통해 보여 주려 해봐야 아무 소용이 없다. 이것들이 확연히 모습을 드러내는 장소는 눈이 전개시키는 공간이 아니라 통사의 나열들이 규정하는 공간이다.[7]

말하는 것은 보는 것이 아니고, 보는 것은 말하는 것이 아니다. 이렇게 미셸 푸코의 초기 작업은 이러한 관계를 전제하는 고고학적 성찰에 집중한다. 하지만 고고학은 방법론이기에 앞서 실천이다. 푸코는 『광기의 역사』, 『임상의학의 탄생』, 『말과 사물』에서 구체적으로 고고학을 실천했다. 『지식의 고고학』은 이후 이 저작들에 적용된 방법론을 체계적으로 정리한 이론서이다. 회화의 문제가 고고학의 문제와 어떤 관계를 맺고 있는지 이해하려면 다음과 같은 점에 유의해야 한다.

------

7 Foucault, *Les Mots et les choses*, p. 25[『말과 사물』, 34~35쪽].

먼저 두 가지 사실에 유념할 필요가 있다. 한편으로 푸코는 한 시기의 역사적 형성체의 에피스테메적 체계성을 해명하기 위해 회화를 통상적 의미에서의 사료로 이용한다. 다른 한편으로 이 고고학을 적용한 저작들의 주변부에서 푸코는 회화의 고고학의 청사진을 그리고 있는데 그 중심에 마네가 위치하고 있다. 그리고 이 "다른 고고학"을 푸코는『지식의 고고학』에서 최종적으로 그 이론적 틀을 체계화하기 이전에 주요 저작들의 주변부에서 소논고의 형태로 실천했다. 지식의 고고학과 회화의 고고학이 맺는 이러한 관계의 중심에 위치한 개념이 바로 재현représentation이다. 지식의 고고학의 핵심 주제인 에피스테메의 단절은 이 재현 개념을 중심으로 체계화된다. 그리고 이와 병행해 푸코가 주요 저서들의 변방에서 수행한 회화의 고고학도 서구 회화의 중심 원리 역할을 해왔던 재현의 해체로 나아가는 일련의 절차와 단계 그리고 그것들의 귀결로 볼 수 있다. 이 점을 논하기에 앞서 회화가 지식의 고고학 내에서 사료로서 어떤 위상을 지니는지를 살펴볼 필요가 있다.

『말과 사물』의 〈시녀들〉 분석이 보여 주듯이 사료로서 회화는 한 시대와 특정 지식 공간을 특징짓는 에피스테메를 포착해 규정하는 데 결정적 역할을 하기 때문에, 푸코의 고고학은 회화와의 특수한 관계를 설정하고 있다고 말할 수 있다. 그는 「말과 이미지」에서 파노프스키 해석을 통해 회화에 대한 자신의 일반적 태도를 표명한 바 있다. 이 글에서 푸코는 파노프스키가 전통적으로 담론이 가지고 있던 특권을 박탈한다는 점에서 회화의 전통이 전제해 온 담론과 형상의 관계에 이의를 제기하는 자라고 지적한다. 푸코에 따르면 조형 예술을 연구한다는 것이, 그것이 말하고자 하는 바나 의미하고자 하는 바를 연구하는 것과 동일시되어서는 안 된다. 특히 그는 말이 소멸된 곳에서 말을 복원시키려고 해서는 안 된다고 단언한다. "담론과 형상은 각기 자기 고유의 존재 방식을 가지고 있다. 하지만 그럼에도 불구하고 이들은 복잡하게 착종된 관계를 유지하고 있다. 이러한 상호작용을 기술할 필요가 있다"는 것이다.[8] 이렇게 사료로서의 회화는 푸코가 고고학에서 비담론적인 것보다 담론적인 것에 부여한 특권을 즉각적으로 박탈한다. 왜냐하면 회화는 담론적인 것과 비담론적인 것이 맺는 관계의 복잡성을 침묵 속에서 명확히 현시하고 있고, 또 보는 것을 말하는 것으로 환원 불가능하게 만들기 때문이다. 결국 회화가 궁극적으로 무엇을 의미하는지 밝혀내는 해석 작업은 특권을 상실한다. 그렇기 때문에 푸코는 「말과 이미지」에서 회화를 사료로 간주해, 이것을 지식의 고고학 내에서 활용하면서 회화와 지식의 고고학이 어떻게 서로 결합될 수 있는지 파악하려는 태도를 취한다. 푸코는 벨라스케스가 말하려고 했던 바를 복원하려 한 것이 아니라, 지식의 고고학 내에서 회화를 일정한 방식으로 작동시켰다. 궁극적 의미의 탐구가 아니라 회화가 일정한 영향력을 행사하는 방식으로 회화를 활용한 것이다.

하지만 그렇게 하기 위해 푸코는 이러한 시도를 통해 지식의 실정성 내에 회화를 제대로 위치시킬 필요를 절감한다. 푸코는 「말과 이미지」에서 파노프스키를 모범 삼아 "하나의 문화와 그 역사의 어떤 시기에 특징적인, **볼 수 있는 것과 말할 수 있는 것**의 온갖 착종을 기술

------

8 Foucault, "Les Mots et les images", *Dits et écrits*, vol. 1, pp. 649~650.

할"⁹ 필요가 있다고 역설하고 이를 통해 고고학의 과제를 명시한다. 말과 사물 간에는 갈등 관계가 존재하며, 이를 통해 가시적인 것의 일정한 배치 상태인 회화가 고고학적 언표에 작용하고 기능하고 순환하는 방식을 파악할 수 있다는 것이다. 고고학은 이런 식으로 전개된다. 고고학은 조형적인 형식 안에서 작동하고 있는 담론적 지식의 실정성을 해명하려 한다. 조형적 형식은 지식을 실정성의 차원에서 접근 가능하게 해준다.

이 점과 관련해 푸코가 『말과 사물』에서 벨라스케스의 〈시녀들〉을 활용하는 방식은 모범적 사례라 할 수 있다. 그는 『말과 사물』에서 재현을 고전주의 시대의 에피스테메로 파악한다. 고전주의 시대에 사유의 재현은 사물 존재의 재현으로 마무리된다. 존재와 재현은 완벽하게 일치하여 실제와 이 실제를 발견해 지시하는 사유 간에는 어떤 간극도 존재하지 않는다. 게다가 재현 자체는 담론으로 이해되는 언어 내에서 말들을 통해 재현된다. 이 재현의 재현 덕분에 사물 전체는 기호 체계를 통해 기호 체계 내에서 재현된다. 그래서 가시적인 것의 총체는 요소들 간의 동일성과 차이의 관계의 모든 가능성을 포괄하는 신이 구축한 항구적이고 연속적이며 완벽하게 연결된 도표로 정리 가능하게 된다. 재현된 것은 그것이 재현하는 것과 어떤 간극도 없이 완벽하게 합치되고, 재현된 것을 담론 내에서 다시 반복하는 것만으로 모든 요소의 관계의 총체를 기초하는 데 부족함이 없다. 재현이라는 에피스테메는 말할 수 있는 것과 볼 수 있는 것, 즉 담론과 존재의 일

------

9 Foucault, "Les Mots et les images", *Dits et écrits*, vol. 1, p. 649.

정한 구성 상태를 결정한다. 이 관계는 절대적으로 투명한 관계이다. 재현이라는 에피스테메는 존재와 담론의 공통 공간, 어떤 간극도 없는 양자의 중첩을 단언했던 것이다. 그러므로 관계 결정을 완결하는 것은 담론이다. 이런 맥락에서는 재현의 주제를 전제할 필요가 없다. 재현의 토대에는 존재와 사물 간에 재현이 하는 독자적이고 규칙화된 작용만이 있을 뿐이다.

하지만 이 재현 주제의 '은폐'가 〈시녀들〉에 의해 현시된다고 푸코는 말한다. 〈시녀들〉은 그림의 전방에 있는 한 영역을 중심으로 구성되었다. 그것은 "그림의 외부에 있기 때문에 절대적으로 접근 불가능하지만 그림을 구성하는 모든 선에 의해 규정되는 장소"이다.[10] 푸코는 그것을 그림 외부에 있고 본질적인 비가시성 속에 빠져 있는 한에서 주변의 모든 재현을 질서화하는 "구성의 진정한 중심"이라고 말한다.[11] 이 중심이 상징적으로 "지고한 것"이라는 것은 그것이 그림과 관련해 담당하는 삼중의 역할로부터 기인한다. 즉 그것은 모델과 감상자와 화가라는 삼자의 시선이 겹쳐지는 지점, 세 "시선"의 기능이 혼합되는 지점이다.

한편으로는 관념적이고 다른 한편으로는 실제적인 이 비가시성의 중심은 세 기능에 대응하는 세 형상으로서 그림의 내부에 투영되어 있다. 세 형상은 먼저 화면 좌측에 위치하는 화가이고 다음으로는 화면 우측 문가에 서 있는 방문자(감상자)이며 마지막으로 중앙에 걸

------

10 Foucault, *Les Mots et les choses*, p. 29[『말과 사물』, 41쪽].
11 *Ibid.*, p. 30[같은 책, 41쪽].

려 있는 국왕 부부(모델)이다. 여기서 푸코는 중앙의 거울, "모델"의 형상인 국왕 부부를 반영하고 있는 거울에 대해 그것이 "무엇인가를 명시함과 동시에 그 이상으로 은폐하는" 효과를 갖는다고 지적한다.[12] 왜냐하면 국왕 부부라는 모델이 자리 잡고 있는 장소는 또한 화가와 감상자의 장소이기도 하기 때문이다. 거울의 반영은 본래 그림과 내재적으로는 무관한 것, 즉 화가와 감상자의 시선을 내부에 발생시키지만 여기서 그들은 그림의 공간 내부에 이미 현전하고 있기 때문에 거울 속에는 있을 수가 없다. 또 역으로 거울 속에 있는 모델은 그림의 공간 내부에 현전할 수 없다.

그렇다면 이런 식으로 그림을 보여 주는 이유는 무엇일까? 푸코에 의하면 그것은 "보여지는 것의 심층적인 비가시성이 보는 자의 비가시성과 연관되어 있는" 일종의 양립 불가능성에 다름 아니다.[13] 즉 여기서는 재현하는 자와 재현되는 것의 관계, 이 "재현의 이중적 관계"는 필연적으로 단절되고, 그것이 충만한 형태로 현전하는 것은 결코 가능하지 않다. 벨라스케스의 그림은 모델, 감상자, 화가라는 세 사람의 존재를 재현하려 했지만 한편으로 거기에는 이 양립 불가능성으로부터 기인하는 "본질적인 공허"가 명확히 현시된다.

『말과 사물』에서 푸코는 고전주의 시대 이래로, 그리고 아마도 현대에까지 기호가 자신이 지시하는 것이 '유사'ressemblance라고 하는 르네상스적 질서를 통해 연결되는 것을 중단하고 재현 안에서 "그 자

------

12 Foucault, *Les Mots et les choses*, p. 30[『말과 사물』, 42쪽].
13 *Ibid.*, p. 31[같은 책, 43쪽].

체와 유희하는" 존재가 되었다는 사실을 지적하는데, 그가 벨라스케스의 그림에서 발견한 것도 또한 "유사"라는 자신을 제어할 수 없는 관계로부터 마침내 자유롭게 된 재현이 "순수한 재현"으로서 나타나는 것과 다르지 않다. 벨라스케스의 그림은 또한 르네상스 시대에 "유사의 론도"를 주재하는 거울의 어떤 본질적인 "공허"를 보여 주기 위해 사용되었다.

회화적 재현의 주제인 왕의 부재——유사성의 거울에서 의도적으로 흐릿하게 처리된 반영은 거의 부재하는 것과 마찬가지이다——가 결정적인 요소이다. 이러한 재현 주제의 부재를 통해 재현이 순수한 재현으로 주어질 수 있다. 그래서 벨라스케스의 〈시녀들〉은 "고전주의 시대 재현의 재현, 재현이 여는 공간의 규정"에 다름 아니다. 이런 식으로 푸코는 벨라스케스의 그림을 통해 재현 개념에 접근한다.

그렇다면 푸코의 고고학이 회화 작품에 부여하는 사료로서의 위상은 어떤 것일까? 푸코의 고고학은 특별한 위상을 갖는 담론적 사료의 도움을 받고 있다. 『말과 사물』에서 푸코는 니체의 저작을 그 가능 조건의 차원에서 검토하지 않고 자신의 고고학적 작업에 강력한 추진력을 주는 증거나 확증으로 제시한다. 게다가 니체의 저작과 달리 고고학의 필터에 걸리는 문학적 사료, 혹은 결과로서의 문학적 경험은 에피스테메의 일정한 구성 상태의 종말을 예고하는 역할을 한다. 하지만 이러한 예고는 엄밀히 말해 기술적記述的 고고학의 범위를 넘어선다. 전적으로 고고학적 작업 밖에 있지도 않고 그렇다고 해서 전적으로 안에 있지도 않은 문학 사료는 고고학의 작업을 좌우하지만 동시에 고고학 작업에 종속되어 있기도 하다. 〈시녀들〉 분석은 『말과 사물』의 서두부터 가시적인 차원——이 경우 회화의 공간에 압축되어 있는 가시성, 특수한 에피스테메의 존재 방식을 내포하고 있는 특수한 물질적 공간——을 끌어들여 푸코가 지식의 일정한 구성 상태를 설명하는 데 반드시 필요한 시금석 역할을 한다. 벨라스케스의 〈시녀들〉은 재현 개념에 고착되어 있고 도표 형태로 정리될 수 있는 고전주의 시대 지식의 장치를 압축적으로 현시하는 일종의 모델 역할을 한다. 특정 회화는 푸코의 지식의 고고학 내에서 한 에피스테메에 고유한 논리 체계를 그림의 형태로 표현하고 응축하고 있는 특권적인 사료로 기능한다. 여기서 형태와 색채의 가시적 전개는 한 시대의 지식을 즉각적으로 이해 가능하게 해주고, 또 이 회화의 표면에 응축되고 압축된 에피스테메의 장을 포착 가능하게 해준다고 푸코는 생각한다. 또 회화는 그 자체가 고고학자 푸코의 사유를 촉발시켜 안내하는 길잡이 역할을 담당한다. 하지만 사료로서의 회화는 문학 사료와 마찬가지로 고고학의 실천에서 그것들이 담당하는 특수한 역할에도 불구하고, 즉 고고학의 극한이나 경계 지대에 위치함에도 불구하고, 그 역사적 조건들과 단절되거나 역사로부터 완전히 벗어나 있지는 못한다. 반면에 『지식의 고고학』에서 푸코는 지식의 실정성이 어떻게 회화를 관통하고 있는지를 재현 해체의 역사를 통해 밝혀 보려고 시도한다.

회화적 재현 해체의 고고학

지식의 고고학은 언표된 말과 보여진 사물의 '상호작용'의 기술을 목표로 설정한다. 그래서 『광기의 역사』에서는 정신 요양원이라는 가시적인 형태와 이 공간의 적절한 기능 방식을 규정하는 언표가 동시에 연구되었고『임상의학의 탄생』에서는 보이는 것과 말해지는 것을 절단하고 연결하는 공통 구조가 탐구되었다. 하지만『말과 사물』에서 푸코는 담론적 차원만을 강조했다. 그럼에도 불구하고 그는 고고학적 진단에 따라 고전주의 시대 지식의 핵(에피스테메)인 재현을 파악하기 위해 특이한 가시성인 〈시녀들〉의 분석을 그 중심에 위치시킨다. 이와 병행해 그는 주요 고고학적 저서들의 변방에서 서구 미술의 재현 장치가 해체된 다양한 절차, 요컨대 회화의 영역에서 말하기와 보기의 분리를 발생시킨 다양한 절차와 그로 인해 발생한 상호 불투명성을 탐구한 바 있다.

그러므로 푸코는 지식의 고고학과 회화적 재현 해체의 고고학을 동시에 수행했다. 지식의 고고학에서 기술된 재현의 역사와 20세기까지 회화 구성의 중심적 원리 역할을 해온 재현 해체의 역사가 푸코의 고고학에서 서로 중첩되어 복잡한 관계를 형성하고 있다. 그렇기에 『지식의 고고학』에서 푸코가 어떤 식으로 회화의 고고학, 재현 해체의 고고학을 제안하고 있는지를 살펴볼 필요가 있다. 푸코는『지식의 고고학』에서『말과 사물』에서 수행한 지식의 고고학 외에 "다른 고고학들"[14]을 환기시킨 바 있고, 그 가운데 회화에 대한 고고학적 분석이 포함되어 있다. 앞서 언급했듯이 푸코가 제안하는 회화에 대한 고고학적 분석은 화가가 말하려고 하는 바, 의미하려고 하는 바, 요컨대 화가 내면에 "잠재하는 담론", 화가의 세계관을 이룬다고 간주되는 잠재적

------

14 Foucault, *L'Archéologie du savoir*, pp. 251~255[『지식의 고고학』, 268~272쪽].

인 철학을 밝혀내려고 하는 것이 아니다. 회화의 고고학은 회화를 말이 부재하는 상태에서 무엇인가를 말하려고 하는 어떤 것으로 환원시키지 않고 "고찰의 대상이 되는 시대에 공간, 거리, 빛, 색채, 균형, 양감, 윤곽 등이 하나의 담론적 실천 내에서 명명되고 언표되며 개념화된 것인지의 여부를 탐구한다. 또 이 담론적 실천이 만들어 낸 지식이 다양한 이론이나 사변 속에, 교육의 여러 형태나 다양한 처방 속에, 뿐만 아니라 다양한 절차와 테크닉 속에, 거의 화가의 동작 자체 내에 투여되어 있는지의 여부를 탐구한다. 중요한 것은 회화가 의미하거나 '말하는' 어떤 방식임을 보여 주는 것이 아닐 것이다. 회화는 말 없이도 완결될 수 있는 독자적인 면을 가지고 있다. 필요한 것은 적어도 그 차원들 가운데 한 차원에서 회화가 테크닉과 효과의 측면에서 형상을 갖게 되는 하나의 담론적 실천이라는 것을 보여 주는 것이다. 이렇게 기술될 때 회화는 공간의 물질성 내에 이윽고 전사되어야 하는 하나의 순수한 이미지가 아니다. 물론 그것은 침묵하고 한없이 공허한 의미 작용이 이후의 해석에 의해 해방되어야 하는 적나라한 동작도 아니다. 회화는——고고학적 인식이나 철학적 주제와는 독립적으로——어떤 지식의 실정성에 의해 전면적으로 관통되고 있다."[15] 회화의 주제에 대해 철학적으로 논하지도 않고 그려진 것에 대한 해석을 하지도 않으며 선이나 조명이나 공간 구성에 대해 실정적 분석을 수행하는 「마네의 회화」는 이러한 착상을 충실히 실행했다고 말할 수 있을 것이다

------

15 Foucault, *L'Archéologie du savoir*, p. 253[『지식의 고고학』, 269~270쪽].

「마네의 회화」에서 푸코는 마네를 "처음으로 그림 안에서, 그림이 재현하는 바 내에서 화가가 그리는 공간의 물질적 속성들을 과감히 이용하고 작동시킨 화가"로 소개한다.[16] 푸코에 따르면 15세기 이후 서구 회화에서는 회화가 어떤 공간의 단편——예를 들면 벽, 나무판, 캔버스, 천, 종이 따위——에 놓이거나 새겨진 것이라는 사실을 망각하게 하고 은폐하며 교묘히 피해 나가려고 하는 전통이 있었다. 즉 회화가 이차원의 표면에 기초하고 있다는 사실을 망각시키고 물질적인 공간을 재현된 공간으로 대체하는 일이 항시 있어 왔다. 이렇게 15세기 이래로 회화는 이차원의 표면에 기초하면서도 삼차원을 재현하려고 해왔다.

푸코에 의하면 이러한 회화의 시도는 구체적으로는 주로 세 가지 사실의 부정으로서 나타날 수 있었다. 첫째로 회화는 사선이나 나선을 가능한 한 특권화함으로써 자신이 직선에 의해 구획된 공간 내부에 각인되어 있다는 사실을 부정해 왔다. 둘째로 회화는 그림 내부에서 다양한 조명 효과를 재현함으로써 자신이 놓인 위치나 햇빛의 사정에 따라 변화하는 실제 조명에 노출되어 있다는 사실을 부정해 왔다. 마지막으로 감상자에게 "이상적인 자리"를 설정함으로써 그림은 감상자가 앞에서 이동할 수 있고 주변을 돌 수도 있는 공간의 한 단편이라는 사실을 부정해 왔다. 이렇게 해서 15세기 이래의 서구 회화는 그림의 물질성, 즉 그림이라는 것이 현실의 빛에 의해 비추어지고 주변을 자유로이 이동할 수 있는 사각형의 표면이라는 사실을 거기에

------

16 본서 24쪽.

재현된 것을 통해 교묘히 은폐하고, 이상적인 자리에서 조명된 입체감이 있는 어떤 공간을 재현해 왔다.

푸코는 서구 회화의 전통을 이렇게 개괄한 후 마네의 혁신성을 그림에 재현된 것의 내부에 캔버스의 물질성 자체를 출현시킨 점에서 발견한다. 즉 마네의 그림에는 수직선과 수평선으로부터 형성되는 사각형의 표면, 캔버스에 비추어지는 실제 조명, 감상자가 캔버스를 보는 방향의 자유와 같은 것이 나타난다. 마네는 이 물질성을 재현 내에 재도입함으로써 "오브제로서의 그림" 혹은 "물질성으로서의 그림"을 발명했다. 여기서 푸코는 캔버스의 물질성을 안정된 재현 공간과 관련한 이른바 '외부'로 규정한 후에, 이 '밖'의 요소를 재현 내부에 출현시킨 점이 마네의 혁신성이라고 지적하는 것이다. 또 이러한 마네의 기법은 재현의 한계 지점에서 재현으로 환원 불가능한 '현실'을 넌지시 보여 주려 하는 사드의 기법과 유사하다고 말할 수 있을 것이다.

『지식의 고고학』에서는 담론적인 것과 회화적인 것의 관계가 강조되지만 그래도 담론적인 것이 가장 근본적인 차원을 구성하고 있다. 회화는 "테크닉과 효과의 측면에서 형상을 갖게 되는 하나의 담론적 실천"[17]으로 정의된다. 하지만 중요한 것은 볼 수 있는 것과 말할 수 있는 것 사이의 난해한 관계를 인정함으로써 결국 회화가 "지식의 실정성에 의해 전면적으로 관통되고 있다"는 것을 밝혀내는 작업이다. 벨라스케스의 〈시녀들〉이 분명히 보여 주듯이 회화를 주의 깊게 관찰하면 한 시대의 지식을 그 실정성 속에서 포착 가능하게 해주

------

17 Foucault, *L'Archéologie du savoir*, p. 253[『지식의 고고학』, 270쪽].

는 중요한 요소들을 발견할 수 있다는 것이 푸코의 생각이다.『말과 사물』의 서두에서 벨라스케스의 〈시녀들〉은 고전주의 시대 에피스테메인 재현의 존재 방식을 표현하는 엠블렘 역할을 하고 있는데, 이것역시도 담론=문헌 자료를 활용하는 고고학적 기술의 방증이라 할 수 있다. 푸코는 회화에 어떤 인식론적 지위를 부여한다. 실정적인 지식의 표출과 표현으로서 회화를 분석한다는 것은 담론 분석과 동일하게 회화를 분석한다는 것, 회화를 담론의 유사물로 취급한다는 것을 의미한다. 푸코는 담론을 대상으로 삼았던 그때까지의 고고학을 이렇게 다소 확장한다. 하지만 회화의 가시성은 담론적인 것으로 완전히 환원될 수 없다고 그는 지적한다. 결국 양자의 관계를, 서로 이질적이지만 그렇다고 해서 서로 무관하지는 않은 차원에서 파악할 필요가 있다는 것이다.

이런 맥락에서 푸코는 파울 클레의 회화가 갖는 중요성을 부각시킨다. 가시성과 언표 가능성이 맺는 이 상호 연루 관계에 근거해 푸코는 클레와 그의 그림이 갖는 자기 참조성autoréférentialité이 현대 에피스테메와 관련해 갖는 위상은 벨라스케스가 고전주의 시대의 에피스테메와 관련해 갖는 위상에 상당하다고 단언한다. 벨라스케스의 〈시녀들〉이 고전주의 시대의 에피스테메인 '재현'의 지배를 구체적으로 현시하고 있다면 클레의 그림은 "벨라스케스가 그의 시대와 맺고 있던 관계를 우리 시대에 가장 여실히 채현하고 있다"는 것이다.

회화를 구성할 수 있는 모든 동작·행위·서기·흔적·윤곽·표면을 가시적인 형태로 표시했다는 점에서 클레는 그리는 행위 자체를 재치가 번득이는 광대한 지식으로 만들어 버립니다. 그의 회화는 가공하지 않은 예술이 아니라 가장 본질적인 회화의 요소에 대한 지식을 통해 재파악되는 회화입니다. 〈시녀들〉은 재현의 모든 요소를 재현했습니다. 화가, 모델들, 붓과 캔버스, 거울 속의 형상 같은 경우에 그것을 회화 자체를 재현으로 성립시키고 있는 여러 요소로 분해시켰습니다. 클레의 회화는 회화를 그 구성 요소 내에서 구성하거나 분해합니다. 그 요소들은 단순하면서도 회화의 지식에 의해 지탱되고 사로잡히고 살아 있다고 말할 수 있습니다.[18]

이렇게 클레는 현대 지식의 실정성과 불가분의 관계에 있다. 따라서 레몽 루셀과 더불어 클레의 작품은 현대 지식의 단층을 파악 가능하게 해주며, 그 결과 회화의 경험은 사유의 역사성을 이해하는 데 결정적 역할을 한다는 것을 알 수 있다. 하지만 이 지점에서 고고학과 사료로서의 회화는 특수한 관계── 회화는 고고학 안에 있기도 하고 또 동시에 밖에 있기도 하다──를 맺고 있고, 회화의 고고학과 지식의 고고학이 정확하게 합치되거나 일치하지 않는 문제가 발생한다.

회화의 토대가 되는 원리인 재현의 해체는 지식으로서의 재현의 해체와 같은 시기에 일어나지 않았다. 회화의 재현과 관련된 변화는 18세기 말과 19세기 초가 아니라 20세기 초에 발생한다. 『이것은 파이프가 아니다』에서 푸코는 20세기까지 재현 체제에 기초한 회화를 조직한 두 원리를 지적한다. 이 텍스트에서 푸코는 재현 해체의 단계들

------

18 Foucault, "L'Homme est-il mort?", *Dits et écrits*, vol. 1, p. 572.

을 설명하면서 회화의 고고학을 구체적으로 실천했다.

푸코에 따르면 15세기부터 20세기에 이르기까지 서구 회화에는 두 기본적인 원리가 발견된다. 첫번째 원리는 "조형적 재현"(이미지)과 "언어적 대상 지시"(텍스트)가 분리되어야 한다는 것이다. 전자는 유사에 의해 사람의 눈에 나타나고 후자는 차이를 통해 말한다. 양자는 다르고 융합할 수 없다. 어떤 선들의 모임이 "볼 수 있는 그림"인 동시에 "읽히는 문자"일 수는 없다.

그러므로 양자를 동일 평면에서 연관시키기 위해서는 그들 사이에 어떤 종속 관계 혹은 계층적인 질서를 설정할 필요가 있다. 이러한 질서에 속함으로써 양자는 서로 관계를 맺게 되는 것이다. 예를 들면 담론이 이미지를 규제하고 설명하거나, 역으로 이미지가 담론을 규제하고 도해하는 식으로 말이다. 이렇게 설정된 계층적 질서가 담론과 이미지의 공통의 장이 된다.

서구 회화의 또 하나의 원리는 '유사'와 '긍정'(단언)의 등가성을 주장하는 것이다. 그림이 어떤 사물과 유사하다는 사실은 그림과 그 사물 간에 '재현 관계가 있다'는 것을 긍정하고 단언하는 것과 같다. 예를 들면 파이프와 그것을 그대로 닮은 그림이 있다면 이는 이 그림이 파이프를 재현하고 있다는 것을 긍정하는 것과 같다. '그림이 어떤 사물과 유사하다'는 것은 '그림이 그 사물을 재현하고 있다'는 것을 의미한다. 그러므로 유사는 긍정=단언과 등가이다. 어떤 도상이 어떤 사물과 유사할 경우, 보통 이 유사하다는 사실로 인해 '당신이 보고 있는 것은 어떠어떠한 것이다'라고 긍정하고 단언하는 언표가 화면에 침투한다. 그렇기 때문에 언어적인 요소가 일체 배제된 화면 속에서

조차도 유사를 통해 하나의 담론이 도입된다. 즉 그림은 말과는 이질적인 것으로서 언어의 외부에서 형성되는데도 불구하고 유사를 통해 계속해서 다양하게 말을 할 수 있는 것이다. 그것은 조형적인 표현이 침묵 속에서 담론의 공간에 의거하고 있기 때문이다.

서구 회화의 전통을 지배한 두 기본 원리——언어 기호와 조형적 요소의 분리, 그리고 유사와 긍정의 등가성——는 그림과 문자를 구분하면서도 양자 사이에 '공통의 장'을 설정하는 것으로서 기능한다. 첫 번째 원리를 통해 그림과 문자는 서로 다른 것으로 분리되지만 두번째 원리에 의해 그림은 어떤 긍정=단언의 담론이 되고 문자가 표현하는 담론의 공간과 만나게 된다. 즉 양자 사이에 일종의 공통의 장이 확보된다. 이 공통의 장은 거기서 문자와 그림 간에 어떤 종속 관계가 설정됨으로써 그 구체적 구조가 정해진다. "본질적인 것은 유사와 단언을 떼어 놓을 수 없다는 것이다."[19] 푸코는 이 두 재현의 원리에 대한 가차 없는 공격을 특징으로 하는 회화적 재현 해체의 고고학을 구상했다.

파울 클레는 서구 회화의 이 첫번째 원리를 해체한다. 이 원리는 텍스트가 이미지를 지배하든지 이미지가 텍스트를 지배하든지, 아무튼 텍스트와 이미지의 주종 관계를 전제한다. 그러나 기호와 선이 이렇게 위계화되기 위해서는 먼저 양자가 엄격하게 구분되고 분리되어야 한다. 클레는 "불확실하고 역전 가능하며 부유하는 공간(종이인 동

------

19 Foucault, *Ceci n'est pas une pipe*, Montpellier: Fata Morgana, 1973, p. 43[『이것은 파이프가 아니다』, 김현 옮김, 고려대학교출판부, 2010, 43쪽].

시에 천이고, 테이블보인 동시에 책이며, 노트의 모눈인 동시에 토지 대장이고, 이야기인 동시에 지도인 한 공간)에서 형상들의 병치와 기호들의 통사법을 이용함으로써",[20] 또 동일한 면 위에서 두 재현 체계의 교차를 현시하고 동시에 이것들을 문제화함으로써, 기호와 선을 긴밀하게 연결시키고 조형적인 것le plastique과 서기적인 것le graphisme을 융합시켰다.

이 재현 해체의 역사에서 마그리트와 〈이미지의 배반〉의 여러 버전이 중요한 위치를 점유하고 있다. 푸코는 유사에 집착해 재현의 공간을 고수하려는 것처럼 보이지만 실은 재현 회화의 두 원리를 전복시키는 마그리트의 방식에 주목한다. 클레처럼 전통을 해체하면서 "마그리트는 언어 기호들과 조형적 요소들을 서로 연결시킨다. 하지만 마그리트는 클레와 달리 동위성이라는 전제 조건을 내세우지 않는다". 그리고 칸딘스키처럼 전통을 거스르며 유사를 긍정적 단언의 필연성에 기초해 전개하지도 않는다. 마그리트의 작업은 "순수한 상사와 단언적이지 않은 언어적 표현을 표식도 없는 볼륨, 평면도 없는 공간의 불안정성 속에서 작동시킨다".[21] 그래서 회화는 긍정하는 단언과 하등의 관계가 없는 것이 되어 버린다. 허공은 사물이나 사유의 동일성을 지탱하는 모든 무대, 장소, 테이블과 같은 것들의 부재이다. 르네 마그리트는 이 허공을 회화를 통해 표현하려고 시도했다.

푸코가 다룬 것은 '이것은 파이프가 아니다'라는 표제를 갖는 일

------

20 *Ibid.*, pp. 40~41[같은 책, 41쪽].
21 *Ibid.*, p. 78[같은 책, 78쪽].

련의 작품이다. 이 작품의 시리즈에서는 어떤 화면에서나 '파이프'의 이미지가 그려져 있고 그 아래에 '이것은 파이프가 아니다'라는 문구가 쓰여 있다. '이미지'와 텍스트라는 두 요소가 화면에 존재하지만 명확히 양자는 양립 불가능하다. 어떻게 보아도 거기에 그려진 것은 파이프라는 사물이고 기입된 말은 그것이 파이프가 아니라고 말하고 있다. 보는 것과 말하는 것의 분리는 이렇게 이 그림에서 절정에 달한다. 재현 기능이 회화에서 해체되면 말하는 것과 보는 것의 관계는 무관계가 될 수밖에 없다.

물론 텍스트의 주어인 '이것'이라는 대명사가 지시하는 것이 거기에 그려진 파이프가 재현하는 '파이프'가 아니라면 말은 달라진다. 예를 들어 '이것'이 지시하는 것으로서 거기에 쓰여진 문장 자체, 혹은 '이것'이라는 대명사 자체, 혹은 거기에 그려진 파이프 '그림' 등을 차례로 생각해 보면 확실히 그것들은 모두가 파이프 자체는 아니다. 그러므로 즉각적으로 모순으로부터 벗어날 수 있다.

하지만 그러한 회피 방식은 문제의 진정한 해결책은 아니고 모순을 형식적으로 회피한 것에 불과하다. 이러한 방식에서는 '이것은 파이프가 아니다'라고 가정된 것은 차츰 더 증가될 것이다. 그것은 한이 없다. 그리고 '~은 파이프가 아니다'와 증식하는 부정의 목소리와는 섞일 수 없는 파이프가 침묵하며 허공에 떠 있다. 이상한 느낌이 점점 심해진다.

우리는 일정한 관습에 따라 그림을 보게 마련인데 이 관습에서 출발해 작품이 제기하는 문제를 곰곰이 고찰해 볼 필요가 있다. 이 관습은 '이미지'와 '텍스트'를 불가피하게 관련시킨다. '이것'이 거기에 그려진 파이프를 의미하는 것을 피하기는 어렵다. 우리는 거기서 '파이프가 아니다'라는 파이프, 무한히 허공에 걸린 이상한 파이프를 본다. 문제는 이 이상함이 어디로부터 유래하는지를 아는 것이다. 푸코는 이 작품의 이상함이 어디에 있는지와 관련해 다음과 같이 말한다.

> 사람들을 어리둥절하게 만드는 것은 텍스트를 그림과 관련시키는 것이 불가피하다(지시사와 파이프라는 말의 의미, 이미지가 유사하다는 것이 우리를 그렇게 만들듯이)는 데서 기인하고 또 이 단언이 진실인지, 거짓인지, 모순인지, 필요한지 아닌지를 말할 수 있게 해주는 평면을 설정하기가 불가능하다는 데 있다.[22]

파이프라는 주제를 둘러싸고 '이미지'와 '텍스트'가 모순된 채로 서로 연결되는 것처럼 보인다. 하지만 '텍스트'가 말하고 있는 것이 진실인지 거짓인지를 판단할 수 있기 위해서는 양자가 연결될 수 있는 '공통의 장'이 필요하다. 예를 들면 '텍스트'가 메타 언어로서 '이미지'를 설명하듯이 하나의 계층적인 위계가 설정되어야 한다.

하지만 그렇게 양자가 만나면 텍스트와 이미지 중 한쪽이 틀린 것이 된다. 마그리트가 단순히 실수한 것은 아니다. 텍스트와 이미지 모두 의심스러운 곳이 없으며 각기 자신이 올바르다고 주장하고 있다. 그렇기 때문에 마그리트가 보여 주려 한 것은 양자의 단순한 모순이 아니다. 양자는 모순되는 것이 아니라 신중하게 거리를 두고 있다.

------

22 Foucault, *Ceci n'est pas une pipe*, p. 19[『이것은 파이프가 아니다』, 19쪽].

하지만 우리 눈에는 양자를 절대적으로 떼어 놓는 분명한 거리와 같은 허공이 보이지 않는다. 투명한 허공에 의해 관통됨으로써 텍스트와 이미지 사이에 설정되어야 하는 계층적 질서, 즉 공통의 장이 소거되어 있다. 양자는 다른 장에 속하고 서로 외재적이다. 이 공통의 장의 소거와 함께 선으로 '그려진 그림'과 문자로 '쓰여진 문장'이 거기서 공유하고 있던 파이프도 결정적으로 도주해 버린다. 텍스트는 이 파이프의 실종을 확인하듯 '이것은 파이프가 아니다'라고 독백한다.

푸코에 따르면 이것은 칼리그람calligramme의 세계로 열린다. 사실 칼리그람은 동일한 것을 두 번 반복해 말한다. 하지만 칼리그람은 자신이 보여 주는 것과 말하는 것 사이에 부정적 관계를 도입한다. 예를 들어 칼리그람은 '이것은 소나기이다'라고 결코 말하지 않는다. 푸코는 마그리트의 그림에서 이와 같은 절차의 복잡화를 포착한다.

칼리그람은 자신이 말한다고 주장하는 사물을 이중적으로 함정에 빠뜨린다. 예외적으로 말들은 칼리그람 내에서 말들이 구성하고 있는 서기적 형태를 통해 사물과 결부된다. 사물은 자신을 관통해 버린 담론으로 회부된다. 마그리트는 이 관계를 규정함으로써 칼리그람의 함정을 다시 판다. 말과 사물은 서로 분리되어 각기 자기 고유의 자리를 재발견하고——하지만 말은 그림을 연장하고 그려진 사물은 서기를 연장한다——이제 언표는 앞서 칼리그람이 지탱하고 있던 분리 불가능한 총체를 부정하는 일을 홀로 담당한다. 그 결과 단언이 진실인지 거짓인지, 모순적인지 필연적인지를 말할 수 있게 해주는 서열을 규정하는 것이 불가능해진다. 말해지고 있는 사물 아래에서 토대가 붕괴된다. 요컨대 "이미지와 텍스트는 각자가 자기 고유의 중력에 따라 자기 쪽으로 추락하고 만다. 이들에게는 공통의 장, 그들이 서로 간섭할 수 있는 장, 말들이 하나의 형상을 받아들이고 이미지들이 어휘의 영역에 들어갈 수 있는 장소가 없다".[23] 여기에는 말과 사물이 동시에 펼쳐져야 하는 단일한 공통의 면이 결여되어 있다. 분리된 칼리그람은 심연으로 빠져 버린다. 상호 연루의 장소는 해체되고 사라져 버린다. 칼리그람이 파열되고 난 이후, 텍스트와 이미지의 공통 공간이 사라지고 난 이후, 한편에는 파이프 자체를 모방하고 있는 이미지가 있고, 다른 쪽 허공에는 침울한 언표가 남아 있을 뿐이다. 이 관계는 순수하게 서로 외재적인 관계, 다시 말해 무관계이다.

그래서 마그리트의 그림은 근대 회화에 존재하는 가능성을 징후적으로 보여 준다고 할 수 있다. 마찬가지로 지식의 질서 내에서 고전주의 시대의 에피스테메인 재현의 종말과 근대성의 시작은 담론적인 것과 가시적인 것의 상호 불투명화를 야기시킨다. 푸코는 마그리트에 대한 논의를 통해 근대성의 정점을, 말하는 것과 보는 것의 상호 부정적 관계로 지시하고 있다. 이것은 특권을 상실한 재현 장치를 기반으로 한 유희적이고 수수께끼적인 시도라 할 수 있을 것이다. 이 특권의 부재 속에서 '구상적' 회화는 말하는 것과 보는 것의 무의미한 상호 외재성만을 의미할 수밖에 없게 된다. 이렇게 푸코는 「이것은 파이프가 아니다」에서 마그리트의 작품을 "시뮬라크르"의 관점, "언어적 요소와 조형적 요소의 분리", 그리고 "유사와 단언의 등가성"의 관점에서 논한다.

------

23 Foucault, *Ceci n'est pas une pipe*, p. 34[『이것은 파이프가 아니다』, 33쪽].

이와 관련해 마그리트의 혁신성은 유사와 단언의 결합을 끊어 버리고 회화에 속하는 것을 유지하면서 담론에 가까운 것을 배제한 점에 있다. 그것은 마그리트의 회화에서 "유사한 것이 한없이 계속되는 것을 추구하지만 그것이 무엇과 유사한지 말하려 하는 모든 단언을 제거하는" 방법으로서 나타난다.[24] 이렇게 마그리트의 회화는 "마치 무엇무엇과 같다"로부터 해방된 "동일자"의 회화가 된다.

푸코는 여기서 '유사'ressemblance와 '상사'similitude라는 두 개념을 구별해 대치시킨 후 마그리트의 회화를 '상사'를 특권화하는 회화로 특징짓는다. 유사는 '원형'을 갖는다. 다시 말해 유사는 그것으로부터 생겨나는 모든 복사본을 질서화하고 위계화하는 원형적 요소를 가지고 있다. 이와 대조적으로 상사는 시작도 끝도 갖지 않는 계열 내에서 펼쳐진다. 이 계열은 어떤 방향성도, 어떤 위계도 갖고 있지 않지만 차츰차츰 차이를 증폭시키게 된다. 요컨대 유사가 '재현'에 소용되는 것이라면 상사는 '반복'에 소용되고, 유사가 원형에 따라 질서 지어지는 반면에 상사는 '시뮬라크르'를, 즉 "비슷한 것과 비슷한 것 간의 제한 없는 가역적인 관계"를 순환시킨다고 말할 수 있다.[25]

이렇게 마그리트의 회화는 "자기 자신으로 회부되는" 상사로 규정된다. 회화는 이제 "캔버스의 표면을 수직으로 관통하여 다른 것으로 회부되는 검지손가락이 아니라 자신으로부터 출발해 펼쳐졌다가 다시 자신 위에서 접히는" 시뮬라크르가 된다.[26] 여기서 이미지는 그

------

24 Foucault, *Ceci n'est pas une pipe*, pp. 59~60[『이것은 파이프가 아니다』, 59~60쪽].
25 *Ibid.*, p. 61[같은 책, 61쪽].

림의 평면을 달리고 순환하며 그 내부에서 증식되고 퍼져 나가 서로 화답하지만 한편으로 그것은 무엇을 단정하지도 않고 재현하지도 않는다. 시뮬라크르의 공간이라는 "밖의 공간"을 펼쳐 보여 줄 뿐이다. 이처럼 마네의 '캔버스의 물질성'과 마그리트의 '시뮬라크르로서의 이미지'는 각기 나름대로의 방식으로 회화가 직조해 낸 재현 공간에 '밖'의 요소를 도입해 재현 공간을 해체한다.

마지막으로 푸코는 마그리트론에 이어 프로망제에 할애한「포토제닉한 회화」에서 "사건으로서의 이미지의 순환"이라는 주제를 다루고 있다.

여기서 푸코는 먼저 19세기 사진 기술의 발달과 더불어 널리 행해졌던 회화와 사진의 장르 횡단적 "유희"를 검토한다. 그것은 예를 들면 회화의 창작에 사진이 응용되거나 혹은 역으로 사진의 제작에 회화가 응용되는 것처럼 복수의 매개를 이용해 하나의 이미지를 만들어 내려는 실천이다. 푸코에 의하면 거기서 회화냐 사진이냐라는 매개의 차이는 문제가 되지 않고, 오히려 관심의 중심은 그렇게 해서 생겨난 이미지 자체로 향해진다. 즉 중요한 것은 이 장르 횡단적 유희를 통해 어떻게 새로운 이미지를 만들어 낼 것인가였다는 것이다.

푸코는 이러한 실천들의 여러 예를 소개하면서 거기서 일어나는 것은 회화나 사진과 같은 "지지체"(소재)에만 결부되는 것이 아니라, 이미지의 자유로운 비상과 순환에 다름 아니라고 말한다. 거기서 행해진 것은 이미지를 각 매체로 에워싸는 것이 아니라 그것을 "순환시

------

26 *Ibid.*, pp. 70~71[같은 책, 70~71쪽].

키고 통과시키며, 횡단시키고 왜곡시키며, 붉게 될 때까지 가열시키고 냉각시키며 증식시키는 것"이었다.[27] 하지만 이러한 실천은 20세기가 되면 "예술에 대한 청교도적 규범"으로 인해 부인되어 버린다.

그런데 푸코에 의하면 팝아트나 하이퍼리얼리즘과 같은 20세기 후반의 예술 경향 내에서 예술가들이 행한 것은 분명히 이 "과거의 유희"의 재발견, 즉 "이미지의 무한 순환에의 접속"이었다.[28] 푸코는 "그들이 그리는 것은 이미지"라고 말하는데 그것은 그들의 회화가 이 "이미지의 무한 순환"의 중계 역할을 담당하는——요컨대 이미지를 에워싸지 않는——것에 다름 아니라는 의미이다.

그들이 자신의 작업을 통해 만들어 낸 것은 사진으로부터 출발해 제작된 회화도 아니고 회화로 가장된 사진도 아니며 사진으로부터 회화로 이행하는 궤도 내에서 포착된 이미지이다.[29]

그리고 푸코가 이러한 경향의 한 극점을 본 것이 프로망제의 회화이다. 프로망제의 작업은 우선 거리에서 사진을 촬영하는 것에서 시작한다. 거기서 촬영된 사진을 그 후의 작업에 사용하기 위해서이다. 그것들은 회화의 모델로 사용되지 않는다. 왜냐하면 그것들은 철저하게 "회화가 될 수 없는" 사진, "보잘것없는" 사진이기 때문이다.

------

27 Foucault, "La Peinture photogénique", *Dits et écrits*, vol. 2, p. 710.
28 *Ibid.*, p. 711.
29 *Ibid.*, p. 711.

그것은 거리에서 그냥 마주쳐 촬영된 "우연한 사진"이고 "일어나는 바의 익명의 운동"으로부터 얻은 필름의 형태로 추출된 이미지이다.

촬영 후에 프로망제는 스크린에 슬라이드를 투사하고 오랫동안 어둠 속에서 사진을 마주한다. 그가 거기서 발견하려고 하는 것은 사진을 촬영한 순간에 일어날 수도 있었던 일이라기보다는 그 이미지 위에서 끊임없이 계속해서 일어나는 사건이다. 그것은 "이미지의 사건이라 할 수 있는 특이한 사건"이고 "이미지를 완전히 특이한 것으로—즉 복제 가능하고 교체 불가능하며 우연적인 것으로—만드는 사건"이다.[30] 요컨대 프로망제가 출현시키려고 하는 것은 사진의 발단이 된 원초적 사건이 아니라 이미지의 내부에서, 현재 일어나고 있는 사건이다.

프로망제는 이렇게 투사된 사진을 다양하게 채색해 나간다. 데생이나 형상과 같은 중계를 거치지 않고 사진 위에 직접 가해진 다양한 채색이다. 푸코는 이 채색의 역할을 "사건=사진 위에 사건=회화를 창조하는 것"이라고 설명한다.[31] 즉 사건=사진을 전달하는, 사건=사진과 결합되어 무한히 새로운 통과를 발생시키는 사건=회화를 만들어 내는 것이다. 그것은 "사진=채색이라는 쇼트를 통해……무수한 이미지가 분출되는 원천을 창조하는 것"과 다르지 않다.[32] 달리 말해 사진과 무관하게 배치된 다양한 색의 모양을 통해 프로망제는 사진으

------

30 *Ibid.*, p. 711.
31 *Ibid.*, p. 712.
32 *Ibid.*, p. 712.

로부터 무수한 "축제"를 끌어낸다.

　여기서 푸코가 강조하는 것은 프로망제의 그림이 이미지를 포획하거나 고정하지 않고 그것을 통과시킨다는 점이다. 프로망제의 모든 회화에는 "사진=슬라이드=투영=회화"라는 계열이 나타나는데 그것은 이미지의 "통과"를 확보하는 것을 기능으로 한다. 그래서 그림 하나하나가 "통과"가 되고 여러 종류의 지지체를 통과해 이미지의 운동을 활기 있게 하고 농축하며 강화하는 "스냅사진"의 역할을 담당한다. 푸코는 그것을 "이미지 투석기로서의 회화"라고 표현한다.[33]

　프로망제의 작업을 통해 우선 이상한 방식으로 한 장의 사진으로부터 다양한 이미지가 분출될 수 있고 그것이 복수의 회화로 퍼져 나간다. 그리고 각각의 그림은 또 그 자체가 다양한 사건으로부터 형성된 새로운 계열을 만들어 낸다.[34] 그러므로 "회화가 사진을 열고, 그로 인해 무한한 수의 이미지에 호소하고 그것을 통과시키는 것"이다.[35]

　한편으로 푸코는 이 "이미지의 무한 순환" 속에서 화가의 위상이 한없이 희박해져 간다고 지적한다. 즉 "회색의 그림자"일지라도 이제까지는 여전히 그림 속에 자신을 보여 주었던 화가였지만 이 이후 이미지는 이제 그 그림자를 볼 수 없는 "폭죽 설치 기사artificier"에 의해 추진되게 된다. 그래서 이미지는 소위 "자율적 이동"을 통해 우리에게까지 흘러들어 오게 된다.

33　Foucault, "La Peinture photogénique", *Dits et écrits*, vol. 2, p. 712.

34　*Ibid.*, p. 713.

35　*Ibid.*, p. 713.

푸코에 따르면 이 새로운 "포토제닉한" 회화와 더불어 회화는 "통과의 장", "무한한 이행"으로, 즉 무수한 이미지가 다가와서 통과해 가는 그러한 장이 된다. 그리고 또 자신이 반복해서 투사하는 다수의 사건으로 열림으로써 회화는 이미지와 관련된 모든 기술에 통합된다. 이렇게 열린 새로운 영역 내에서 화가는 이제 유일한 절대적 존재가 아니게 된다. 즉 거기서 화가는 "폭죽 설치자, 기술자, 밀수업자, 도둑, 약탈자" 등과 같은, 이미지와 관련된 온갖 "수집가"와 다시 합류하게 된다.[36] 이렇게 해서 이 이후로 "누구나 이미지의 유희 속으로 들어가고 거기서 유희하기 시작한다".[37] 이 프로망제론에서 "포토제닉한 회화"들 사이를 통과하는 "이미지"는 〈수감자들〉이라는 연작을 다룬 르베롤론에서 캔버스 사이를 통과한다고 간주되는 "도주하는 힘"과 같은 것으로 파악된다. 그리고 또 '힘'은 항시 '재현'과 고정된 '형태'의 통제를 벗어난 '밖'의 요소이다. 푸코가 행한 재현 해체의 고고학은 대략 이상과 같다.

하지만 재현의 문제와 관련해 지식의 고고학과 회화의 고고학을 대조해 보았을 때 명확히 드러나는 시기적인 불연속성과 불일치의 문제는 해결되지 않은 과제로 남게 된다. 지식의 고고학과 회화의 고고학은 상호 모순적인 것처럼 보인다. 이 두 고고학의 시간적 간극이 문제가 된다. 시간적 간극을 통해 에피스테메 단절의 고고학적 분석은 복잡해지고 또 동시에 보완된다. 요컨대 고고학 내에서 새로운 불연

------

36 *Ibid.*, p. 715.
37 *Ibid.*, p. 715.

속성, 즉 20세기 회화와 여타 모든 서구 회화를 분리시키는 단절이 문제로 대두된다. 재현 회화의 첫번째 원칙인 텍스트와 이미지의 불평등한 관계는 지식의 고고학을 완성한다. 텍스트가 이미지에 종속되는 현상은 유사라는 에피스테메가 지배하는 시대인 르네상스 시대에 발생하고, 그 반대의 종속 현상은 재현이라는 에피스테메가 지배하는 시대인 고전주의 시대에 발생한다. 회화는 재현의 원리가 지식의 영역을 벗어나 버린 순간에도 변함없이 지속적이고 충만하게 작동하는 특수한 영역이 아니다. 19세기에도 부단히 재현이 있어 왔지만 그렇다고 해서 근대 이전과 동일한 규칙과 원리에 따라 재현이 지속되어 온 것도 아니고 이전과 동일한 역할을 재현이 담당하고 있던 것도 아니며 동일한 공간을 점유하고 있던 것도 아니다. 하지만 유념해야 할 것은 이미지를 말로 환원시킬 수 없다는 사실이다. 회화가 현시하는 것은 지식 공간의 변형이지만 이 변형은 이미지로 표현되었다. 19세기 회화와 관련된 재현 문제의 논의는 보는 것과 말하는 것의 관계에 발생한 변화를 추적하는 푸코의 한 방식인 것이다.

지식의 고고학과 회화의 고고학을 둘러싼 문제의 핵심을 요약하면 다음과 같다. 고전주의 시대 지식의 토대였던 재현이 말과 사물을 어떤 결함도 없이 견고하게 결합시켜 놓았다면, 근대는 이 내밀하고 투명한 관계를 단절시켰다는 것, 그러나 보는 것과 말하는 것의 투명한 관계가 사라졌지만 일정한 방식의 재현은 회화적 가시성의 장에서 존속되었다는 것, 마그리트의 급진적이고 철저한 작업이 있기 전까지 말하는 것과 보는 것은 다양한 방식으로 서로 교통하고 있었다는 것, 보는 것과 말하는 것은 상호 결부되지만 양자는 언어-존재와 빛-존재라는 상호 이질적인 가능 조건에 따르고 있고 그 변화는 동일한 리듬과 템포에 따라 진행되지 않기 때문에 서로 완벽하게 일치하지는 않는다는 것, 19세기 회화의 고고학은 가시성의 차원에 입각해 분석되는, 말하는 것과 보는 것이 맺는 관계의 점진적인 불투명화의 역사, 다시 말해 고전주의 재현 장치의 점진적 해체의 역사라고 말할 수 있다는 것, 회화의 고고학에서는 가시적인 것이 중심에 놓이기 때문에 말하는 것과 보는 것의 관계 변화가 담론 변화의 리듬과 템포와 동일하게 논의될 수 없다는 것, 회화의 고고학은 지식의 고고학과는 다른 역사를 탐구한다는 것, 예술은 고고학적 실정성과는 다른 역사적 체제의 지배를 받는다는 것, 회화의 고고학은 고유의 템포, 고유의 완급, 고유의 지속성과 특유의 속도라는 차별적 관계를 가지고 있다는 것, 그리고 이러한 역사 속에서 마네가 핵심 요소가 된다는 것이다.

푸코의 사유에서 회화와 고고학은 긴밀하게 상호 연루되어 있다. 사료의 자격으로 회화는 푸코의 고고학적 작업에서 복잡하고 중요한 역할을 담당한다. 회화는 특수하고 구체적인 고고학을 열고 또 그 대상이 된다. 하지만 지식의 고고학과 회화의 고고학 사이에는 단절과 불연속성이 존재한다. 이 불연속성은 보는 것과 말하는 것 간의 존재론적 간극이다. 하지만 마그리트 작업의 분석이 그 가장 극단적 지점을 보여 주는 이런 양자의 분리는 역사적 관점에서 말하는 것과 보는 것이 각기 독자적이라는 사실을 명확히 현시한다. 그러나 이 독자성은 양자 간에 관계가 존재하지 않는다는 게 아니라, 양자가 서로 이질적이고 독자적인 역사적 변화의 법칙에 따른다는 것을 의미한다. 회화의 가시성이 총체적으로 환원 불가능하다는 것이 아니라, 자기 고유의 변형 규칙에 따르고 있다는 것이다. 담론적인 것과 가시적인 것의 관계는 푸코가 『지식의 고고학』에서 인간적인 것과 담론의 관계와 관련해 "담론의 시간은 당신의 시간이 아니다"라고 말한 관계와 유사하다.[38] 그렇기 때문에 회화적 재현은 고전주의 시대 에피스테메인 재현이 효력을 상실한 시기에 그 유효성을 동시에 상실하지는 않는다.

바타유의 『마네』

회화의 역사에서 고전적으로 마네가 제기한 문제는 그가 전통과 관련해 연속적인 관계에 있는가 아니면 불연속적인 관계에 있는가의 여부일 것이다. 이러한 문제가 제기되는 이유는 마네가 동시대인들에게 스캔들을 불러일으켰기 때문이다. 〈올랭피아〉와 〈풀밭 위의 점심 식사〉는 고전적인 미의 규범에 반하는 작품이었다. 관람자들은 오만한 매춘부와 숲 속의 난교 파티를 환기시키는 듯한 그림의 '주제'를 맹렬히 비난했을 뿐만 아니라, 요란한 색채와 순수한 색채의 병치, 음영의 부재와 그로 인한 신체와 얼굴의 굴곡이나 기복의 부재, 생경한 조명과 전체적인 미완성의 느낌 등으로 특징지을 수 있는 그의 기법도 비난했다. 하지만 마네 회화의 구조와 구성은 지극히 고전적인 전통을 답습한 경우가 많았다. 예를 들어 〈올랭피아〉는 티치아노의 〈우르비노의 비너스〉에서, 〈풀밭 위의 점심 식사〉는 마르칸토니오 라이몬디의 판화를 통해 세상에 알려진 라파엘의 〈파리의 심판〉이나 조르조네

------

38 Foucault, *L'Archéologie du savoir*, p. 275[『지식의 고고학』, 290쪽].

혹은 티치아노의 〈전원 음악회〉에서 착상을 얻은 것이다. 그리고 플랑드르 회화의 전통과 특히 벨라스케스를 필두로 한 스페인 회화의 전통에서 영감을 받아 마네는 자신의 회화의 독창성을 구축해 갔다.

하지만 푸코에 따르면 이것은 그다지 놀랄 만한 일이 아니다. 왜냐하면 그에게 마네는 이보다 더 심층적인 단절을 행한 화가이기 때문이다. 더 나아가 푸코는 "마네는……20세기의 회화, 그 속에서 지금도 현대 미술이 펼쳐지는 그러한 회화를 가능케 했다"고 단언한다.[39] 이러한 푸코의 해석은 1940년대 말 이후에 프랑스에서 지배적이었던 마네에 대한 해석 방식과 유사하다. 예를 들어 조르주 바타유의 해석과 푸코의 해석은 상당 부분 공통점이 있다. 이러한 프랑스의 해석 방식은 산드블라드Nils Gösta Sandblad, 호프만Werner Hofmann, 핸슨Ann Coffin Hanson 등과 같은 당대 독일 및 영미 미술사가들의 해석 방식과 달랐다. 바타유의 관점에 따르면 마네의 그림은 최초의 현대화인데, 그 이유는 그의 회화가 본질적으로 자기 참조적이기 때문이다. 즉 마네의 회화는 그것이 재현하는 바와 관련해 전적으로 자기 목적성을 지니고 있고, 또 본질적으로 있는 그대로 주어지는, 요컨대 알몸의 신체나 꽃다발이기 이전에 그림으로 채색된 단순한 물질적 표면으로 주어지는 회화라는 것이다. 회화가 이런 식으로 재현의 성격을 해체함으로써 회화가 이야기하려고 하는 바는 회화가 보여 주려고 하는 바에 비해 부차적인 것으로 축소되어 버리고, 그 결과 그림 주제의 중요성이 회화의 순수한 자기 참조적 차원을 위해 상대적으로 축소된

------

39 본서 23쪽.

다는 것이다. 달리 말해서 회화는 그 자체가 '고유의 대상'이 되는 것이다. 요컨대 회화는 "회화와 무관한 모든 가치"[40]를 거부한다. 일련의 차이와 주장을 예외로 하면 푸코는 바타유 사유의 연장선상에 있다. 제대로 주목받지는 못했지만 바타유의 마네 해석의 세부 사항을 살펴보면 푸코의 그것과 얼마나 가까운지를 실감할 수 있을 것이다.

역사적으로 볼 때 무엇인가를 재현하고 또 동시에 그것을 의미하고자 하는 회화, 요컨대 우선 주제가 중요한 회화는 자기보다 훨씬 더 방대한 총체, 즉 "인지 가능한 총체를 대중에게 제시하는 장중한 건조물의 일부분"[41]으로 통합됨으로써 그 효력을 발휘했다. 마네의 회화와 같은 근대 회화와 달리 고전 회화는 자기 내부에 목적을 가지고 있는 회화가 아니라 "언어와 담론"을 위한 회화, 웅변을 위한 회화였다. 그리고 이 회화는 이러한 자격으로 자신과는 이질적인 언어 체제에 예속되어 있었다. 회화를 작동시키는 원리가 회화와는 다른 어떤 것에 의해 결정되었다는 말이다. 간단히 말해 회화는 그림을 수단으로 해서 자기를 찬양하는 권력 나르시시즘의 기제에 불과했다. 물론 마네의 회화가 담론과 완전히 단절한 상태에 있지는 않았다. 마네의 그림도 무엇인가를 재현했고 또 하나의 주제에 의거하고 있었다. 하지만 바타유가 보기에 마네 회화에는 특이함이 존재한다. 요컨대 마네의 회화가 실제로 사물들에 대해 이야기하기는 하지만, "자신이 말하는 것에 대한 무관심" 속에서 그렇게 하고 있다는 것이다. 마네의 회화

------
40 Georges Bataille, *Manet, Œuvres Complètes*, vol. 9, Paris: Gallimard, 1979, p. 133.
41 *Ibid.*, p. 127.

가 주제를 가지고 있기는 하지만 그것은 무의미한 주제다. 요컨대 주제는 "그림의 구실"[42]에 불과한 것이다. 무의미한 것, 침묵, 의미의 부재를 의미화하는 것, 바로 이것이 마네 예술의 '비결'이다. 주제를 파괴하기보다는 축소하기, 그림이 재현하는 바, 그림이 의미하고자 하는 바를 찾으려 하는 감상자——적어도 마네 시대의 감상자——의 기대를 저버리는 그런 제스처를 통해 회화의 주제를 그림 속에 함몰시켜 버리는 기법, 바로 이것이 마네의 독창적인 기법이다. 그러므로 마네 기법의 토대가 되는 것은 "말하는 것이 그 본연의 활동인 바"를 침묵하게 만드는 "조작"이다.[43] 마치 회화의 형식적인 장치를 지탱함으로써 회화가 갖는 재현적 기능을 비틀어 버리고 주제의 의미를 무력화시키며 주제를 유희를 위한 구실로 만들어 버리기라도 하듯이 말이다. 따라서 마네는 특이한 방식으로 "캔버스가 그에게 부여하는 재현의 가능성에 이의를 제기하고, 그 가능성은 그의 붓 아래 있지만 그의 붓 아래서 슬그머니 달아나 버린다".[44] 그래서 마네와 몇몇 화가로 인해 회화는 수다스럽게 말하는 것을 중단하고 오직 자기 자신과 자신의 현재에 대해서만 이야기하게 되었다. 회화는 일반적인 역사성의 차원을 열고 자기 고유의 역사성의 체제를 표현하게 된 것이다.

그 경위를 바타유의 마네론에 입각해 정리해 보자. 그는 『마네』의 서두에서 다음과 같이 쓰고 있다.

------
42 *Ibid.*, p. 133.
43 *Ibid.*, p. 150.
44 *Ibid.*, p. 156.

마네는 그 토대가 천천히 미끄러져 내린 한 세계의 변화에 참여했다. 그 세계란 일찍이 '신'의 교회 안이나 왕들의 궁전 안에서 조직되던 세계였음을 우선 말해 두자. 그때까지 예술은 압도적이고 부정할 수 없는 어떤 위엄, 사람들을 통합하고 있던 위엄을 표현하는 임무를 담당했다. 하지만 이제는 군중의 동의와 더불어 장인이 봉사해야 할 위엄이라는 것이 아무것도 남지 않게 되었다. 그래서 이제 석공이나 화공, 또 마찬가지로 서기 등과 같은 자들은 결국 자신이 누구였는지를 표현할 수밖에 없게 되었던 것이다. 이제는 자신이 지고한 방식으로 존재한다고 말이다. 예술가라는 애매한 이름은 이 새로운 존엄과 정당화하기 어려운 어떤 자부심을 동시에 증언하고 있다.[45]

이것이 바타유가 부여한 마네의 역사적 위상이다. 그는 마네가 신이나 사제, 혹은 왕후귀족의 권위가 소멸한 시대의 화가, 이 소멸을 최초로 의식한 화가라고 말한다. 근대에 커다란 변화가 일어나 이러한 권위가 약화되었다는 사실을 지적하는 것은 그다지 새로운 일이 아니다. 하지만 바타유의 독자는 근대나 예술에 국한되지 않는 보다 방대한 관점, 그가 일반경제학이라고 부르는 관점이 있다는 사실을 알고 있다. 바로 이 관점이 근대의 의미를 단순히 위엄의 소멸로 축소하지 못하게 만든다.

바타유의 저작은 주제의 다양성으로 인해 독자를 압도한다. 주제는 정치 활동, 사회학적 관심, 철학, 미술, 문학, 문화인류학 등 다방면

------

45 Bataille, *Manet, Œuvres Complètes*, vol. 9, p. 120.

에 걸쳐 있고 그 중 가장 잘 알려진 분야가 종교적 실천이나 에로티즘 같은 분야들이다. 하지만 만약 그의 다양한 탐구를 가장 근본에서 지탱하는 것이 무엇이냐고 묻게 되면 의당 그것이 그의 일반경제학임을 알 수 있다. 그의 일반경제학은 통상 이 말을 통해 연상할 수 있는 재정 정책이나 경기 회복이나 이윤 등과는 완전히 무관한 세계이다. 그의 일반경제학은 인간이 에너지를 어떻게 창출하고 사용하느냐는 문제에 집중한다.

바타유의 초기 텍스트는 그가 자신의 내부로부터 용솟음치는 제어하기 어려운 어떤 힘에 의해 압도되어 있다는 것을 보여 준다. 이 힘은 성적인 충동일 수도 있고 폭력일 수도 있으며 종교적 고양감일 수도 있고 사회적인 소요일 수도 있다. 바타유는 이런 충동들이 어디로부터 출원하는가를 연구한 「태양의 항문」, 「송과샘의 눈」과 같은 1920년대 초반의 텍스트에서 특이한 이미지를 제시한다.[46] 그는 자기를 움직이는 힘이 태양이 발생시키는 열로부터 온다고 생각하고 다음과 같이 추론한다. 이 열에너지는 태양이 자기 자신을 파괴하고 어떠한 보충이나 보상도 없이 무조건적으로 우리에게 주기 때문에 과잉적인 힘 excès인데 이것이 지구상에 생명을 출현시킨다는 것이다. 그래서 생명체는 과잉을 내포하고 있고 이 과잉은 생명 체계의 정점에 위치하는 인간에게 집약된다. 그것은 지상에서는 부richesse의 형태로 나타난

------

46 Bataille, "Anus solaire", *Œuvres complètes*, vol. 1, Paris: Gallimard, 1970, pp. 81~86; "Dossier de l'œil pinéal", *Œuvres complètes*, vol. 2, Paris: Gallimard, 1970, pp. 11~47.

다. 이렇게 과잉 개념은 초기 바타유의 핵심 개념을 이루고 있다.

바타유에 따르면 인간은 이 과잉을 실현하는 임무를 부여받았다. 이 임무가 어떻게 실현될 수 있는지, 다시 말해 인간이 자기 자신이 만들어 내는 과잉(부)을 어떻게 사용할 수 있는지가 바타유의 일반경제학이 탐구하는 근본 문제이다. 과잉을 실현하는 다양한 양태와 그 변천은 1934년의 「소비 개념」[47]에서 처음으로 통일적인 관점을 갖춘다. 그의 초기 사유를 집약하는 이 텍스트에서 바타유는 인간이 이 과잉을 실현하기 위해서는 생산과 생산을 위한 소비라는 유효성의 사이클로부터 벗어나는 방식으로 소비해야 한다고 생각하고, 그것을 비생산적 소비dépense improductive라 명명한다. 이것은 후에 탕진consommation 혹은 소진consumation이라 불리게 된다. 바타유가 이 소비 형태의 예로 드는 것은 사치, 장례, 전쟁, 예식, 웅장한 기념물의 건조, 유희, 스펙터클, 예술, 도착적인 성행위 등이다. 그리고 이 양태들 가운데 가장 근본적인 현실로 간주된 것이 바로 성스럽다는 감정의 경험, 즉 종교였다. 왜냐하면 종교는 과잉 에너지가 유효성으로 환원되지 않으면서 집약적으로 소비될 때의 공포, 경이, 망연자실로부터 오는 몰아적 체험에 근거하고 있다고 생각되기 때문이다.

이런 방식의 에너지 소비는 종종 폭발적인 형태를 취하지만 그렇다고 해서 급작스러운 파괴 활동은 아니었다. 과잉분을 출현시키기 위해서는 우선 질서 있는 생산과 생산을 위한 소비가 필요했고 또 과잉 에너지를 소비한 후 다음 기회를 가능하게 하기 위해 생산과 소비

------

47 Bataille, "La Notion de depense", Œuvres complètes, vol. 1, pp. 302~320.

의 사이클로 되돌아가는 것도 불가결했기 때문이다. 이러한 교체는 제도적으로 보장되었다. 개략적으로 말해 이 교체는 시간적이고 공간적인 두 형태하에서 행해졌고, 시간적으로는 노동의 시간과 축제의 시간의 교체이고 공간적으로는 농민과 사제·왕후귀족 간의 역할 분담이었다. 이 조합 내에서 전자는 생산과 생산적 소비를 담당했고 후자는 비생산적 소비를 담당했다. 사제·왕후귀족은 농민을 착취하여 부를 축적하고 필요 시에 전쟁, 제의, 스펙터클 등과 같은 것을 방출하여 농민이나 일반 대중의 심리를 고양시키는 임무──비극적일 수도 있고 향락적일 수도 있는──를 담당했다. 이 역할의 담당은 사회적인 동의를 받았고 왕후귀족은 부를 제공하는 능력에 비례해 경의와 위엄을 획득했다.

하지만 근대에 이르러 부의 소비에 관련된 이러한 사회 체계가 크게 변화한다. 근대라는 시대를 도래시킨 사건은 관점에 따라 르네상스, 지리상의 발견, 산업혁명, 미국 독립 전쟁, 프랑스혁명 등과 같이 다양하다. 그 중에서 바타유가 가장 중대한 역할을 했다고 생각한 것은, 막스 베버의 『프로테스탄티즘의 윤리와 자본주의 정신』(1905)을 수용해 제시한, 종교개혁 및 그것과 일체가 된 자본주의의 등장이다.

종교개혁 이전에 견신 체험이나 황홀경과 같은 심리 현상의 종교적 고양은 부를 집단적이고 집약적으로 소비함으로써 실현되었다. 그러나 신의 순수성이 추구된 나머지 신의 존재는 어떠한 인간의 작위로부터도 벗어나 절대적 자율성을 획득하게 된다. 이것의 귀결이 루터의 종교개혁과 프로테스탄티즘이다. 동시에 부의 비생산적 소비를 통해 신을 불러내는 방법은 이 절대적 신에 의해 무효화된다. 부가 다른 방향으로 나아가는 것이 가능해진 것이다.

다른 한편으로 왕후귀족의 주변에서 그때까지 존재하지 않았던 새로운 유형의 인간이 출현한다. 구체적으로는 절대왕정하에서 비대해진 지배 기구 내에 들어가 자산 관리를 행하는 인간이 필요해지기 시작했는데, 이 임무를 담당하게 된 자들은 축적된 부가 무의미하게 소비되어서는 안 되고 더 유용한 방식으로 소비되어야 한다고 생각한다. 그들은 신, 쾌락, 경이 쪽으로 향하지 않게 된 과잉분을 설비 투자와 같은 방식으로 생산 과정에 투입하기 시작한다. 부르주아지가 등장한 것이다. 이렇게 종교개혁과 자본주의가 표리일체가 되는 새로운 시대가 도래한다. 바타유는 이 현상을 다음과 같이 총괄적으로 설명한다. "만약 위대한 종교개혁가들의 감정으로 되돌아간다면 그것은 종교적 순수성의 요구로 궁극적으로 귀결됨으로써 성스러운 세계, 비생산적 탕진의 세계를 파괴하고 그래서 세계를 생산하는 인간, 요컨대 부르주아지에게 인도했다고 말할 수 있을 것이다."[48]

이러한 변화로부터 어떤 일이 발생한 것일까? 첫째는 생산력의 비약적 발전이다. 이것은 근대 유럽의 빛나는 성과이다. 하지만 또 다른 한 측면이 있다. 과잉분을 생산에 다시 투자하는 것은 그것을 과잉으로 소비하는 것을 무력화하는 것이고, 그로 인해 결과적으로 비생산적 소비가 그것을 실천하는 자들에게 부여했던 경의와 위엄도 소멸할 수밖에 없게 된다. 요컨대 생산력은 증대했지만 사회 내부로부터

------

48 Bataille, *La Part maudite, Œuvres complètes*, vol. 7, Paris: Gallimard, 1976, p. 122 [『저주의 몫』, 조한경 옮김, 문학동네, 2000, 170쪽].

성스러운 것의 경험과 그것에 수반되는 위엄이 소멸하게 된다. 이것이 근대였던 것이다.

그렇다면 그러한 시대에 직면해 화가들은 어떤 운명에 처하게 된 것일까? 위엄이 존재하고 있었을 때 그들은 농민이나 일반 대중과 마찬가지로 그것을 찬미하고 섬길 수 있었다. 그들은 예수, 사도, 성직자들의 모습, 또 왕후귀족들의 무훈이나 비극적인 죽음을 확신을 가지고 그릴 수 있었다. 그것을 통해 그들은 비생산적이고 성스러운 영역에 소속될 수 있었다. 하지만 비생산적인 부분을 성립시켰던 근본적인 조건이 사라졌을 때 화가들의 작업은 어떤 것이 되어 버리는 것일까? 이것이 바타유가 마네론에서 탐구하는 핵심 문제이다.

위엄을 가진 주인이 존재했던 전근대에 화가는 그려야 하는 주제를 보증받았고, 그런 의미에서 화가를 장인이라 부를 수 있었다. 그런 시대에서 권위가 실추된 시기로 넘어가면서 그들에게 주인과 주제 모두가 사라져 버렸다. 그래서 예술가라는 근대 고유의 존재가 탄생한다. 그런데 바타유는 예술가라는 칭호는 애매한 칭호라고 말한다.

예술가는 몰락한 왕후귀족과 동일한 자가 아니다. 왜냐하면 왕후귀족은 유명무실해진 위엄하에서 이러한 상황을 의식하지 않거나 외면한 채 살아갈 수 있었지만, 화가들은 섬세한 자기 의식을 가지고 있어 그런 방식으로 살 수 없었기 때문이다. 반대로 그들은 사라져 버린 이 성스러운 것의 경험을 자기 자신에게 끌어오려고 한다. 이때부터 그들은 장인일 수 없게 된다. 이 성스러운 것은 이제 확보된 주제가 부재하는 작업으로서만 존재하게 된다. 그래서 회화는 위엄으로 충만한 주제를 갖지 못한 채 성스러운 것의 경험을 그리는 일을 담당하게 된 것이다. 이것은 이제 더 이상 장인의 기예가 아닌 것으로서의 '예술'이다. 바타유는 다음과 같이 말한다. "예술 작품은 여기서 과거에——아주 먼 과거에——성스러운 것, 위엄 있는 것이었던 모든 것의 위치를 점유하게 된다."[49] 생산과 생산적 소비를 순환시키는 일에 자족하고 그 사이클을 더욱더 확대하려고 하는 근대 사회 내에서 예술가는 과잉의 경험을 누구로부터도 인정받지 못한 채 담당할 수밖에 없게 된 것이다. 이로 인해 그는 사회가 기피하는 존재가 된다. 그는 이렇게 폴 베를렌이 말하는 "저주받은 시인"이 되어 버린 것이다. 그 결과 회화에 몇 가지 변화가 발생한다. 첫째로 성자나 왕후귀족과 같은 신화적 주제는 소거되고 그려져야 하는 것으로 신뢰받지 못하게 된다. 바타유는 이것을 "주제의 파괴"라고 말한다. 예술가가 된 화가 앞에 있는 것은 신화가 아니라 자기 자신의 존재, 자신의 눈앞에 있는 현실적인 사건, 요컨대 보들레르가 말하는 '현대성'인 것이다.

이로 인해 그리는 방식 자체에 변화가 발생한다. 예를 들면 음영, 입체감, 점층법을 부정하는 밋밋한 '평면화'라 불리는 회화 기법이 출현한다. 바타유는 마네의 작품이 "트럼프 두께에 지나지 않는다"[50]고 비판받았고, "웅변의 목을 비틀어 버리기"[51]가 마네의 모토였다고 말한다. 그것은 그려진 것의 배후에 신화나 이념 따위는 존재하지 않는다는 주장이고 사변의 거부이다.

------

49 Bataille, *Manet, Œuvres Complètes*, vol. 9, p. 122.
50 *Ibid.*, p. 156.
51 Paul Verlaine, "Art poétique", *Jadis et naguère*, Le Livre de Poche, 2009.

이런 변화에 자극을 받아 마네는 〈튈르리 공원의 음악회〉(1862), 〈풀밭 위의 점심 식사〉(1863), 〈올랭피아〉(1863)에 이르게 된다. 이 작품들은 모두 스캔들을 불러일으켰고, 그 정점에 〈올랭피아〉가 있었다. 무엇이 변화했는지는 마네가 모델로 삼은 티치아노의 〈우르비노의 비너스〉(1538)와 비교해 보면 명확히 알 수 있다. 〈우르비노의 비너스〉는 여신의 미를 구현하는 데 반해 〈올랭피아〉는 현실의 여인, 아마도 매춘부인 듯한 살아 있는 여인의 육체를 구현한다. 게다가 거의 동시대에 마찬가지로 누워 있는 나체의 여인을 그린 알렉상드르 카바넬의 〈비너스의 탄생〉(1863)을 〈올랭피아〉와 대조해 보면 그 차이는 극명하게 드러난다. 나폴레옹 3세가 매입하기도 한 〈비너스의 탄생〉은 당시의 미 개념을 구현하는 작품으로, 동일하게 나신에 음영을 부각시키고 입체감을 부여해 미는 이런 것임을 암시하려 했다. 이에 반해 〈올랭피아〉는 입체감 없이 평면적으로 그려졌으며, 그려진 이미지의 배면에 심오한 무엇이 있다고는 좀처럼 생각하기 어렵게 만든다. 〈올랭피아〉는 감상자를 갑작스럽게 자극하는 어떤 강력한 존재감을 발하고 있는데, 이것은 위엄이라 할지라도 완전히 다른 종류의 위엄이다. 그것은 오직 캔버스 위에서 실현된 위엄이다. 바타유는 다음과 같이 말한다.

> 거기에 있는 것은 장식의 제거 속에서 재발견된 위엄이다. 그것은 누구의 것도 아닌 위엄, 이미 아무것도 아닌 것의 위엄이다.……그것은 그 이상의 명분도 없이 거기에 존재하는 것에 귀속되는 위엄이고 회화의 힘에 의해 보증되는 위엄이다.[52]

바타유에 의하면 〈올랭피아〉는 성스러운 것의 실추를 명백히 보여 주는 이 가차 없음으로 인해 대중의 격분을 샀다. 〈올랭피아〉에는 시대가 예전과 달라졌다는 확실한 회화적 인식이 작동하고 있었다는 것이다. 바타유가 높이 사는 것은 마네의 이 명민함이다.

바타유는 마네가 〈올랭피아〉를 통해 그때까지의 회화에 어떤 충격을 주었는지를 명확히 분석했지만 〈올랭피아〉 이후——마네의 회화는 이후 20년 가까이 지속된다——의 마네 회화에 대한 분석을 충분히 수행했다고 생각하기는 힘들다.

회화는 주제의 보증을 상실하거나 주제의 중압으로부터 벗어나 무엇을 그릴 것인가에서 어떻게 그릴 것인가 쪽으로 중심과 방향을 이동시켜 갔다. 바타유에 따르면 "그린다고 하는 예술 이외의 다른 의미 작용을 갖지 않는 회화, 즉 '근대 회화'"로 변화한 것이다.[53] 그는 그것이 어떤 방향으로 나아가는지 명확히 지적한다. 회화가 그려야 할 주제를 거부했다면 그것은 곧 아무것도 말하지 않는 것, 말할 수 없는 것을 향해 나아간다는 것이다. 회화는 침묵을 향해 나아간다. "외부로부터 부과된 관습적인 위엄과는 달리, 어떤 이론의 여지도 없는 현실을 재발견할 필요가 있었다. 그 현실의 지고성이 어떤 허위로 인해 거대한 공리주의의 기계에 굴종하는 그런 일이 있을 수 없는 현실을 말이다. 이러한 지고성은 예술의 침묵 속에서만 발견된다."[54] 이것이 원

------

52 Bataille, *Manet, Œuvres Complètes*, vol. 9, p. 147.
53 *Ibid.*, p. 131.
54 *Ibid.*, p. 135.

리적인 방향이다.

예술의 이러한 변화가 바타유가 말하는 일반경제학적 변화와 연동된 것이 사실이라면 예술이 침묵에 접근할 때, 일반경제가 어떤 변화를 겪게 되는가의 문제가 제기될 수밖에 없다. 바타유는 일반경제의 변화에 대해 명시적으로 언급하고 있지 않다. 그리고 서로 겹치는 이 두 문제를 검토하는 것이 푸코의 마네론이다. 양자를 대조해 보기 위해 살펴보아야 할 부분은 〈막시밀리앙의 처형〉(1868)과 〈폴리-베르제르의 바〉(1881~1882)에 대한 두 사람의 논평이다.

바타이유는 〈막시밀리앙의 처형〉이 마네가 범접할 수 없는 것에 도달한 흔치 않은 그림 가운데 하나는 아니라는 유보를 표명하기는 했다. 하지만 그는 이 그림이 병사들에 의한 처형이라는 강렬하고 시사적인 주제를 가지고 있음에도 불구하고, 아니 그렇기 때문에 오히려 주제의 말살이라는 근대 회화의 경향을 적절히 현시하고 있다고 생각했고, 이로 인해 발생한 사태를 다음과 같이 설명한다.

선험적으로 말해서, 병사들에 의해 방법적으로 냉혹하게 부과되는 죽음은 무관심하고 방향이 없다. 그것은 무거운 의미를 갖는 주제이고, 격한 감정을 불러일으키는 주제이다. 그러나 마네는 이 주제를 무감각한 것으로 그린 것처럼 보인다. 감상자는 이 깊은 무관심 속에서 그를 따라간다. 이 그림은 기묘하게도 치과에서의 마취를 떠오르게 한다. 확산되는 마비의 느낌이 이 그림으로부터 퍼져 나온다. 마치 숙련된 임상의가 능숙하고 성실하게 '웅변을 잡아채 그 목을 비틀어 버리'는 기술을 적용하기라도 하듯이 말이다. 마네는 몇몇 사람으로 하여금 포즈를 취하게 만들었다. 어떤 사람들은 죽는 사람의 자세를 취하고 또 다른 사람들은 죽이는 자의 자세를 취한다. 하지만 이들은 마치 '당근 한 단'을 사는 것처럼 무의미한 태도를 취한다. 진실되든 가식적이든 간에 모든 웅변적 요소가 제거되었다. 남아 있는 것은 다양한 색채의 얼룩들과 이 주제로부터 어떤 감정이 생겨났다고 하는 어리둥절한 느낌, 즉 부재의 느낌이다.[55]

흥미로운 것은 감상자를 어리둥절하게 만드는 "부재의 느낌"이다. 우리는 이 작품을 보면서 확실히 공간이 응고된 듯한 느낌을 받는다. 그리고 마지막에 남는 것은 "얼룩"이 되어 남은 색채와 그 토대가 된 주제의 격차이다. 요컨대 이중성을 가진 어떤 것이 나타난다. 바타유는 복선처럼 회화에는 이행passage이라는 것이 있다고 말한다. 회화는 "이야기하는 언어, 달리 말해 '현실의 혹은 상상의 스펙터클'에서 회화의 적나라한 상태, 즉 '얼룩·색채·운동'으로 이행한다".[56] 〈막시밀리앙의 처형〉에서 볼 수 있는 것은 이러한 이행이다. 이것은 대단히 중요한 지적이다.

〈폴리-베르제르의 바〉에 대한 언급은 세 차례밖에 없는데 첫번째 언급은 다음과 같다,

마지막으로 다시 한번 마네는 자신의 작품들 중 하나에 공허라는 부

------

55 Bataille, *Manet, Œuvres Complètes*, vol. 9, p. 133.
56 *Ibid.*, p. 131.

재를 부여했다. 〈폴리-베르제르의 바〉는 큰 거울의 작용이 주고받는 빛의 마법이다. 전경에는 술병, 과일, 꽃이 있고 여종업원의 양측에서 빛에 직접 비추어지고 있다. 그녀는 분명히 건장하고 쾌활하지만 어딘가 불이 꺼진 듯이 시선은 금발의 머리카락 아래서 피로와 권태에 흐려져 있다. 군중은 실제로는 그녀의 앞에 있는데도 불구하고 거울 빛으로 가득 찬 환상적인 세계 내의 한 반영에 불과하다.[57]

빛으로 언급되는 것은 실제 화면상에서는 색채이다. 색채의 중요성은 회화의 관심이 무엇을 그리느냐가 아니라 어떻게 그리느냐로 변화해 가는 과정에서 나타난다. 형태를 대체해서 색채가 전면을 점유하기 시작한다. 이 변화는 클로드 모네에게 영향을 준다.

하지만 흥미로운 것은 일반경제학적으로 문제를 제기하는 방식이다. 바타유의 논지 배후에 있다고 생각되는 일반경제학은 〈막시밀리앙의 처형〉이나 〈폴리-베르제르의 바〉 분석의 배후에서 어떻게 작용하고 있을까? 또 반대로 그의 마네론은 일반경제학에 무엇을 시사하는 것일까? 명시적으로 설명되지 않은 이 조응 관계를 살펴보자.

그때까지 비생산적 소비라는 고유의 소비 형태를 가지고 있던 과잉분이 근대에는 생산과 소비가 순환하는 사이클 내에 편입되었다는 사실을 앞에서 살펴본 바 있다. 이로 인해 생산력이 확대되었지만, 발생한 일은 그것에만 그치는 것이 아니었다. 이 편입은 생산 과잉과 그것에 수반되는 공황을 발생시키기도 했던 것이다. 공황은 과잉분이

------

57 *Ibid.*, p. 154.

충분히 흡수되지 않은 채 남아 있다는 징후이다. 바타유는 전쟁 시기의 「유용성의 한계」[58]와 전쟁 직후의 『저주받은 부분』을 통해 이러한 생산과 소비의 체계에는 여전히 출현 가능한 과잉분이 잔존하고 있으며, 그것이 사라진 비생산적 소비를 회복시킬 기회가 될 수 있다고 생각하고 거기에서 혁명이나 사회적 변혁의 기회를 포착하려고 했다.

그런데 『지고성』——1953~1956년경에 쓰였지만 초고 상태로 남아 있었던——에 이르면, 다시 말해 그의 말기가 되면 이러한 사고방식에 변화가 발생하게 된다. 이 텍스트는 사회학 범주에 속하고 경제학을 직접적으로 다루고 있지는 않다. 하지만 거기서 바타유가 지고성la souveraineté이라 명명하고 있는 것은 이전에 그가 성스러운 것le sacré이라 불렀던 것과 다르지 않다. 또한 그것은 『마네』에서의 위엄la majesté이기도 하다. 그러므로 이것들을 관통하는 근본 토대에서 일반 경제학의 사유를 발견할 수 있다.

다음과 같은 추론이 가능해진다. 바타유는 이 책에서 성스러운 것의 현현 방식을 고대부터 시작해 추적했고 최후의 단계, 즉 현대에 이르러 "지고성은 아무것도 아닌 것"[59]이 되어 버렸다고 단언했다고 말이다. 아무것도 아니라는 것은 무력해졌다는 것을 의미한다. 폭력적이기도 했던 성스러운 것의 경험이 무력해진 것이다. 놀랄 만한 단언이지만 충분히 이해할 수 있는 사실이다. 그것은 과잉적인 것이 생산과

------

58 Bataille, "La limite de l'utile"(fragments d'une version abandonnée de *La Part maudite*), *Œuvres complètes*, vol. 7, pp. 180~280.
59 Bataille, *La Souveraineté, Ibid.*, p. 453.

소비의 체계에 명백한 방식으로 장애가 되고 파국을 야기시킨다는 착상 자체가 불가능해져 버렸다는 것을 의미한다. 자본주의 체제는 시스템을 섬세하고 지속적으로 정비해 과잉분을 그 안에 균등하게 배분함으로써 과잉 생산과 공황을 회피하고 과잉적인 것의 집약적이고 폭발적인 현시 방식을 봉쇄했다. 이 경우 과잉분은 어디서 어떻게 존재하게 되는 것일까? 그것은 도처에 침투하고 자진해서 숨음으로써 부단히 작용하지만 잠재하는 것이 되어 버린다.

바타유가 과잉의 이러한 내재화와 잠재화에 최초로 주목하게 된 계기는 아마 알렉상드르 코제브의 헤겔 강의일 것이다. 역사가 종말에 이르면 부정성이 소멸한다고 생각한 코제브에 대해 바타유는 부정성은 여전히 "용도 없는 부정성"[60]으로 남아 있다고 주장하기 때문이다. 그리고 흥미롭게도 "대부분의 경우 무능력 상태가 된 부정성은 예술 작품이 된다. 이 변모는 보통 현실적이지만 역사의 종말(혹은 종말이라는 생각)에 잘 답하지 못한다. 예술 작품은 회피하면서 답한다"라고 첨언한다.[61]

바타유가 『마네』에서 회화가 침묵에 근접한다고 말할 때 그것은 지고성이 아무것도 아니라고 간주하고 과잉이 무력한 것이 되었다고 생각한 것과 일맥상통한다. 그가가 과잉의 이러한 잠재화를 명백히 해명한 저작이 『지고성』과 같은 시기에 쓴 『마네』이다. 그것을 가장 잘 볼 수 있는 부분이 〈막시밀리앙의 처형〉 분석이다. 그가 말하고 있

------

60 Bataille, *Le Coupable*, Paris: Gallimard, 1967, p. 186.
61 *Ibid.*, p. 187.

는 "마비"는 과잉분을 주입받았을 때 일어나는 현상, 일종의 울혈 현상과 다르지 않다. 그것은 그림에 어떤 종류의 마비 상태를 발생시키고, 이어서 눈에 보이지 않는 형태로 균열과 부유 현상을 발생시킨다.

게다가 바타유는 〈막시밀리앙의 처형〉을 고야의 〈1808년 5월 3일의 학살〉과 비교하고 있고 후자에 대해서 회화의 웅변이 이 그림보다 강하게 행해진 작품은 없다고 감탄하며 양자의 차이를 강조하는데, 여기서 흥미로운 점은 〈막시밀리앙의 처형〉의 주제가 황제의 처형이라는 사실이다. 이것에 대해 바타유가 언급하는 바는 아무것도 없지만 추측은 가능하다. 그는 민족학적인 지식을 섭렵하고 왕의 처형이 인간에게 심적인 고양을 유발시킨다는 점, 그리고 공동성을 재편하고 강화하는 작용을 한다는 점을 알고 있었다. 그것은 과잉의 가장 격렬한 실현 형태라는 것이다. 하지만 막시밀리앙 황제의 처형은 이러한 효과를 발생시키지 않는다. 이 처형이 왕의 처형의 고대적 계보와 연관된 것이라고 보기는 어렵다. 왜냐하면 그것은 막시밀리앙이 식민지 지배를 위해 파견된 괴뢰 황제이고, 게다가 파견을 명한 나폴레옹 3세는 자신이 나폴레옹의 조카임을 과시하는 위선적인 존재였기 때문이다. 근대에 황제나 왕은 더 이상 과잉을 집약해 구현하는 존재가 아니다. 그렇기 때문에 이 처형은 심리적 고양감을 발생시키지 못하고 오히려 마비를 유발시킬 뿐이다.

〈폴리-베르제르의 바〉와 관련해 마네가 여종업원에게서 본 "불이 꺼진 듯한" 양태, 또 "피로와 권태"는, 편재하는 과잉으로 인해 부단히 시달림을 당하기 때문에 발생하는 것이다. 마네의 회화에서는 주제가 변형될 뿐만 아니라 공간 또한 어딘가 불안정해지기 시작한다. 공간의 불안정에 대해 『마네』에서 바타유가 상세히 설명하는 부분은 더 이상 없다. 그런데 바타유가 마네에 대해 논한 지 16년이 지난 1971년에 푸코는 튀니지에서 행한 마네에 관한 강연에서 이 공간의 문제를 상세히 다루고 있고 앞서 설명한 추측도 시사하고 있다. 간단히 말해서 바타유적인 일반경제학의 현대적 귀결 가운데 하나가 푸코의 마네론에서 명료하게 나타나고 있는 것이다.

푸코의 「마네의 회화」

마네는 이러한 회화의 역사성에서 중요한 이정표 역할을 담당한다. 그래서 바타유의 마네 해석과 푸코의 마네 해석 간에는 공통점이 존재한다. 두 사람 모두 마네에게서 단절적 요소를 발견한 것이다. "마네는 이전 화가들과 단절한다. 그는 우리가 살고 있는 시대를 연 것이다."[62] 푸코는 더 구체적으로 마네의 작품이 재현의 한복판에서 재현의 소멸 가능성을 연다고 생각한다. 바타유는 마네가 현대 회화와 관련해 절대적인 창시자의 위치에 있다는 점을 강조하지만 또한 그는 마네가 재현을 총체적으로 부정하지는 않으면서 재현을 전복시킨다는 점도 강조했다.

　　마네에 대한 푸코의 관심은 바타유와 무관하지 않고 그가 쓴 『마네』로 거슬러 올라간다. 푸코의 마네론은 말할 수 있는 것과 보는 것의 관계를 중심축으로 해서 회화의 근대성에 접근하는데, 이는 바타

62　Bataille, *Manet, Œuvres Complètes*, vol. 9, p. 115.

유로부터 온 것이 분명해 보이기 때문이다. 그는 바타유의 마네론과 앙드레 말로의 마네론을 읽은 것이 분명하다. 아무튼 1964년부터 마네는 푸코의 텍스트에 등장하기 시작한다. 플로베르의『성 안토니우스의 유혹』독일어판「서문」에서 그는 마네를 플로베르와 비교한다.

〈풀밭 위의 점심 식사〉나 〈올랭피아〉는 최초의 '미술관' 회화였을 수 있다. 유럽 미술에서 처음으로 그림들이 조르조네, 라파엘, 벨라스케스에게 화답하기 위해서가 아니라 특이하고 가시적인 관계 뒤에서, 해독 가능한 참조물 밑에서 회화가 회화 자체와 맺는 새로운 관계를 증명해 보이기 위해, 미술관의 존재를 드러내고 그림이 미술관에서 획득하게 된 존재 방식과 유연관계 방식을 드러내기 위해 그려졌다. 동시대의『성 안토니우스의 유혹』은 그 안에서 책들이 축적되어 서서히 그러나 확실히 지식이라는 초목들을 증식시켜 나가는 초록빛의 도서관 제도를 고려한 최초의 책이다. 도서관과 관련해 플로베르가 행한 것은 미술관과 관련해 마네가 행한 것과 유사하다. 이들은 이미 그려진 것, 이미 쓰여진 것과 본질적인 관계를 맺고 그림을 그리고 글을 쓴다. 혹은 회화와 글쓰기로부터 한없이 열리는 것과 관계를 맺으면서 그림을 그리거나 글을 쓴다. 그들의 예술은 사료가 형성되는 곳에서 구축된다.⋯⋯이들은 우리 문화의 본질적 사실 하나를 드러냈다. 즉 모든 그림은 이제 캔버스의 구획된 거대한 표면에 속하게 된다. 모든 문학 작품은 이미 쓰여진 것의 한없는 웅얼거림에 속하게 된다. 플로베르와 마네는 예술 자체 내에 책과 캔버스가 존재하게 만들었다.[63]

푸코는 마네 회화의 주제나 의미에는 그다지 관심을 보이지 않는다. 푸코의 마네 분석은 주로 형식적인 면에 집중하고 있고, 마네가 그림을 세계 내에 존재하는 대상으로서 지각에 부여하는 다양한 기술과 재현 내부에 구멍을 뚫는 다양한 기술을 현시하려 한다. 지식의 고고학과 회화의 고고학의 교차 지점에 있는 푸코의 「마네의 회화」는 『검정과 색채』라는 무산된 저작이 어떤 것일지 상상할 수 있게 해준다.

푸코는 마네가 회화의 물질성을 현시한다는 점에 주목한다. 그는 바로 이 점이 재현의 전통과 관련해 마네가 행한 단절을 잘 설명해 준다고 생각한다. "마네는 서구 미술에서 적어도 르네상스 이후, 적어도 초기 르네상스 이후 처음으로 소위 자신의 그림 안에서, 그림이 재현하는 바 내에서 화가가 그리는 공간의 물질적 속성들을 과감히 이용하고 작동시킨 화가였다고 말입니다."[64] 그때까지 착시 효과를 불러일으키는 재현 장치는 삼중의 부정에 근거하고 있었다. 이 장치는 재현이 캔버스의 공간에 펼쳐진다는 것을 부정했고, 인위적인 빛을 재현함으로써 그림이 현실적인 조명에 의해 비추어지는 세계 속에 존재하는 대상이라는 것을 부정했으며, 최종적으로는 감상자에게 그림을 볼 수 있는 이상적 장소를 고정시킴으로써 감상자가 그림 주위에서 이동할 가능성을 부정했다.

이러한 전통적 회화의 장치는 전력을 다해 재현이 단순한 재현에 지나지 않는다는 것을 부정했고, 재현된 바가 재현이 재현한 바로 그

------

63 Foucault, "Un 'Fantastique' de la bibliothèque", *Dits et écrits*, vol. 1, pp. 298~299.
64 본서 24쪽.

것임을 단언하려 했다. "마네가 한 일······은 말하자면 그림에 재현된 바 안에서 서구 회화의 전통이 그때까지 숨기고 피해 가려 했던 캔버스의 속성·특질·한계가 다시 튀어나오게 한 것이었습니다".[65] 이렇게 피하고 은폐하려 했던 모든 것을 통해 회화는 단언하는 힘과 재현하는 힘을 확보할 수 있었다. 그런데 마네는 대상으로서 회화를 부과함으로써(푸코는 이것을 '오브제로서의 그림'이라 명명한다) 이 모든 것을 해체시켜 버린다. 그는 "물질성으로서의 그림, 외부의 빛을 받고 감상자가 그 앞에 서거나 주변을 돌게 될 채색된 사물로서의 그림"을 현시한다.[66]

이를 증명하기 위해 푸코는 재현에 대한 철저하게 부정적인 정의에 근거해 마네의 그림 열세 점을 선택하고 이 그림들이 고전적 회화의 은닉 장치를 해체하는 방식을 지적한다. 요컨대 그는 마네가 어떻게 그림 내에 캔버스 자체의 공간적 속성들을 현시하는지, 어떻게 그림의 외부에 있는 조명, 다시 말해 실제 빛을 이용하는지, 어떻게 감상자에게 부과된 자리와 그림과 관련한 감상자의 실제적 운동에 문제를 제기하는지를 설명한다.

첫번째 설명은 공간의 재현과 관계된다. 재현은 캔버스의 물질성, 즉 재현이 액자에 끼워진 공간의 한 단편으로 주어진다는 사실을 은폐한다. 재현은 실제와 유사한 깊이가 있는 것처럼 공간의 착시 효과를 발생시킨다. 하지만 이와는 반대로 마네는 매번 반복적으로 그림

------

65 본서 25쪽.
66 본서 26쪽.

내부에 캔버스의 물질적 속성을 표현한다. 이를 위해 그는 다양한 테크닉을 사용하는데, 예를 들어 벽은 하나의 장면의 틀을 이루는 방식으로 그려진다. 벽은 수직축과 수평축이 직교하는 테두리로서의 캔버스를 반복하고 강조한다. 그런데 이것이 그림의 깊이를 메워 버리고 공간을 제거해 버리는 효과를 발생시킨다. 재현된 것은 예를 들어 〈오페라 극장의 가면 무도회〉에서처럼 캔버스의 실제적 물질성이지, 착시 효과를 발생시키는 입체감이 아니다. 또한 〈보르도 항구〉에 그려진 돛대들의 교차에서 볼 수 있듯이, 마네는 캔버스 천의 조밀한 교차와 같은 캔버스를 지탱하는 가장 내밀한 물질성을 재현 내에서 반복하기도 한다. 그 효과는 항시 동일하다. 요컨대 "거기에도 입체감을 낳는 모든 공간을 제거하고 소거하고 압축하며, 반대로 수직선과 수평선을 부각시키는 작용이 있습니다."[67] 그래서 그림은 보이지 않는 뒷면과 분리할 수 없는 앞면으로 이루어진 공간의 단편으로서 지각된다. 〈철로〉는 감상자가 볼 수 없는 사물들을 정반대 방향에서 바라보고 있는 두 인물을 재현하면서 이 비가시성을 활용한다. 이것은 캔버스의 물질성과 유희하는 또 다른 방식이다. 그림이 양면을 가진 표면이라는 점을 강조해 감상자가 그 주위를 돌고 싶게 만드는 방식이다. 요컨대 그림은 착시 효과를 불러일으키는 입체감을 표현하는 것이 아니라 단순한 재현과는 다른 것으로 주어지게 되는 바를 표현한다. 그림은 자신을 공간의 물질적 단편으로 제시하고, 있는 그대로 스스로를 표현한다. 그림은 자기 자신 이외에 다른 어떤 것으로도 환원되지 않는다.

------

67 본서 41쪽.

두번째 설명은 캔버스의 조명과 관련되어 있다. 그림의 내용은 보통 그림 내부에 있는 조명에 의해 비추어진다. 하지만 마네는 그림 외부에 있는 조명을 사용함으로써 이 내부 조명의 원리와 단절한다. 〈풀밭 위의 점심 식사〉는 두 종류의 조명을 결합시킨다. 즉 이 그림에서 전통적인 조명은 그림의 뒤쪽을 비추고 있고, 반면에 전면에 있는 나체 여인과 그녀와 함께 있는 두 남자는 정면에서 오는 외부의 빛에 의해 조명되고 있다. 이로 인해 내부의 빛과 어둠을 통해 확보되어 왔던 그림의 정합성이라 할 수 있는 모든 입체감이 사라진다. 이렇게 느낌의 부재 속에서 감상자는 캔버스를 있는 그대로, 요컨대 세계의 빛 속에 노출된 공간의 한 단편으로 지각하게 된다. 재현의 가장 강력한 힘들 가운데 하나가 그림 자체가 자기 고유의 빛을 전개시키는 듯한 착각을 불러일으킴으로써 재현 자체를 잊게 만드는 것이었다. 그런데 밖으로부터 캔버스를 내리쬐는 빛과 결부됨으로써 이제 캔버스의 실제 조건이 폭로되고 사실성 속에서 드러나게 된다.

세번째 설명은 감상자의 자리와 관련되어 있다. 푸코는 이와 관련해 〈폴리-베르제르의 바〉만을 논의한다. 이 그림에서 감상자의 자리는 고정되지 않는다. 그래서 감상자는 이 그림 앞에서 무어라 규정할 수 없는 불안감과 놀라움을 갖게 된다. 실제로 이 그림은 몇 가지 양립 불가능한 체계를 묘사하고 있다. 우선 그림 장면의 시각적 불가능성으로 인한 양립 불가능성이 있다. 감상자 앞에 있는 여종업원 쉬종의 거울상은 광학의 기본 규칙들을 부정하고 있다. 쉬종의 거울상이 이처럼 오른쪽에 비스듬히 나타나기 위해서는 화가뿐 아니라 감상자도 오른쪽으로 비스듬히 이동해야 한다. 하지만 그녀가 옆에서가 아니라 정면에서 우리를 바라보고 있기 때문에 그럴 수 없다. 요컨대 감상자와 화가가 이 장면을 응시하기 위해서는 여종업원 곁에 위치해야 하고 동시에 정면에 위치해야 한다. 하지만 동시에 여러 곳에 위치할 수 있는 능력이 있지 않고서는 이는 불가능하다. 그리고 쉬종에게 말을 거는 인물도 역시 문제를 발생시킨다. 거울에 나타난 이미지를 보면 누군가가 쉬종에 아주 가까이 위치하고 있고 그녀에게 말을 건다. 만약 그럴 수 있으려면 이 인물의 그림자가 쉬종의 얼굴이나 목 근처에 나타나야 한다. 하지만 그렇지 않다. 반영과 조명은 이런 방식으로 두 번째 유형의 양립 불가능성을 표현한다. 사실 이 장면을 볼 수 있는 장소는 어디에도 없다. 모든 장소는 모순을 내포하고 있다. 그렇다면 마네는 어떤 장소에 기반해 이 그림을 그린 것일까? 재현의 가장 강력한 조작들 가운데 하나를 우회하는 것은 대단히 유희적인 수단이다.

이 테크닉과 더불어 마네는 캔버스의 속성을 작동시키고, 재현이 감상자를 고정해 두는 한 지점 혹은 그림을 감상하기 위해 감상자가 위치해야 하는 한 지점, 그러므로 유일한 지점을 고정하려 하는 일종의 규범적 공간이었던 캔버스를, 더 이상 그렇지 않은 것으로 만들어 버립니다. 그림은 그 앞에서 또 그것과 관련해 감상자가 이동해야 하는 공간으로 나타납니다. 요컨대 그림 앞에서 움직이는 감상자, 정면에서, 수직적으로, 수평적으로 항구적으로 중첩되며 비치는 실제적인 빛, 입체감의 제거, 바로 이렇게 실제적이고 물질적이며 물리적인 것 내에서 캔버스가 출현하고 있고 또 이 캔버스는 재현 내에서 이런 속성들과 작용하고 있습니다.[68]

이것이 결국 푸코의 회화의 고고학이 밝혀내는 핵심적인 요소이다. 마네는 지금까지 언급한 테크닉을 통해 재현적 착시 효과의 포기라고 말할 수 있는 회화의 근대성과 관련된 역사적 조건을 명시한다. 그림의 내부로부터 재현 회화의 물질적 조건들을 폭로함으로써 마네는 재현의 인위적 구축을 해체한다. 그래서 마네는 클레와 칸딘스키와 같이 종국에는 재현을 완전히 벗어나 버리는 시도에 길을 열어 주었고 또 '신비'의 이름으로 재현을 조롱하는 마그리트의 시도에도 길을 열어 주었다. 푸코의 회화의 고고학은 마네의 작업에 부여한 위상을 통해 재현의 종말과 동의어인 근대성의 문턱을 한정한다.

화가와 감상자의 시점은 여러 개가 될 수밖에 없다. 그렇다면 회화 앞에서 감상자는 움직일 수 있게 된다. 아니 오히려 한 점에 머무를 수 없게 된다. 그것이 마네의 회화가 야기한 경험이라고 푸코는 생각한다. 그의 분석은 설득력을 갖고 있다. 그렇다면 이 움직임을 불러일으킨 것은 무엇인지를 다시 한번 묻지 않을 수 없다. 「마네의 회화」에서 푸코는 그것을 "그림 안에서, 그림이 재현하는 바 내에서 화가가 그리는 공간의 물질적 속성들을 과감히 이용하고 작동"시켰기 때문이라고 말한다. "안에서" 라는 말에 주목해 보자. 그것은 다른 곳에서 가지고 들어온 것 없이 회화를 제작하는 행위 바로 그 자체 안에서, 그때까지 안정적이었던 공간을 뒤흔들어 버리는 움직임이 생겨났다는 것이다. 그것은 공간을 형성시키는 본질——즉 수직선 혹은 수평선——을 다시 조직하는 방식을 취하면서, 동시에 그 지배에 만족하지 않는

------

68 본서 70~71쪽.

여분의 것을 보다 명확히 폭로하는 것이었다. 그리고 이 여분의 것이 바타유가 언제나 관심을 갖고 체계 속에 쏟아져 들어오는 것을 확인했던 그 과잉이라 생각해 볼 수 있다.

바타유는 회화사에서 마네 안에 이 과잉이 한층 강하게 작동하는 것을 발견하고 이 작용이 주제의 선택이나 포착 방식을 바꾼다고 보았다. 그는 『마네』의 한 장에 '주제의 파괴'[69]라는 제목을 붙이고 거기서 "우리는 바로 마네가 그린다고 하는 예술 이외의 다른 의미 작용을 갖지 않는 회화, 즉 '근대 회화'의 탄생에 결정적 공헌을 했다고 생각해야 한다"고 썼다. 그러나 "그린다는 예술" 변화의 귀결은 주제의 파괴에 머물지 않으며, 마네는 한 발 더 나아갔다. 즉 그것은 우선 내부에 '마비'를 발생시키는데, 이는 '피로'가 되어 표층에 부상하고 균열을 일으키며 이중화되고 그 안에서 복수의 공간이 맞붙어 싸우는 듯한 회화를 낳았다. 푸코의 분석은 이 후자의 과정을 명확히 설명한다.

마네 이후의 회화

그렇다면 이 움직임은 마네의 어느 단계에서 완성되는 것일까? 당연히 그러한 일은 일어나지 않았다. 이 움직임은 한층 더 강해져서 모든 곳에 침투해 들어갔음에 틀림없다. 그 전체를 조망하는 것은 불가능하지만 회화의 영역에서 생각할 수 있는 그 진행을 가능한 범위 내에서 살펴보자.

------

69 Bataille, *Manet, Œuvres Complètes*, vol. 9, p. 125.

마네 안에 복수의 공간이 서로 겹쳐지고 침투하는 것을 보면서 우선 폴 세잔(1839~1906)을 떠올릴 수 있을 것이다. 세잔은 1865년 살롱전에서 에밀 졸라와 함께 〈올랭피아〉를 보았던 것 같다. 졸라는 마네를 옹호하는 논문을 이듬해 발표하고 1867년에는 상당히 긴 텍스트「회화에서의 새로운 흐름, 에두아르 마네」를 썼고, 세잔도 이 작품을 모티브로 한 〈현대적인 올랭피아〉를 1870년경과 1873~1872년경, 두 번에 걸쳐 그렸다. 세잔은 마네에 대한 찬사와 반발이 혼재하는 복잡한 감정을 계속 가지고 있었지만, 세잔 위에 드리워진 마네의 그림자는 마네의 후기 작품을 통해, 또 세잔의 그 이후 시기에 농후해지는 것 같다. 세잔은 "보기 위해서는 피가 날 정도로 바라봐야 한다"고 말했다. 그리고 젊은 화가 에밀 베르나르에게 이렇게 말하기도 했다. "진보를 실현시키기 위해서는 자연밖에 없습니다. 자연과의 접촉을 통해 눈이 길들여집니다. 계속해서 바라보는 덕분에 눈은 집중력을 갖게 됩니다. 즉 오렌지든 사과든 공이든 얼굴이든, 거기에는 하나의 정점이라는 것이 있습니다. 그리고 이 점은 빛이나 그림자나 채색된 감각이 미치는 무시무시한 영향에도 불구하고 우리의 눈 가장 가까이에 있습니다."[70]

세잔의 작품에서는 자연의 사물에 존재하는 힘이 점차 강해져서 캔버스의 평면성을 파괴하고 전면에 나타나며, 화가에게 각각을 고유한 방식으로 바라보도록 요청해 결과적으로 화가는 안정된 입장에서

------

70 Paul Cézanne & Emile Bernard, *Conversation avec Cézanne*, Paris: Ed. Macula, 1978, p. 43.

세계를 바라볼 수 없게 된다. 그것은 우선 정물화——이를테면 〈과일 바구니가 있는 정물〉(1888~1890)——에서 볼 수 있는, 테이블 좌우의 능선이 틀어진 듯한 변형으로 나타난다. 이어서 풍경화——이를테면 〈에스타크의 바위〉(1882~1885) 등——에서 볼 수 있는, 바위산의 능선이나 채석장의 절개면, 집들의 지붕 혹은 벽면이 각기 자신의 존재를 주장하며 경합하는 듯한 모습으로 나타난다. 이것은 마네적인 공간의 변용이 한층 더 현저해진 모습이다.

이어서 파블로 피카소(1881~1973)로 눈을 돌려 보자. 마네에서 피카소에 이르는 길은 빈번히 지적되고 있어서(구체적인 예로 피카소는 1901년에 〈올랭피아의 패러디〉를 그렸고 1959년에는 마네의 〈풀밭 위의 점심 식사〉를 모티브로 140점에 달하는 연작을 만들었다), 반복하는 것에 불과하겠지만 그래도 환기할 필요가 있다. 피카소의 큐비즘은 다른 시선의 조합이 아니다. 순서는 반대이며, 그의 캔버스 안에서 우선 어떤 움직임이 발생해 캔버스를 동요시킨다. 이 움직임은 캔버스에 균열을 발생시키고 단편화하여, 찢어진 복수의 공간은 전보다 더한 압력을 받고 웅성거린다. 그러면 이 공간들은 상대의 위로 올라가기도 하고 또 아래로 가라앉기도 하며 겹쳐진다. 그래서 그 결과가 큐비즘이라는 형태로 포착된다.

〈아비뇽의 여인들〉(1907)로 시작된 큐비즘은 공간의 움직임을 자유자재로 가속시키며 공간을 무한히 복수화하는 방향——이것은 분석적 큐비즘이라고 불린다——으로 나아간다. 비교적 간단히 실천된 1930년대의 작품인 마리 테레즈를 모델로 한 〈앉아 있는 여인〉(1937)이나 딸을 모델로 한 〈인형을 든 마야〉(1938)를 보면, 특히 그려진 여자들의 눈을 응시해 보려고 하면, 그들 두 눈의 시선이 미묘하게 다른 방향에서 오고 있기 때문에 감상자는 동시에 양쪽 눈을 바라볼 수가 없고, 오른쪽 눈에 시선을 맞추면 왼쪽 눈에 현혹되고, 왼쪽 눈에 시선을 맞추면 오른쪽 눈에 현혹된다. 어떤 경우든 감상자의 시선은 동요되고 만다. 그래서 감상자의 위치는 불안정해진다. 이것은 이 작품을 감상하는 누구나 알고 있는 경험일 것이다.

피카소는 자유자재로 자신의 방법을 바꾸고 또 때로는 원래의 방법으로 돌아가기도 했는데, 그의 또 하나의 거대한 조형상의 실험은 콜라주일 것이다. 〈아비뇽의 여인들〉 이후 1910년대 전반에 그는 캔버스 안에 기성의 오브제를 붙이기 시작한다. 신문지나 악보, 포장지 등을 붙였으며, 등나무 의자의 일부분이 붙여지기도 했다(〈등나무 의자가 있는 정물〉). 또한 금속이나 착색된 나무조각을 붙인 작품도 있다. 이것들도 외부에 있는 오브제를 가지고 들어온 것인데, 더 정확히 말하자면 그러한 조작을 가능하게 하는 공간의 복수성이 캔버스 내부에 있고, 그 복수성은 캔버스라는 경계선을 넘어서 외부로 나아가 통로를 열고, 이번에는 이 외부를 캔버스 내부로 도입하는 것을 가능하게 했던 것이다.

피카소가 뚫어 놓은 캔버스 바깥으로의 통로와, 그것을 통한 외부와의 소통은 마르셀 뒤샹(1887~1968)에 의해 한층 더 확대되었다고 말할 수 있을 것이다. 그는 청년기에 유화를 그렸고 피카소의 큐비즘으로부터 강한 영향을 받았지만, 상당히 이른 시기에 유화를 포기하고 오브제 제작으로 관심을 옮긴다. 제작이라고 했지만 그것은 기성의 것을 그대로, 혹은 약간 손을 본 것을 오브제로 만드는 것으로, 그는 그것을 '레디메이드'라고 불렀다. 최초의 작품은 1913년 작인 〈자전거 바퀴〉이다. 그것은 하얗게 칠한 받침대 위에 스툴을 놓고 그 위에 자전거 바퀴 하나를 붙인 것이다. 이 작품은 일상 속에 묻혀 있는 사물의 존재 방식을 바꿈으로써 거기서 '아름다움'보다는(아름다움이 어떤 것인지 실현되기 전에는 알 수 없기 때문에 그것을 목적으로 설정할 수는 없다) 적어도 '놀라움'을 유발시키려 한 것이다. 그러나 이것을 현재의 우리 맥락에서 다시 포착한다면 주어진 공간에 다른 공간을 가지고 들어오는 것이라고 말할 수 있을 것이다. 이것을 거의 동시대였던 피카소의 콜라주와 비교한다면 피카소에게는 출발점이 되는 캔버스가 존재하고 그것과의 관계 내에서 외부가 존재했던 데 반해, 뒤샹에게는 그 외부가 더 이상 외부로만 존재하지 않게 되어 버린 것처럼 보인다.

이러한 실험 가운데 가장 유명하며 스캔들을 불러일으킨 것은 물론 1917년의 〈샘〉일 것이다. 그는 뒤집어 놓은 남자용 소변기에 R. Mutt라고 서명했는데, 자신의 이름을 숨기고 자신이 심사 위원이던 뉴욕 독립미술가협회 전시에 출품한다. 당연히 이 작품은 거부되었지만, 뒤샹은 이것에 대해 작가로서는 익명을 유지한 채로 전시 위원으로서 다음과 같은 항의문을 게재했다. "머트 씨가 손수 〈샘〉을 제작했는지 여부는 중요하지 않다. 그는 그것을 선택한 것이다. 그는 일상용품을 선택했고 새로운 주제와 관점에 입각해 그 유용성이 소실되도록 했다. 그는 그 오브제에 대한 새로운 사유를 창조한 것이다."[71]

------
71 *The Blind Man*, no. 2, 1917, p. 5.

뒤샹은 일상용품을 그 익숙한 용도로부터 벗어나게 함으로써 "새로운 사유"의 창조를 시도했는데, 이것을 피카소적 콜라주와 관련시켜, 그리고 뒤샹 자신의 레디메이드와 관련시켜 자리매김하면 이 오브제는 우선 미술관이라는 공간에 대한 콜라주라고 생각할 수 있다. 미술관은 프랑스혁명을 통해 왕이나 귀족에게서 몰수한 미술품을 누구나 감상할 수 있도록 루브르 궁에 전시했던 것이 그 시작이었는데, 그렇게 일원적으로 전시되는 것은, 여러 출처를 갖는 작품을 새로운 이념—이를테면 미술사 등—에 따라 질서화한 것이었다. 그래서 뒤샹이 변기를 오브제로 미술관 혹은 미술전에 출품했을 때 그것은 캔버스에 콜라주가 유입시킨 사물과 동일한 역할을 했고, 질서정연한 이념을 교란시키고 일탈시키는 효과를 노렸음이 틀림없다.

또 하나 주목해야 할 점이 있다. 그것은 이 새로운 사유가 "유용성이 소실됨으로써" 탄생했다는 점이다. 이 전환은 변기를 뒤집어 그 실질적인 기능을 마비시킴으로써 이루어졌는데, 유용성의 소실이라는 말은 바타유가 예술의 근거를 에너지의 비생산적인 소비 활동, 즉 무용한 소비 활동과 결부시켜, 이러한 활동이 근대 이래로 점차 유용성의 네트워크 속으로 깊이 침투해 들어가 아름다움 그 자체를 변질시키고 교란시킨다고 생각했다는 사실을 떠올리게 한다. 20세기 초 아름다움은 유용성의 옷을 벗어던진 곳에서 출현했는데, 여기서 출현한 것은 당연히 미의 여신도 아니고, 여성도 아니며, 변기라는 더없이 상스러운 오브제였다. 이것은 극단적인 경우일지도 모르지만, 성스러운 것이 소멸한 세계에서 속된 것을 떠맡아야 한다는 의식과, 속된 것의 시공간은 불가사의한 굴절과 중복 속에서 나타난다는 의식이 예술가들 내면 깊이 침투했음을 의미한다.

푸코는 1975년에 행한 어떤 인터뷰에서 마네를 다시 논하며 다음과 같이 말한다. "저를 매료하고 제 마음을 완전히 끄는 것이 있습니다. 이를테면 마네입니다." 그리고 마네의 회화에서 그를 놀라게 하는 점은 "〈발코니〉에서 보이는 추악함이 갖는 공격성"[72]이라고 지적한다. 푸코는 마네의 "추악함"의 문제와 관련해 다음과 같이 설명한다. "추악함을 정의하는 것은 쉬운 일이 아닙니다. 그것은 총체적인 파괴일 수도 있고 자기 시대의 미학적 규준만이 아니라 모든 미학적 규준에 대한 일관된 무관심일 수도 있습니다. 마네는 우리의 감수성에 너무나 견고하게 정박되어 있어서 심지어 오늘날에도 그가 왜 그런 일을 했고 어떻게 그렇게 했는지 이해할 수 없을 정도로 견고하게 우리 안에 정박되어 있는 미학적 규준들에 무관심했습니다. 바로 거기에 오늘날에도 계속해서 포효하고 으르렁대는 심오한 추악함이 있는 것입니다."[73]

푸코가 마네와 이후의 전위적 화가·작가에게 매료된 것은 바로 이런 이유 때문이 아닐까? 말과 사물을 쪼개 부단히 변조하면서 새로운 감각, 새로운 의미, 새로운 사유, 새로운 세계를 창조해 내려는 집요한 의지 실천·실험 그리고 상상력을 이들의 '추악함' 속에서 발견했기 때문이 아닐까?

------

72 Foucault, "A quoi rêvent les philosophes?", *Dits et écrits*, vol. 2, p. 706.
73 *Ibid.*, p. 706.

저역자 소개

마리본 세종 Maryvonne Saison

파리 10대학(낭테르) 철학·미학과 교수이며, 연구 대상은 20세기 철학 및 연극이다. '피에르 리비에르 범죄' 사건에 관한 미셸 푸코의 콜레주 드 프랑스 세미나에 참여한 바 있다. 주요 저서로『현실의 연극들』(*Les Théâtres du réel*, L'Harmattan, 1988) 등이 있고, 미켈 뒤프렌(Mikel Dufrenne)에 대한 저서와 클로드 레지 (Claude Régy)에 대한 연구를 준비 중이다.

라시다 트리키 Rachida Triki

튀니스 대학 미학과 교수이고, 튀니지 미학·창작학 협회 회장을 맡고 있다. 근작으로『회화 시대의 미학』(*L'Esthétique du temps pictural*, Tunis: CPU, 2001)이 있으며, 『이미지, 들뢰즈, 푸코, 리오타르』(*L'Image, Deleuze, Foucault, Lyotard*, sous la direction de Thierry Lenain, Vrin, 1997)를 공저했다.

카롤 탈롱-위공 Carole Talon-Hugon

니스-소피아 앙티폴리스 대학 철학과 조교수이다. 연구 영역은 미학과 주로 고전주의 시대 정념의 문제이다. 최근 작업으로는 『미학』(*L'Esthétique*, PUF, coll. "Que sais-je?", 2003)과 『호감과 반감: 예술은 모든 것을 현시할 수 있을까』(*Goût et dégoût: L'Art peut-il tout montrer?*, J. Chambon, 2003)가 있다.

다비드 마리 David Marie

철학·미학 박사이다. 저서로『하이데거와 메를로-퐁티에서 일상적 경험과 미학적 경험: 의외의 것』(*Expérience quotidienne et expérience esthétique chez Heidegger et Merleau-Ponty: L'Inattendu*, L'Harmattan, 2002)이 있다.

티에리 드 뒤브 Thierry de Duve

미학자 및 미술사가이자 릴 3대학 교수이다. 근대 미술과 미학에 대한 약 10권의 저서가 있다. 2000년에는 브뤼셀의 팔레 데 보자르(Palais des Beaux-Arts)에서 개최된 '현대 예술 100년'(Voici, 100 ans d'art contemporain)의, 2003년에는 베니스 비엔날레의 벨기에관 운영 위원을 지냈다. 현재는 '회화에서의 모더니즘의 고고학'에 관한 연구에 전념하고 있다.

카트린 페레 Catherine Perret

파리 10대학(낭테르) 철학과 조교수이다. 최근 저서로『어둠의 배달자: 미메시스와 근대성』(Les Porteurs d'ombre: Mimésis et modernité, Belin, 2002)이 있다.

도미니크 샤토 Dominique Chateau

파리 1대학(팡테옹 소르본) 미학과 교수이자 동 대학 조형 예술, 미학, 예술학 박사 과정 학과장이다. 주요 저서로『예술 문제의 문제: 분석 미학, 단토, 굿맨 등에 관한 논평』(La Question de la question de l'art: Notes sur l'esthétique analytique, Danto, Goodman et quelques autres, Presses Universitaire de Vincennes, 1994),『조형 예술: 한 관념의 고고학』(Arts plastiques: Archéologie d'une notion, Jacqueline Chambon, 1999),『미학 인식론』(Epistémologie de l'esthétique, L'Harmattan, 2000),『예술이란 무엇인가』(Qu'est-ce que l'art?, Harmattan, 2000),『영화와 철학』(Cinéma et philosophie, Nathan, 2003)이 있다.

블랑딘 크리젤 Blandine Kriegel

철학자로서 파리 정치학원, 파리 1대학, 리옹 대학, 파리 10대학(낭테르)에서 도덕철학과 정치철학을 가르치고 있다. 또한 대통령의 각료로 일하고 있기도 하다. 콜레주 드 프랑스에서 미셸 푸코의 연구 조교로 '피에르 리비에르' 세미나에 참여했다. 공저로『앙시앵 레짐하에서 파리의 공간 정치』(La Politique de l'espace parisien à la fin de l'Ancien Régime, Paris, 1975),『치료 기계: 근대 병원의 기원에 대하여』(Les Machines à guérir: Aux origins de l'hôpital moderne, Paris, 1976),『보건 시설의 계보』(Généalogie des équipements sanitaires, Paris, 1978)가 있다. 또『국가와 노예』(L'État et les esclaves, Calmann-Lévy, 1979),『고전주의 시대의 역사』(L'Histoire à l'âge classique, 4 vol., PUF, 1988),『공화국의 철학』(Philosophie de la république, Plon, 1998) 등 다수의 단독 저작을 간행했다.

클로드 앵베르 Claude Imbert

파리 고등사범학교 철학과 교수이다. 논리학의 역사와 이미지 이론을 연구하고 있다. 주요 저서로 『현상학과 형식 언어』(*Phénoménologies et langues formulaires*, PUF, 1992), 『논리학의 역사에 대하여』(*Pour une histoire de la logique*, PUF, 1999)가 있다. 또한 고틀로프 프레게(Gottlob Frege)의 『논리학·철학 논집』(*Écrits logiques et philosophiques*, Seuil, 1971)의 프랑스어판 옮긴이이고 「서문」을 썼다. 현재는 1930년대 프랑스 현대 철학에 대한 저작과 「산문 작가 보들레르」 (Baudelaire prosateur)라는 논문을 집필하고 있다.

오트르망

푸코를 매개로 모여 비판적 사유를 위한 다양한 연구와 번역을 함께하고 있다.

심세광

파리 10대학에서 『미셸 푸코에서 역사, 담론, 문학』으로 박사 학위를 받았고, 현재 강원대학교, 건국대학교, 성균관대학교, 홍익대학교 등에 출강하고 있다. 푸코의 강의록 『정신의학의 권력』, 『안전, 영토, 인구』, 『생명관리정치의 탄생』, 『주체의 해석학』 등을 번역했으며, 『어떻게 이런 식으로 통치당하지 않을 것인가』 등을 저술했다.

전혜리

이화여자대학교에서 『미셸 푸코의 철학적 삶으로서의 파레시아』로 석사 학위를 받았고, 푸코의 『정신의학의 권력』, 『안전, 영토, 인구』, 『생명관리정치의 탄생』 번역에 함께 참여했다.